西安交通大学

人口与发展研究所 · 学术文库

社会科学文献出版社
SOCIAL SCIENCES ACADEMIC PRESS (CHINA)

西 安 交 通 大 学
人口与发展研究所 · 学术文库

中国性别失衡治理：
战略和模式

朱楚珠◎编著

The Governance on Sex
Imbalance in China:
Strategies and Models

社会科学文献出版社
SOCIAL SCIENCES ACADEMIC PRESS (CHINA)

总　序

西安交通大学人口与发展研究所以人口与社会系统工程方法为手段，以公共政策创新为导向，重点研究中国社会转型期的社会性别和社会弱势群体的保护与发展问题。研究所致力于跨学科、交叉性地研究中国人口与社会发展的重大问题；在国际学术界前沿领域开展国际交流与合作，追踪前沿动态，开展重大课题研究；既进行理论研究和分析，又注重改善社会现实，建立实验区，进行社会干预和实践；强调与各级政府、社区、非政府组织和国际社会的紧密合作。研究所注重国内外的学术交流与合作，已承担并成功完成了多项国家级、省部级重大科研项目及国际合作项目，目前正在承担国家社会科学基金重大攻关项目。研究所在弱势群体保护与发展、人口与社会可持续发展、公共政策研究等领域积累了丰富的理论与实践经验，探索出一条寓理论研究、政策分析和创新、社会实践、政策传播和推广于一体的，用于解决重大人口与社会可持续发展问题的新型研究范式和路径。

在国际学术合作方面，研究所不断深化与拓展已有的国际合作网络，与美国斯坦福大学（人口与资源研究所、国际所、环境所、历史系、人类学系）、哈佛大学、加州大学尔湾分校、南加州大学、美国 Santa Fe 研究所、加拿大维多利亚大学、法国国立人口研究所等国际高水平大学和研究机构建立了长期的学术合作与交流关系，形成了研究人员互访和合作课题研究等机制；同时，研究所多次受到联合国人口基金、联合国儿童基金、联合国粮农组织、世界卫生组织、美国国家卫生研究院（NIH）基金、美国福特基金会、麦克阿瑟基金会、国际计划（International Plan）等国际组织的资助，合作研究了多项有关中国弱势群体问题的科研项目。国际合作使研究所拥有了相关学术领域的国际对话能力，扩大了国际影响力。

在政策研究与实践方面，研究所面向新时期国家社会发展领域的重大问题，不断拓展与不同层次政府部门在公共政策领域的合作网络，为研究的开展及研究成果的扩散与推广提供了有利条件和保障。研究所多次参与有关中国弱势群体、国家与省区人口与发展战略等重大社会问题的研究，在国家有关政府部门、国际机构的共同合作与支持下，在计划生育/生殖健康、女童生活环境、国家"关爱女孩行动"等领域系统地开展了有关弱势群体问题的研究，并将研究结果应用于实践，进行了社区干预与传播扩散以及国家公共政策创新，20世纪80年代以来建立了多个有影响的社会实验基地，如"全国39个县建设新型婚育文化社区实验网络"（1998~2000年，国家人口和计划生育委员会）、"巢湖改善女孩生活环境实验区"（2000~2003年，福特基金会、国家人口和计划生育委员会）、"社会性别引入生殖健康的实验和推广"（2003年至今，福特基金会、联合国人口基金与国家人口和计划生育委员会）等。其中，研究所在安徽巢湖建立了世界上第一个改善女孩生存环境的实验区，在国内外产生了重要的影响，引起了国家和社会各界对男孩偏好问题的重视，直接推动了全国"关爱女孩行动"的开展。

近年来，研究所在教育部长江学者和创新团队发展计划的支持下，围绕中国社会转型期社会发展和公共管理领域的重大问题，将与性别失衡相关的研究领域拓展到公共安全、危机管理、公共治理、政府绩效、教育公平和包括社会保障和医疗卫生在内的社会发展制度的研究中；同时，研究所开始致力于以系统工程、复杂性科学、管理科学与工程为方法平台，综合人口、社会、经济、公共管理等学科领域，跨学科研究中国社会转型期以性别失衡与公共安全为核心的社会发展领域的重大问题。相关研究方向包括：改善女孩生存环境的系统研究和社会干预，男孩偏好文化、婚姻形式及养老模式，农民工社会网络与社会融合，城乡人口流动的理论与政策创新，劳动力外流背景下的老年人生活福利，性别失衡的社会人口后果，大龄未婚男性的性与生殖健康和权利，性别失衡的公共治理，农户生计与环境变迁，人口数学及其应用，国家人口与社会可持续发展决策支持系统的研究与应用，公共健康与城乡社会保障制度，公共安全等。上述方向是中国目前人口与社会发展领域最亟待解决的重大战略和民生问题，体现了国家落实科学发展观、建设和谐社会的宗旨，也是公共政策创新与国家创新体系的基础和关键环节。

中国社会正处于人口与社会的急剧转型期，性别歧视、城乡社会发展不平衡、弱势群体等问题日益凸现，社会风险和潜在危机不断增大，影响并制约着人口与社会的可持续发展。研究所的研究成果有利于解决中国社会面临的以社会性别和弱势群体保护与发展为核心的人口与社会问题，本学术文库将陆续推出其学术研究成果，以飨读者。

前　言

　　中国对于性别失衡的治理始于 1986 年，之后出台了一系列的法律法规对非医学需要的胎儿性别鉴定、非法的人工终止妊娠手术等行为予以禁止。经过多年的治理，取得了一定的进展和成效，然而出生人口性别比治理在实践中仍然面临诸多挑战。首先，由于国家层面相关制度、政策和法律的缺位，出生人口性别比治理在实践中仍然缺乏有力的制度、政策和法律支持；其次，目前正在运行中的各种相关制度、政策和法律体系之间存在不协调，使得出生人口性别比治理的效果在实践中常常被"抵消"。

　　西安交通大学人口与发展研究所自 20 世纪 90 年代就开始致力于女孩生存问题的研究与实践。在学术研究方面，揭示了低生育率条件下高出生性别比和偏高女孩死亡水平的时间趋势和空间特征；估计了 20 世纪"失踪女孩"的数量；明确了女孩出生登记的状况、未登记以及延迟登记的原因及后果；发现了"失踪女孩"的高度选择性及其人口与社会特征；发现了高出生性别比和偏高女孩死亡水平的原因和机制；揭示了城乡人口流动对城镇出生性别比急剧上升的影响；模拟了"失踪女孩"对人口与社会发展的长期后果。在政策分析方面，分析了现行公共政策对男孩偏好和性别平等的影响；设计了从制度、文化、法律和政策角度改善女孩生存环境的社会系统干预体系；在农村社区建立了改善女孩生存的实验方案、工作框架和干预措施，为社区干预实践建立了理论和政策基础。在社区实践方面，1998～2000 年与国家人口和计划生育委员会合作，建立了由全国 22 个省 39 个县区组成的"社区发展网络"，在"婚育新风进万家活动"中，开展了改善女孩生存环境的社区培训和实践活动。2000～2003 年西安交大人口所与安徽省巢湖市人民政府合作，建立了国内外第一个"改善女孩生活环境实验区"，具体开展了改善女孩生存环境的政策创新、社区发展和实践工作，取得了显著的效果，女孩生存环境明显改善，在国内外产生了重大影响。在长期的研究与实践中发现，治理策略从综合治理转向公共治理是根治中国出生人口性别比偏高问题的要求和趋势。

2006 年以来，在上述背景下，西安交通大学人口与发展研究所团队从过去的学术研究、政策分析和社区实践，最终迈入国家战略和公共政策促进的崭新阶段。在 2006～2010 年的 5 年间，经过不懈的努力，研究团队以项目研究、内参、咨询报告、政策建议、学术专著和论文等形式，从重大战略、公共政策和实践层次上为国家开展"关爱女孩行动"、综合治理性别失衡问题提供了理论指导和技术支持，试图从学术、实践和政策创新的层面回答目前"关爱女孩行动"所面临的重大问题。本书主要是对西安交通大学人口与发展研究所团队在 2006～2010 年间研究与实践工作的历史性回顾和总结，全方位、多阶段地对我国的性别失衡治理问题进行了分析。

本书包括四个部分十二章主体内容，基本反映了研究的时间顺序和发展的不同阶段，展示了西安交通大学人口与发展研究所对于我国的性别失衡治理由浅入深、由局部到整体、由学术到实践的不断深入的认识过程，按照时间的先后顺序，总结、归纳、上升提炼了性别失衡治理的战略和模式。具体如下：

第一部分，性别失衡的总体态势。从中国的出生人口性别比、女孩死亡水平以及原因和后果方面分析了中国性别失衡的总体态势，说明性别失衡治理的紧迫性和必要性。

第二部分，性别失衡治理的战略。本部分首先分析了性别失衡治理的战略性专项行动——"关爱女孩行动"的历史沿革，并进一步分析了性别失衡治理的工作需求、公共政策，以及性别失衡治理的国际经验，在此基础上提出了性别失衡治理的战略规划。具体内容如下：

第一章是性别失衡治理的战略性专项行动。具体介绍了性别失衡治理的战略性专项行动——"关爱女孩行动"的历史沿革，分析了性别失衡与"关爱女孩行动"的内在联系，指出了开展"关爱女孩行动"所需要的现实性基础和条件。

第二章是性别失衡治理的工作需求分析。分析了基层县区及实践部门在性别失衡治理工作中的需求，对性别失衡治理及"关爱女孩行动"的开展进行了形势判断，在此基础上提出了针对性的政策建议。

第三章是性别失衡治理的公共政策分析。基于系统协调性的观点和社会性别公平理念对出生性别比偏高问题治理的公共政策失效原因进行分析，并提出了相关的改进措施和政策建议。

第四章是国际视野中的性别失衡治理。运用公共治理理论框架，比较了中国大陆、中国台湾、韩国、印度和巴基斯坦的性别失衡治理，指出了国际治理经验对于中国性别失衡治理的启示和借鉴作用。

第五章是性别失衡治理的战略规划。在前期工作需求分析、政策分析及国际治理经验比较与借鉴的基础上，提出了性别失衡治理的战略规划，为性别失衡治理及国家"关爱女孩行动"的开展提供统揽全局的宏观战略思路。

第三部分，性别失衡治理的模式总结。在宏观层次，主要总结了东部代表性地区浙江省和西部代表性地区陕西省在性别失衡治理方面的治理模式；在中观层次，主要总结了国际化大都市广州市的性别失衡治理模式；在微观层次，主要总结了河南漯河市郾城区的性别失衡治理模式等，旨在为其他同类地区的性别失衡治理提供参考。

第六章是 J 省性别失衡治理模式。总结了 J 省的治理模式和特点，在此基础上对 J 省和全国的性别失衡治理提出了政策建议，旨在为东部地区的性别失衡治理提供借鉴与参考。

第七章是 X 省性别失衡治理模式。总结了 X 省的治理模式和特点，在此基础上对 X 省的性别失衡治理提出了政策建议，旨在为西部地区的性别失衡治理提供借鉴与参考。

第八章是 Z 市性别失衡治理模式。总结了 Z 市的治理模式和特点，在此基础上对 Z 市的性别失衡治理提出了政策建议，旨在为国际化大都市、人口流动背景下的性别失衡治理提供借鉴与参考。

第九章是 Y 区性别失衡治理模式。从系统协调性角度分析了河南省 Y 区社会政策协调性，在此基础上开展了"七保政策体系"实践，旨在为宏观层次的社会政策协调提供经验。

第四部分，性别失衡公共治理。本部分内容在前期模式总结的基础上，对中国性别失衡治理进行了总体评价，在此基础上引入了公共治理的基本理论，最终提出了中国性别失衡治理的未来工作计划。具体内容如下：

第十章是性别失衡治理的总体评价。对于中国性别失衡治理的总体进展与成效进行了评价，总结了国家层面的治理模式，并分析了目前公共治理和性别失衡治理所面临的问题与困境。

第十一章是从"综合治理"走向"公共治理"。介绍了公共治理的基本理论，以及从公共治理的视角对性别失衡治理的重新认识。

第十二章是中国性别失衡治理的未来工作计划。基于公共治理理论以及性别失衡治理目前所面临的宏观形势判断，提出了中国性别失衡治理未来工作计划，包括指导思想和工作目标、原则和实施策略、工作任务等主要内容。

本书采用了分层次、分阶段的集合式研究策略，整合了不同层次和不同来源的研究平台和项目，包括教育部"长江学者和创新团队发展计划"，西安交通大学211二期工程、985二期和三期工程，西安交通大学"卓越团队合作计划"，国家社科基金和国家软科学项目，教育部人文社科基金项目，国家人口计生委、陕西省人口计生委、广州市人口计生委项目，联合国人口基金、联合国社会性别主题工作组项目和福特基金项目等。

在上述项目的研究和实施过程中，西安交通大学人口与发展研究所及各级政府与人口计生部门进行了实质性的合作，包括国家人口计生委宣教司、综合治理性别比办公室，陕西省人口计生委、浙江省人口计生委、广州市人口计生委，河南省及漯河市人口计生委、郾城区人民政府，安徽省及巢湖市人口计生委、居巢区人民政府等。

本书由西安交通大学人口与发展研究所名誉所长朱楚珠教授总体策划、统筹和设计，李树茁教授、杨雪燕副教授、胡莹博士生统稿。具体章节撰写人员如下：

第一部分"性别失衡的总体态势"由西安交通大学人口所姜全保副教授、果臻博士生撰写。

第二部分"性别失衡治理的战略"中，第一章、第二章和第五章由杨雪燕副教授，西安工程大学管理学院李艳副教授，西安财经学院公管学院韦艳教授、胡莹博士生撰写；第三章由杨雪燕副教授、李卫东博士生撰写；第四章由杨雪燕副教授撰写。

第三部分"性别失衡治理的模式总结"中，第六章由西安交通大学人口所刘慧君副教授、闫绍华博士生撰写，第七章由西安交通大学人口所杨雪燕副教授、尚子娟博士生撰写，第八章由西安交通大学人口所杨雪燕副教授、李卫东博士生、尚子娟博士生撰写，第九章由杨雪燕副教授、李艳副教授、李卫东博士生、杨博博士生撰写。

第四部分"性别失衡公共治理"中，第十章由西安交通大学人口所毕雅丽博士生、尚子娟博士生撰写，第十一章由闫绍华博士生撰写，第十二章由李树茁教授、杨雪燕副教授、胡莹博士生撰写。

目　　录

第三部分　性别失衡治理的模式总结

第四部分 性别失衡公共治理

Contents

◎ 第一部分 ◎

性别失衡的总体态势

20 世纪 80 年代以来，中国出生人口性别比开始超出正常范围（103～107）且在持续升高，2010 年第六次全国人口普查显示，中国的出生人口性别比是 117.94，比 2000 年人口普查时的 116.86 提高了近 1.1 个百分点。中国已经成为世界上出生人口性别比最高且持续时间最长的国家。30 年来，中国出生人口性别比偏高的态势并没有发生根本性变化，由此产生的人口性别结构失衡问题不仅关系到人口、经济、社会、资源和环境的和谐与长期可持续发展，更关系到中国的社会稳定和人口安全。

性别失衡主要表现为女性缺失或者女性过剩，中国一直存在的男孩偏好和对女孩的歧视是造成中国性别失衡的主要原因，这种歧视既发生在出生前，也发生在出生后。出生前的歧视主要表现为采取人为性别选择技术引起的出生人口性别比升高；出生后的歧视是指由于对女孩的忽视、投资不足等引起的（相对于男孩）偏高的女孩死亡水平。出生性别比平衡和婴幼儿死亡率性别比平衡是人口性别结构平衡的主要指标和前提条件。本部分将从中国的出生人口性别比、女孩死亡水平以及原因和后果角度来阐明中国性别失衡的态势。

第一节　出生人口性别比

中国的出生人口性别比自 20 世纪 80 年代以来持续升高，并表现出城乡、区域和孩次的差异。

一 总体趋势

中国的出生人口性别比在过去 30 年中呈持续升高、偏高的态势。从图 0－1 的数据可以看出，20 世纪 70 年代以前出生人口性别比基本处于正常（103～107）范围；20 世纪 80 年代以后中国出生人口性别比持续偏高，目前已经远远高于正常值，2005 年更是达到了 120.22，此后略微下降，到 2010 年出生人口性别比仍为 117.94。

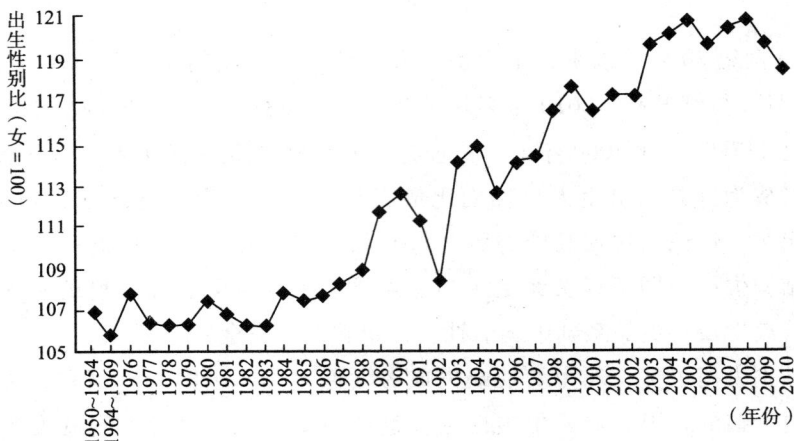

图 0－1　中国 1950～2010 年出生人口性别比趋势

资料来源：1950～1959 年，《全国生育节育抽样调查全国数据卷》；1960～1979 年，顾宝昌、许毅（1994）；1980～1987 年，《中国人口统计年鉴1991》；1988 年，《全国生育节育抽样调查数据卷》；1989 年，《中国 1990 年人口普查资料》；1990～1999 年，历年《中国人口统计年鉴》；2000 年，《中国 2000 年人口普查资料》（长表）。2005 年，中国 2005 年 1% 人口抽样调查资料；2006～2009 年，《中华人民共和国社会经济发展公报》；2010 年，《中国 2010 年人口普查资料》。

二 城乡差异

中国的出生人口性别比存在显著的城乡差异，农村出生人口性别比明显高于城市。从图 0－2 看，自 1987 年以来，城镇和农村的出生人口性别比均高于 107，偏离了出生人口性别比的正常水平，农村地区显著高于城镇地区。2010 年农村地区出生性别比达到 122.1。但是城镇地区出生性别比也上升很快，城市出生性别比从 1982 年的 106.9 持续上升到 2010 年的 118.3；镇的出生性别比从 1982 年的 107.7 上升到 2010 年的 122.8。

从出生人口性别比的城乡差异看，总体上县的出生性别比最高，其次是镇，城市的最低。1987 年的数据显示，分城乡出生性别比开始分离，并且差距随时间推移逐渐加大，到 2005 年城市和县的差异最大。2010 年由于城镇出生性别比的加速上升，使得三者的差距相对缩小。这反映出城市、镇和乡村出生性别比和以往城市的出生性别比相对较低，并与镇和乡村的差距较大不同，当前三者同时处于高位，出生性别比偏高形势有所加剧。总体上，当前我国的分城乡出生性别比的变动呈现和以往不同的新特征，即城乡差异缩小、城镇和农村出生性别比都严重偏高。

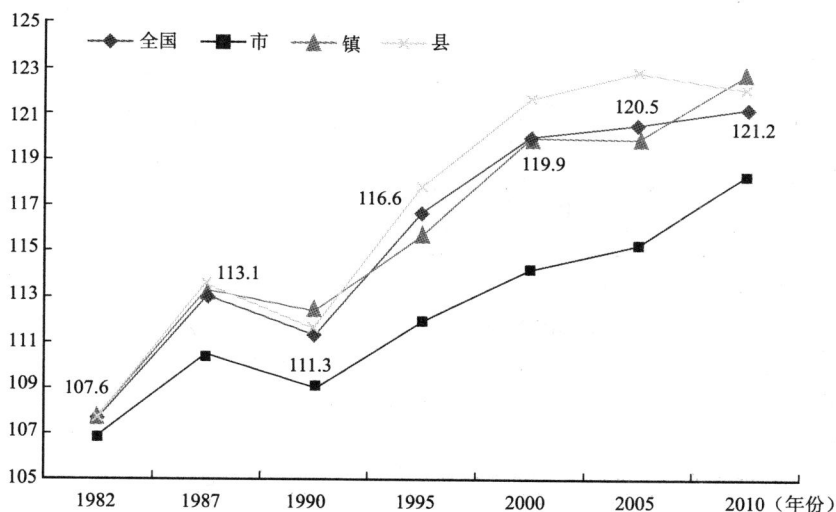

图 0 - 2　中国 1982～2010 年出生人口性别比

资料来源：1982 年、1990 年、2000 年和 2010 年人口普查和 1987 年、1995 年和 2005 年 1% 人口抽样调查资料。

三　分孩次差异

近年来中国出生人口性别比随胎次的上升而显著升高。从图 0 - 3 看，1982 年第一胎和第二胎的出生性别比正常，第三胎及以后孩次的出生性别比略有偏高。1990 年第一胎的出生性别比正常，第二胎及以后胎次的出生性别比显著上升。2000 年第二胎出生性别比达到 151.9，第三胎及以上出生性别比接近 160。2010 年人口普查数据显示，全国一胎出生人口性别比为 113.7，首次显著地高于正常水平，二胎和三胎及以上出生人口性别比仍处高位，但较 2000 年略有下降。这表明胎儿的性别选择由以往一般在二胎及以上才发生，已经转变为从第一胎就开始进行选择。

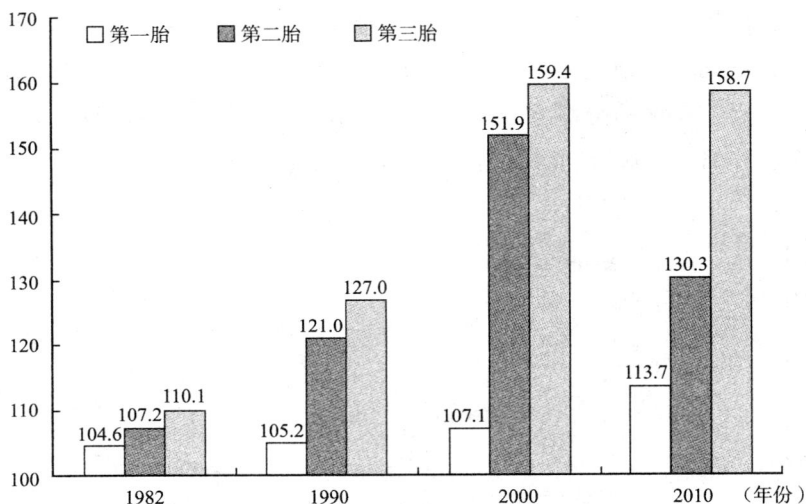

图 0 - 3　中国部分年份分孩次出生人口性别比

资料来源：1982、1990、2000 和 2010 年人口普查资料。

四　区域差异

中国各省市区的出生人口性别比存在着巨大的差异，但各省市区的出生人口性别比随着时间的推移均有升高的趋势。图 0 - 4 给出了最近四次人口普查的出生人口性别比偏高情况分布。从图 0 - 4 中可以看出，出生人口性别比的区域模式在几次普查中并没有发生根本性变化，但随着时间的推移，出生人口性别比失衡的局面在全国蔓延和加重。

1982 年有 14 个省份出生性别比在 107 以上，其中海南和安徽最高，分别为 114.9 和 111.3，其他的 12 个出生性别比偏高省份均在 107 ~ 110。1990 年有 25 个省份出生性别比在 107 以上，其中最高的省份浙江为 117.6，共有 18 个省份在 110 以上，7 个省份在 107～110。2000 年出生性别比偏高的省份为 27 个，除港澳台地区外，只有新疆、贵州、青海和西藏是正常水平。130 以上的有 5 个地区，分别是江西、广东、海南、安徽和河南。120～130 的省份有 6 个，分别是广西、湖北、湖南、陕西、福建和江苏。110～120 有 12 个省份，107～110 的有 4 个省份。2010 年，出生性别比正常的省份是新疆和西藏，其他的 29 个省份均高于正常水平，达到历史之最。其中，安徽省是唯一在 130 以上的省份，120～130 的省份共有 13 个，110～120 的省份有 15 个，107～110 的只有内蒙古一个地区。由此可见，无论从偏高的幅度还是涉及的省份数量，2010 年出生性别比都达到历史最高水平。

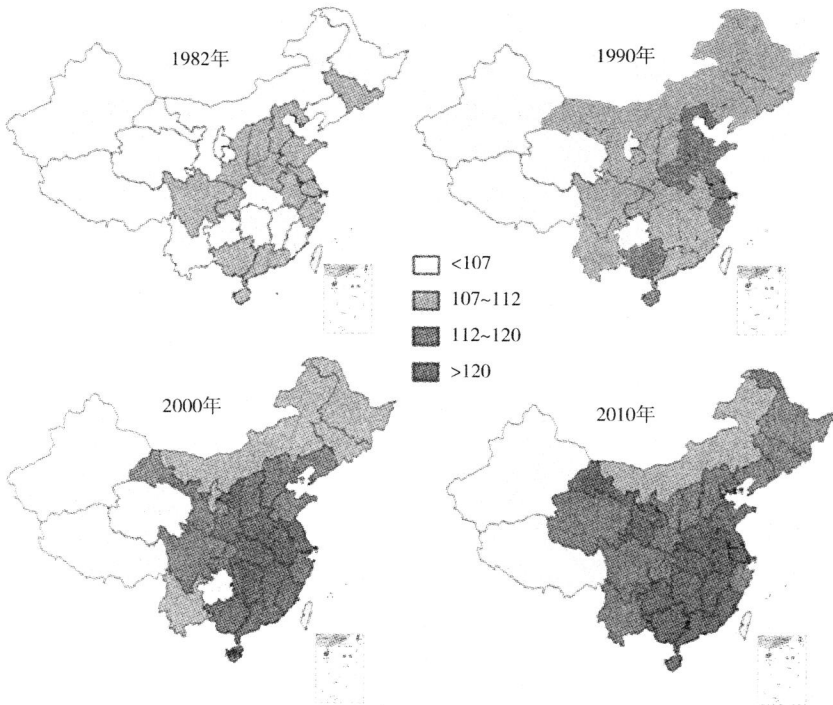

图 0-4　中国 1982～2010 年分省区出生人口性别比

资料来源：1982 年、1990 年、2000 年和 2010 年人口普查资料。

第二节　女孩死亡水平

一　总体趋势

中国一直存在偏高的女孩死亡水平。婴幼儿死亡率性别比可以反映女孩死亡水平的变动情况。从图 0-5 可以看出，婴儿死亡率性别比（0 岁男婴死亡率和 0 岁女婴死亡率之比，正常值在 1.2~1.3）和幼儿死亡率性别比（1~4 岁男孩死亡率和女孩死亡率之比，正常值在 1.0~1.2）均低于正常范围，表明偏高的女孩死亡水平在中国一直存在。从 2000 年以来，这一状况逐步好转，女性婴幼儿死亡率迅速下降，在部分年龄上逐渐低于男性。2010 年，1~4 岁年龄别死亡率性别比均表现出正常水平，即男性/女性大于 1；0 岁性别比也接近于 1，婴幼儿死亡率的性别差异首次趋于正常。这表明随着生育水平的下降和卫生事业的发展，女性在婴幼儿阶段存活率上升，女孩的生存权得到进一步的保障。

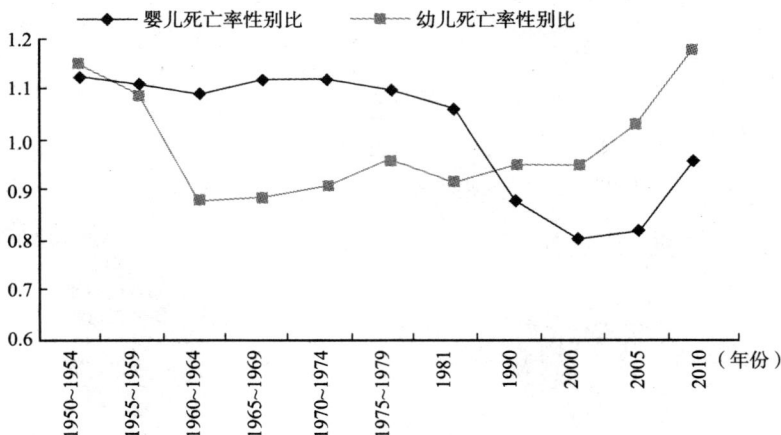

图 0-5　中国 1950~2010 年婴幼儿死亡率性别比趋势

资料来源：同图 1-1。

二　城乡差异

中国偏高的女孩死亡水平存在明显的城乡差异，农村地区存在更为严重的女孩死亡水平偏高问题。表0-1列出了中国部分人口普查和人口抽样调查年份按城乡区分的婴幼儿死亡率性别比，表明女孩死亡水平存在城乡差异，20世纪80年代后中国城市、镇、乡村都存在女孩死亡水平持续上升的问题，而且问题在县、村最为严重，其次是镇和城市。2000年以后整体情况好转，分城乡的女孩死亡水平差异也有所缓解。

表0-1　中国城市、镇、乡村的婴幼儿死亡率性别比

年份	地区	婴儿死亡率性别比	幼儿死亡率性别比
1981	城市	1.11	0.93
	镇	1.07	0.96
	乡村	1.05	0.90
1990	城市	0.94	0.85
	镇	0.85	0.95
	乡村	0.87	0.79
2000	城市	0.91	0.94
	镇	0.82	0.98
	乡村	0.79	0.90
2010	城市	1.04	1.22
	镇	0.95	1.08
	乡村	0.93	1.19

注：城市、镇、乡村是普查资料中的原有分类。时间是按照统计数据的时间确定的。大部分统计资料中都将1982年的普查表述为1981年的数据。

资料来源：根据1982年、1990年、2000年和2010年人口普查资料计算。

三　区域差异

除了个别省份外，中国各省、市、区均存在不同程度的女孩死亡水平偏高问题。偏高女孩死亡水平的区域分布存在以下特征：以少数民族为主的省区如西藏、云南、新疆等，东北地区的一些省如黑龙江，以及特大城市如上海等，偏高女孩死亡水平问题不是很严重；而在东南沿海和长江流域的一些

省区如江苏、浙江、安徽等，黄河流域的一些省区如山东、陕西、山西、河南等，偏高女孩死亡水平问题比较严重；其余的一些省区介于这两者之间。

第三节　原因

导致中国出生性别比的上升和异常偏高的女孩死亡水平的主要原因可以分为三类：根本原因、条件性原因和直接原因。

一　根本原因

中国传统的父系家族制度是民众在生育行为中偏好男孩的基础；同时，对男孩的偏好和对女孩的歧视还受到传统文化的影响。中国历史上一直实行的严格的父系家族制度，父系体系、从夫居的婚姻形式和父权制度使男性在姓氏传承、财产继承、居住安排、家庭延续、家庭权力结构上占主导地位，而女性地位相对低下。传统上占绝对主导地位的从夫居婚姻形式，使得在中国尤其是农村地区，是儿子而不是女儿为老年人提供根本性的养老支持。另外，中国以儒家思想为基础的传统文化中的"重男轻女"、"传宗接代"、"养儿防老"和"多子多福"等生育观念根深蒂固，是传统生育文化和生育价值体系的重要组成部分。这些观念既有现实需求性，又有文化继承性，至今并没有发生根本性的转变，仍然潜移默化地影响着人们的生育意愿和生育行为。特别是在广大农村地区，男孩偏好是农民生育需求的根本核心所在，儿子对于家庭的重要性已经超越了其自然性别的属性，成为家庭生产力、家庭兴旺和家庭地位的重要象征。

二　条件性原因

中国的低生育率水平对出生人口性别比升高也有一定影响。最近20多年来中国的生育率快速下降，总和生育率已由20世纪70年代初期的5.8左右下降到2010年的1.6左右，低于更替水平。生育男孩偏好强烈的部分民众，把原来以通过多育来实现生育男孩，转化为在减少生育孩子数量的前提下，确保生育至少一个男孩，加剧了出生人口性别比失衡的严重程度。中国近20多年来经济高速增长，社会分层加快，但总体上还是欠发达的转型社会，社会保障体系在城市还不健全，而在农村几乎是空白，家庭养老仍然是主要的养老方式。由于父系制家庭和集体资源通常按照男婚女嫁的方式进行分配，使得女儿无法为父母养老，家庭养老更多依赖儿子，强化了养儿防老。此外，父系传承也强化了男孩的传宗接代价值，这就使有强烈的养儿防老需要的农民在生育上偏好男孩。另外，虽然目前已经有保护妇女参与和发展权利的各种政策，但执行层面差异很大。中国妇女在教育、就业和参政等方面同男性相比存在比较大的差距，同时一些经济和社会发展政策的制定和实施缺乏性别平等的视角，使得妇女总体上在社会、经济和政治上的地位相对不高。这些因素构成了中国家庭偏好男孩的客观条件。

三　直接原因

在中国出生人口性别比偏离正常值的初期，即 20 世纪 80 年代末 90 年代初，国内外的一些专家学者对出生人口性别比失衡的真实性还有所怀疑，认为出生人口性别比偏高的统计数据是大量女婴被瞒报、漏报、错报所造成的。经过对第三次、第四次、第五次全国人口普查数据的分析，人们对出生人口性别比长期持续升高的形势，以及出生人口性别比严重失衡的真实性形成了比较一致的意见。进一步的研究表明，尽管女孩的瞒报、漏报、错报部分地造成了出生人口性别比偏高，但非法的非医学需要的胎儿性别鉴定和选择性别的人工终止妊娠是导致中国出生人口性别比异常偏高的直接原因。

在农村地区，相对于男孩，出生后的女孩仍然面临较高的生存风险。处在生命脆弱期的男婴和女婴，生病后在救治和照顾方面存在显著差异。男孩在寻医和治疗措施等方面，经常占有更多资源；父母在为生病儿童寻求高质量的治疗措施方面，男孩的待遇要显著好于女孩。总之，对女孩的歧视，特别是在疾病治疗方面的歧视性待遇，直接导致女孩偏高的死亡水平。

第四节　后果

一　人口学后果

持续上升的出生人口性别比和偏高的女孩死亡水平直接导致了女性缺失现象，引起中国人口的性别结构失衡，间接地对人口规模、人口老龄化、劳动适龄人口、婚姻市场等人口问题产生影响。

性别歧视直接导致了"女孩失踪"现象的发生。基于 1990 年的人口普查结果，Klasen 和 Wink（2002）估计中国"失踪"的女孩数量高达 3460 万，"失踪女孩"的比率达到了 6.3%。根据 2000 年的人口普查结果，估计中国"失踪"的女孩数量已经达到了 4090 万，占总的女孩数量的比率上升到 6.7%。

"女孩失踪"现象直接导致了中国人口内部的性别结构失衡，间接影响了诸如人口规模、老龄化、劳动年龄人口和婚姻等一系列人口问题。李树苗等（2006a，2006b）模拟了各种不同出生性别比和女孩死亡水平下性别歧视对人口发展的影响。他们根据四种不同的出生性别比情景来预测性别歧视对未来人口规模、性别结构、老龄化和"婚姻挤压"的影响。如果中国人口出生性别比维持在 2000 年的水平，偏高的女孩死亡水平继续存在的话，到 2030 年中国总人口的 15.8% 将会因为"女孩失踪"现象的影响而消失。模拟的结果还显示，过剩的男性人口比例最终将达到 20.7%，而在出生性别比和死亡率模式正常的条件下这一比例仅有 4.7%。

虽然"失踪"女孩的数量对当前的人口规模可能没有太大影响，但对未来人口规模的影响非常大。由于这些"失踪"女孩从未降临到这个世界上，她们进一步繁殖女性人口的机会也随之消失，因此，整个社会人口的增长能力也随之下降。虽然世界各国政府都追求较低的人口增长率，但是在这种情况下，一个缩减型人口的"红利"是以牺牲女孩的生命权和生存权为代价换取的。

这些因素对人口增长的累计影响不能低估（Cai and Lavely，2003）。首先，"女孩失踪"现象会减少新生人口的数量，将加速中国人口老龄化的进程，进而对社会经济发展产生负面影响，同时会给中国不完善的社会保障体系带来巨大压力。其次，由于人口规模的下降，劳动年龄人口的总体规模也会随之下降。最后，"女孩失踪"现象将会导致适婚女性的缺失，很可能引发中国婚姻市场的"婚姻挤压"（Tuljapurkar et al.，1995；Das Gupta and Li，1999）。

二　社会学后果

偏高的出生人口性别比和女孩死亡水平也带来了相应的社会后果，其最大代价是对人类生命和生活质量所造成的损害，和对女孩生存权利的侵害。偏高的出生性别比和女孩死亡水平剥夺了女婴和女孩的生命权，而这一切都是由女性胎儿和女婴直接承受的。这不但违反了中国的宪法和相关法律，违背了国际人权公约。同时，出生人口性别比失衡的直接受害者是生育女孩的妇女。性别选择性流产给妇女带来巨大的心理压力和健康威胁，这不仅会影响她们的生理健康，而且会影响她们的生殖健康（朱楚珠等，1997；Li et al.，2004）。

对妇女的歧视不仅损害女性的权利，而且也对男性不利，它妨害了妇女的发展，并最终阻碍整个社会经济的发展。大量的报道披露，很多年轻女性被强行绑架、拐卖，或以提供工作为名骗到中国偏远的贫穷地区做媳妇。与此同时，男性也因为对妇女的歧视而备受折磨，尤其是更加贫穷地区的男性，由于适婚女性数量的急剧下降，在婚姻市场上变得更加脆弱（Das Gupta and Li，1999）。一旦婚姻市场出现女性缺失，中国女性的"上嫁"习俗（男高女低的婚配模式）将不可避免地使那些"不合乎要求的"男性不得不面对婚配的巨大困难（Zeng et al.，1993）。实际上，在当代中国很多偏远地区，越来越多的年轻男性已被社会"边缘化"了，因为他们的社会经济地位低下，已不可能拥有所谓的家庭。

性别比失衡对婚姻和家庭都会产生负面的影响。婚姻挤压将会导致婚姻和家庭结构的不稳定，从而引发越来越多的社会暴力和离婚现象。除此之外，"非法"婚姻和家庭将会变得越来越多，一些地区的人们不得不借助于非常手段来获取妻子。例如，一些家庭采取换婚的方式，或者领养女孩作为儿子的童养媳（Tuljapurkar et al.，1995）。

最后，由"女孩失踪"现象导致的中国人口性别结构失衡还可能会引发一系列的社会问题，包括未婚人群的生理和心理健康状况恶化、私生子数量增加、未婚人群养老困难，以及不断增加的卖淫嫖娼、性暴力和拐卖妇女行为及其他相关的社会问题，这将损害社会的总体福利，危害中国人口和社会的长期可持续发展（Li et al.，1997；Hudson and Den Boer，2004）。

第二部分

性别失衡治理的战略

第一章　性别失衡治理的战略性专项行动

第一节　性别失衡与"关爱女孩行动"

性别失衡从表象上说是性别比例结构偏离正常水平。出生人口性别比的正常范围在 103～107；在不同死亡水平上，男孩对女孩死亡水平应该有一个正常的比值，一般应大于 1。这种正常的比值反映了儿童死亡水平的自然性别差异。在正常出生性别比和分性别存活率条件下，总人口的性别比一般在 1 左右。而男孩偏好文化背景下的性别失衡意味着偏高的出生性别比、偏高的女孩死亡水平以及成年阶段的男性过剩。性别失衡在本质上说则是由于社会性别不公平所导致的对于不同社会群体乃至社会成员总体利益的不利影响。首先，儿童阶段的性别失衡是由不同层次的社会因素导致的，是性别不公平在生命早期的集中体现；其次，由于成年阶段的女性缺失和婚姻挤压，使得成年女性常常被定位为"妻子"、"性伴侣"或"生育工具"的角色，从而进一步损害了女性的发展权利；再次，由于人的社会化过程，婚姻因素将作用于成年阶段的性别失衡，对已婚人群、被动失婚人群等的生活福利和状况产生影响，进而威胁到一个国家和地区的公共安全和社会稳定。

进入 20 世纪 80 年代以来，伴随着持续的低生育率和人口与社会的快速转型，我国的出生性别比持续上升，并且女孩死亡水平偏高的幅度加大，导致"失踪女孩"现象的发生，造成男女性别比例失衡，损害了女孩和女性生存、参与、发展和受保护的基本权利，引发"男性婚姻挤压"，危害婚姻和家庭稳定，影响公共健康和人口福利，妨碍公共安全和社会可持续发展。当前我国出生人口性别比偏高，直接原因是一些生育男孩意愿强烈的家庭，在妇女怀孕后通过不正当渠道利用 B 超技术私自鉴定胎儿性别，进行性别选择，实现弃女生男的目的。另外，在女婴出生后遭受歧视性待遇，甚至不惜违法犯罪将其溺杀或遗弃，严重侵害了女婴的生存权和生命权，严重影响了社会稳定与科学发展。男女平等是人类社会发展追求的重要目标，这既是对妇女权利的保护和权益的维护，也是人类社会可持续发展的必然要求。改善女孩生存和治理性别失衡，一直是我国政府和社会长期关注、影响我国社会稳定与和谐发展的重大战略和民生问题，也是国际社会共同面临的重大国际安全和人类发展问题。

长久以来，女孩的生存和发展受到了国际社会的广泛关注。尤其在 1995 年北京世界妇女大会通过《北京宣言》和《行动纲领》之后，歧视女孩、侵犯女孩权利等关系到女孩生存的问题，作为妇女问题的几个重大关切领域之一，得到了来自学术界、政府、非政府组织和社会各界的广泛重视。"关爱女孩行动"，即是在这一背景下的产物。"关爱女孩行动"是在中国政府主导下，相关部门共同参与，综合治理性别失衡问题的一项战略性专项行动，作为综合治理出生人口性别比偏高问题的有效载体，不仅治理出生前的性别选择，也关注出生后女孩健康成长，符合男女平等、提高妇女地位的理念，被国际社会普遍认同和接受，有利于树立人口和计划生育工作的良好国际形象。同时，开展关爱女孩行动，是全面落实计划生育基本国策、改善人口结构、统筹解决人口问题的重要内容；是保护妇女儿童合法权益，促进男女平等的重要举措；是人口计生系统贯彻落实以人为本的科学发展观，建设社会主义和谐社会和社会主义新农村的重要行动，因而具有重要的现实意义和历史意义。

第二节　"关爱女孩行动"的历史沿革

中国政府采取了一系列措施，努力从根本上消除导致男女性别不平等的体制、制度和文化观念等方面的因素，从而提高妇女地位，改善女孩生存环境，并在国家宪法和国家基本法律法规中得以体现。针对 20 世纪 80 年代后出生性别比升高现象，中国政府制定了一系列法律、行政法规，创造了有利于女孩生存的法制环境，如 1988 年实施的《女职工劳动规定》和

1992 年颁布的《妇女权益保障法》旨在保护妇女权益；1986 年《义务教育法》规定，所有民族和地区的男孩和女孩都必须接受 9 年义务教育；1985年的《继承法》规定男女享有平等的继承权利；1950 年和 1981 年的《婚姻法》中也有保护妇女和儿童的合法权益的规定；1994 年颁布的《中华人民共和国母婴保健法》、2001 年颁布的《计划生育技术服务管理条例》、2002年的《中华人民共和国人口与计划生育法》、2003 年实施的《关于禁止非医学需要的胎儿性别鉴定和选择性别的人工终止妊娠的规定》中，都明确规定任何机构和个人均不得进行非医学需要的胎儿性别鉴定或者选择性别的人工终止妊娠，旨在保护妇女权益，促进男女平等。《中共中央关于制定国民经济和社会发展第十一个五年规划的建议》中也明确指出，"开展关爱女孩行动和婚育新风进万家活动，采取综合措施有效遏制出生人口性别比升高势头"。

为了深入开展婚育新风进万家活动，改善女孩生存环境，治理性别失衡，在政府支持、研究机构参与以及民间机构和国际组织的协作下，全国范围内进行了很多实际的干预行动，主要包括自主探索、国家试点和深化扩展三个阶段。

一　自主探索阶段——巢湖改善女孩生活环境实验区

1996～1999 年，在福特基金会的资助下，西安交通大学人口与发展研究所对于中国儿童生存性别差异的现状、原因及其产生机制、政策意义等进行了为期 3 年的深入研究。依托前期的研究成果，经安徽省巢湖市和居巢区计划生育委员会主动提议，国家计划生育委员会宣教司、安徽省计划生育委员会和西安交通大学人口与发展研究所决定，在巢湖市五个县（区）全面开展改善女孩生活环境实验项目。2000 年 3 月 21 日，在多方协调下，巢湖市"改善女孩生活环境实验区"正式启动。通过各种宣传倡导、生育健康培训和社区发展活动，采取直接和间接的干预措施，旨在实现以下目标。

（1）通过不同层次的培训活动和社会发展项目，努力改善实验区内的女孩生活环境，降低相对偏高的女孩死亡风险。

（2）根据社区实践的工作经验，探索并建立中国农村改善女孩生活环境的一般工作模式、框架、干预措施和实施策略。

（3）将社区实践的成功模式和经验在国内进行推广，在国际社会进行传播和交流。

巢湖改善女孩生活环境的主要策略是宏观环境建设和微观环境建设并重。在宏观环境建设方面，依托婚育新风进万家活动，通过形式多样的宣传倡导、培养妇女积极分子等方式实施间接干预，帮助妇女提高经济和社会地位；在微观环境建设方面，与计划生育优质服务相结合，通过社区和家庭实施直接干预，最终实现降低女孩生存风险的目标。

经过3年的努力，巢湖实验区取得了显著的成效：

（1）实验区女孩生存风险下降。基线调查和跟踪调查数据、2000年人口普查数据以及计划生育日常统计系统的数据均表明，实验区内女孩生存风险恶化的趋势得到了有效的遏制，年度出生人口性别比偏高的态势得以缓解，1~4岁女孩死亡率明显降低。

（2）在中国首次建立并推广了改善女孩生存环境的可行模式。实验区在将项目工作与人口和计划生育日常工作相结合方面做了许多有益的尝试，探索并初步建立了适用于中国农村的改善女孩生存环境的工作框架、策略、模式和途径，并初步完成了从试点到应用的过程。

（3）改变了群众观念，改善了社区环境。实验区开展了针对不同人群的宣传倡导、培训与社区发展活动，培养了一批妇女积极分子，促进了新型婚育文化的建设与传播，初步建立起关爱女孩和保护女孩的社会意识和社区规范，人们的思想观念发生了重要的变化，女孩生存的社区环境得到了改善。

（4）在国内外产生了积极的影响。通过各种形式的项目经验和成果交流活动，产生了很强的社会效应，引起了国内学术界的关注，对实际工作产生了积极的推动作用，也使国际社会对中国改善女孩生存环境的努力有了积极而正面的认识。

二 国家试点阶段——24个县的试点

为了遏制出生人口性别比升高的势头，为全面建设和谐社会创造良好的人口环境，2003~2006年，国家在前期研究和安徽巢湖"改善女孩生活环境实验区"试点工作的基础上，在出生人口性别比超过110的24省的24个县区开展了国家"关爱女孩行动"试点工作。其目标是：针对女孩生存问题在试点县区开展干预与治理，并以干预实践为基础，总结性别比治理的经验和模式，逐步向全国推广。试点工作启动后，"关爱女孩行动"领导小组多次召开工作会议，交流情况，部署工作；先后举办 4 期培训班，就宣传教育、综合治理、技术服务、统计监测等对各试点县区进行专题培训；成立了专家组，对试点工作进行了快速评估，指导试点工作健康发展。

为进一步营造声势，扩大影响，在全国组织了一系列大型的社会宣传活动，如"关爱女孩行动"大型论坛，"关爱女孩行动'江淮行'"、"三晋行"、"三峡行"，关爱女孩主题歌曲、广告画评选活动等，都产生了良好的国内国际影响。文图声像等宣传精品印发到各地，几十种以宣传利益导向政策和保护妇女儿童合法权益法律法规知识为内容的宣传品发放到群众手中，成为各地广泛进行宣传倡导和开展工作的指导性资料。

国内主流新闻媒体、互联网站等大众传媒和本系统的有关刊物对这些活动进行了大量宣传报道，引起各级领导和群众对关爱女孩行动、综合治理出生人口性别比升高问题的普遍关注，使广大干部对开展关爱女孩行动重要意义的认识日益深化，广大群众维护妇女儿童合法权益的意识明显增强。

24 个县区的试点工作采取约束和引导相结合的策略，主要围绕利益导向、宣传倡导、全程服务、查处"两非"、管理评估、组织领导 6 个方面开展工作。具体内容见表 1 - 1。

表 1 - 1　"关爱女孩行动"各工作领域内容

工作领域	具体内容
宣传倡导	通过宣传画、标语、宣传品、培训、知识竞赛等形式宣传"关爱女孩行动"，倡导性别平等理念
利益导向	通过制定实施有利于女孩成长和妇女发展的相关社会经济政策，提高妇女地位，促进性别平等
查处"两非"	对非医学需要的胎儿性别鉴定、非法的选择性别的终止妊娠手术、溺弃女婴等相关行为进行查处
全程服务	通过为怀孕妇女提供保健服务的形式，对于非法的选择性别的终止妊娠手术、溺弃女婴等行为进行监控
管理评估	通过专项统计、调查分析等方法反映县区的出生人口性别比信息，建立以过程为导向的管理考核机制，确保"关爱女孩行动"顺利有效实施
组织领导	通过组织建设、政策支持、资金保证等手段确保"关爱女孩行动"的顺利开展

经过 3 年的努力，全国 24 个试点县区综合治理性别比工作取得了明显效果，出生人口性别比升高势头得到有效遏制，并呈现下降趋势，已经初步探索了一套行之有效的工作措施和运行机制。同时，试点工作旨在扭转"重男轻女"的传统观念，消除性别歧视，以期实现全社会性别平等的发展目标。"关爱女孩行动"从中国国情出发，走的是一条自主创新之路，该行动对实质性保护中国女孩的生存、发展、受保护和参与的基本权利，提高中国妇女的社会地位，促进中国社会的性别平等和可持续发展十分有利。试点地区女孩得到保护、妇女得到尊重等良好社会氛围被媒体广泛传播，在开展"关爱女孩行动"、综合治理出生人口性别比偏高问题工作上取得了初步成效，主要表现在如下几方面。

（1）出生人口性别比显著下降。根据《2005 年关爱女孩行动试点县统计监测报告》提供的数据，24 个试点县区的平均出生人口性别比由 2000 年的 133.8 下降到 2005 年的 119.6，下降了 14.2 个百分点。

（2）人们的生育观念发生转变。通过密集的、大量的倡导培训活动，试点县区的民众逐步形成了新型婚育观念，社会性别意识得到普及；中国从 2005 年开始在农村地区对部分计划生育家庭实行奖励扶助政策，即对实行计划生育的家庭的父母在他们 60 周岁以后，每人每月发给 50 元的计划生育奖励，得到广大人民群众的热烈欢迎，也促使群众的生育观念发生转变。

（3）形成了一套行之有效的工作模式。试点县区在国家和省级人口计生部门的指导下，在其他相关部门的配合下，结合本地实际，勇于探索和尝试，初步形成了具有地方特色的"关爱女孩行动"的工作格局，积累了一些行之有效的做法和工作经验，并取得一定成效，为启动全国性的"关爱女孩行动"打下了良好的基础。

（4）提高了计划生育工作水平。试点县区广泛开展避孕节育、生殖健康知识宣传，对提高避孕有效率和计划生育率、减少意外怀孕起到了积极的作用，同时也对基层技术服务咨询人员提出了更高的工作要求和标准。

（5）改善了女孩和妇女的生存环境。试点县区发挥相关部门、社会团体和村民自治组织的作用，分别出台了一系列社会政策，从生产发展、教育等方面全面提高计划生育女儿户家庭的政治地位、经济地位和社会地位，女孩生存、成长的环境得到改善，关心女孩家庭、关爱女孩成长等社会风尚逐渐形成。

三 深化扩展阶段——国家的"关爱女孩行动"

为了进一步深化和推广"关爱女孩行动",基于国家人口计生委在全国 24 个县的试点,2005 年国务院办公厅发布了《贯彻落实国务院办公厅转发人口计生委等部门关于广泛开展关爱女孩行动 综合治理人口出生性别比偏高问题行动计划的通知》(国办发〔2005〕59 号,以下简称 59 号文件),进一步在全国范围内深化和推广"关爱女孩行动",旨在以人的全面发展为中心,以维护妇女和女孩的生存权、发展权、受保护权和参与权等基本权利和权益为目标,针对威胁女孩生存问题的不同层次原因,通过建立行为约束机制、利益导向机制和制度创新机制,使女孩生存环境得以改善,使出生人口性别比趋于正常,促进性别平等,构建和谐社会,为促进中国转型社会的可持续发展提供有利的人口环境。这是指导今后 10 年我国人口计生工作发展的纲领性文件,以邓小平理论、"三个代表"重要思想和科学发展观为指导,贯彻落实中央人口资源环境工作座谈会精神,动员全社会力量,保护妇女儿童的基本权利,维护妇女儿童的合法权益,形成有利于女孩生活与成长的舆论氛围、政策体系和法制环境,实现人口出生性别比的自然平衡,促进男女平等和社会文明进步,为全面建设小康社会和构建社会主义和谐社会创造良好的人口环境。

各省市认真贯彻 59 号文件精神,普遍成立了领导机构,落实了部门责任,确立了试点单位,提出了有效的政策和工作措施,并把开展关爱女孩行动、综合治理出生人口性别比升高问题,作为党委、政府研究计划生育工作的重点议题,作为对人口计生工作考评的重要内容,有的省市还列出专项资金予以保证。各地人口计生部门发挥职能作用,开展了一系列宣传活动,做了大量工作,为"关爱女孩行动"在全国广泛开展作出了积极贡献,这些都标志着"关爱女孩行动"在国家宏观层面推动的开始。

2006 年 7 月,国务院召开全国"关爱女孩行动"电视电话会议,将"关爱女孩行动"在全国的开展进一步推向高潮。

2006 年 10 月,国家人口计生委在湖北黄冈召开"关爱女孩行动"培训会议,标志着"关爱女孩行动"的战略规划正式付诸实施。主要分为三个不同的层次。第一层次是在全国所有县区普遍开展推广模块的活动;第二层次是将试点阶段的 24 个试点县区经过调整扩展到 31 个省的 32 个国家级试点县，同时开展推广和深化模块的活动；第三层次是在四个专家组副组长单位的支持下，选择 5 ~ 8 个试点县同时开展推广、深化和探索模块的活动。

截至 2006 年，已有 13 个省（区、市）制定了禁止"两非"行为的地方性法规或政府规章，把禁止"两非"行为的条款写进了 30 省（区、市）的《人口和计划生育条例》。

2007 年 6、7 月间，中央办公厅组织进行了对部分省区贯彻落实中央《关于全面加强人口和计划生育工作　统筹解决人口问题的决定》（以下简称《决定》）情况的督查，其中"关爱女孩行动"综合治理出生人口性别比偏高工作是主要督查内容之一。根据督查情况，国家人口和计划生育委员会向中央起草了督查报告；同时，全国"关爱女孩行动"办公室组织专家对当前"关爱女孩行动"综合治理出生人口性别比偏高工作进行深入调研，先后走访 8 个省市，了解实际情况，发现总结了山东省、湖北省、福建省、河南省和海南省等地在综合治理工作中取得的成功经验。

在社会宣传活动方面，2006 年以来，国家人口和计划生育委员会积极开展宣传倡导，营造社会舆论氛围。

第一，开展了"关爱女孩行动"青年志愿者活动。依托于首都高校的积极响应和大力支持，国家人口和计划生育委员会开展了"关爱女孩行动"青年志愿者活动，先后有 282 名大学生志愿者利用寒暑假回乡开展调查研究，撰写调研报告，为中央和地方政府部门决策提供依据，成为国家"关爱女孩行动"的积极的倡导者、实践者和推动者。

第二，举行了全国"关爱女孩行动万里行活动"。2006 年，由国家人口和计划生育委员会组织的全国"关爱女孩行动万里行活动"拉开序幕。由公务员、新闻记者、文艺工作者等组成的宣传队伍，从北京出发，途经河南、安徽、江西、湖南、广西和贵州 6 个省区，利用文艺演出、咨询服务、实地访谈、群众集会、媒体报道等方式，开展连续性的大型社会宣传活动，营造声势，扩大社会影响。

第三，组织了"关爱女孩行动知识竞赛"。2006 年，国家人口和计划生育委员会在全国范围内组织了自下而上、层层选拔的"关爱女孩行动知识竞赛"，极大地激发了广大基层干部和群众的学习热情，对有关法律法规知识、生殖健康科普知识有了深入了解，促进形成了全社会都来关爱女孩的舆论氛围。

第四，组织"关爱女孩行动"新闻人物评选活动。2007 年，来自各行各业关注女孩命运、关爱女孩成长的 10 位新闻人物经过层层遴选脱颖而出，起到了很好的宣传和示范效应。

2008 年，由中央党校开展的"关爱女孩行动基层培训倡导项目"，以出生人口性别比偏高问题较为突出的省（区、市）的党政领导和基层群众为培训重点，向他们广泛倡导社会性别平等的理念和政策，普及男女平等的法律法规知识和科学、文明、进步的婚育观念，旨在提高地方党政领导和基层群众的社会性别平等意识。

为了配合全国范围内"关爱女孩行动"的不断深入发展，2006 年以来，国家"关爱女孩行动"领导小组办公室及专家组编写了一批工作指导用书。如《关爱女孩行动试点工作座谈会资料汇编》《全国关爱女孩行动试点工作经验交流会材料汇编》《关爱女孩行动评估》《关爱女孩行动工作指南》《关爱女孩行动培训教材》等，从背景材料、重要意义、工作要领、主要任务、典型经验、法律法规等诸多方面进行了概括性的介绍，为各地有效开展"关爱女孩行动"提供了重要的指导教材。

为了深入推进"关爱女孩行动"、综合治理出生人口性别比偏高问题工作，国家人口计生委组织了 5 个调研组，于 2008 年 6 月至 7 月，分赴 11 省出生人口性别比偏高程度较高或者综合治理成效显著的地市、县（区）、乡镇（街道）、村（社区），召开座谈会，走访各级医疗卫生和计生服务机构、药品销售等单位，深入群众家庭访谈，举办专题培训报告会，就综合治理工作情况进行了实地调研指导。在深入研究分析当前综合治理工作的形势和存在问题的基础上，对综合治理工作提出了针对性的意见和建议。

今天的女孩是明天的母亲，她们的健康成长，关系到下一代，关系到民族的未来。开展关爱女孩行动，严肃查处"两非"行为，有利于保障女婴安全健康出生，有利于消除性别歧视，有利于维护妇女的生存权和发展权，促进男女平等，有利于落实联合国千年发展目标，树立我国负责任人口大国的良好形象。李克强副总理在 2008 年国家人口计生委兼职委员会议上强调指出，出生人口性别比偏高问题，关系到社会和谐稳定，关系到国家长治久安。这高度概括出了开展关爱女孩行动、综合治理出生人口性别比偏高问题的重大社会意义和历史使命。胡锦涛总书记强调指出："人的生命是最宝贵的。"而开展关爱女孩行动、综合治理出生人口性别比偏高问题工作，归根结底，就是在保护女孩的生命安全，维护妇女的合法权益，是在捍卫生命的价值尊严与千万家庭的福祉。今后，我们要把"关爱女孩行动"作为贯彻国家计划生育和男女平等基本国策、消除性别歧视、维护女孩合法权益的重要举措。以"关爱女孩行动"的基本治本思路采取一系列的"治本措施"，给女孩及其家庭的教育、医疗、劳动就业、社会保障、家庭社会地位等以更多的关爱，女孩的生存权与发展权得到真正的尊重和保护，真正消除性别歧视，形成全社会关爱女孩的良好氛围和舆论环境。

第二章　性别失衡治理的工作需求分析

第一节　背景

1980 年以来，在低生育率背景下，中国人口出生性别比持续上升，2000 年已经上升到 120 左右，2005 年出生性别比依然没有回落的迹象。20 世纪 90 年代以来，中国政府认识到问题的客观性和严重性，采取了各种法律、行政、经济和社会的手段，开展了一系列性别失衡治理的战略性专项行动，试图遏制持续上升的高出生性别比。2003～2006 年，在巢湖试点工作的基础上，国家人口计生委在全国 24 个省的 24 个出生性别比最高的县区进行了"关爱女孩行动"的国家试点工作。

2005 年国务院办公厅转发了国家人口计生委等 12 个部委联合下发的文件，决定在未来 15 年甚至更长的时期内，在全国普遍开展"关爱女孩行动"，综合治理高出生性别比问题，促进性别平等与社会和谐。"关爱女孩行动"作为性别失衡治理的有效手段，被提上了重要的议事日程。

2006 年 4 月国家项目办公室开始进行面向基层县区的需求调查，了解各基层县区对于性别失衡治理的需求。本报告在这些需求调查的基础上，提供相应的战略措施和工作建议，为人口计生部门提供决策依据。

基于上述背景，需求分析的目标是：对于基层县区在性别失衡治理及"关爱女孩行动"中的需求进行评估，提出有针对性的战略性建议，以确保性别失衡治理及"关爱女孩行动"顺利以及有序、有效开展，具体目标包括以下几点。

（1）对"关爱女孩行动"的进展情况进行分析，了解基层县区在开展"关爱女孩行动"中存在的问题和困难，总结基层县区的基本经验，为全国性的推广提供借鉴和参考。

（2）对基层县区在"关爱女孩行动"需求进行分析，了解基层县区的总体需求，把握不同类型的县区和人员的需求差异，为制定战略规划和工作建议提供决策依据。

（3）基于行动开展情况及需求的分析结果，结合"关爱女孩行动"国家实施纲要的要求，形成宏观战略判断，并提出有针对性的战略建议和工作建议，为"关爱女孩行动"的全面开展提供方向性的指导。

第二节　研究设计

一　数据

用于本次调查的工具有：《关爱女孩行动重点工作领域问卷》《关爱女孩行动探索与思考问卷》《关爱女孩行动专题访谈提纲》。

《关爱女孩行动重点工作领域问卷》对5大领域（打击"两非"、宣传倡导、利益导向、全程服务、管理评估），共59项活动的开展情况进行了调查。其中，打击"两非"包括11项活动，宣传倡导11项，全程服务4项，利益导向29项，管理评估4项。首先，通过询问被调查者"每项活动是否必要、是否开展过、开展是否困难及是否有效果"等问题，考察每项活动的必要性、可行性及有效性。其次，对于每项活动的调查还设置了一个开放式问题，询问该项活动存在的问题和建议，以求可以总结出需要改进的内容。最后，对每个领域所有的活动采用民主投票排序方法进行排序，以求找出最需要优先推广的活动。

《关爱女孩行动探索与思考问卷》一共有12个开放式问题，分别调查3大模块（推广模块、深化模块、探索模块）、5大领域的关键活动以及需要继续拓展的活动。

《关爱女孩行动专题访谈提纲》一共有10个开放式问题，目的在于了解群众在打击"两非"、全程服务、宣传倡导、利益导向等工作领域的需求，以及在流动人口、生育文化建设方面的需求。

调查采取县区自我调查与工作组定点深入调查相结合的方式，分两个阶段进行。

第一阶段：县区自我调查。由国家人口计生委宣教司统一组织，将调查问卷（《关爱女孩行动重点工作领域问卷》和《关爱女孩行动探索与思考问卷》）发往 24 个国家级试点县及部分自愿参加调查的省级试点县，调查单位组织由 7 个方面人员 ［县党政领导、县人口计生委（局）领导、县有关部门代表、乡镇党政领导、乡镇计生办主任、村计生专干等至少各 1 人，群众代表 2 人，共至少 8 人］ 参加的座谈会，采取民主投票的方式，共同填报调查问卷 1 份。

第二阶段：专家组深入调查。根据调查分工，专家组采取先后调查 2 个县的方式，每个县区包括 4 个单元的工作。第一个单元主要是由县区进行工作汇报，并根据《关爱女孩行动重点工作领域问卷》和《关爱女孩行动探索与思考问卷》对于县区自我调查的结果进行复核；第二单元是分别对于县区级相关部门人员和乡级、村级的相关部门人员进行访谈，对《关爱女孩行动重点工作领域问卷》和《关爱女孩行动探索与思考问卷》进行复核、深入和扩展；第三单元是针对群众的组访和个访，根据《关爱女孩行动专题访谈提纲》了解群众在 "关爱女孩行动" 中的需求；第四单元是就调查情况进行沟通、讨论，并形成调查报告的初稿。

《关爱女孩行动重点工作领域问卷》共回收 43 份，其中国家级试点县 24 份，省级试点县 19 份。其中完全有效问卷 38 份，存在问题或无效的问卷 5 份，包括山西平遥、上海宝山、云南会泽、浙江苍南、辽宁大石桥。

《关爱女孩行动探索与思考问卷》部分，除云南会泽缺失、上海宝山答题不合要求之外，共回收 41 份，全部有效。

《关爱女孩行动重点工作领域问卷》预计回收 16 份，实际回收 16 份。

《关爱女孩行动探索与思考问卷》预计回收 16 份，实际回收 13 份。其中，彭水问卷（乡级）、东海问卷（乡级、县级）缺失。

调查报告预计回收 8 份，实际回收 8 份；工作记录预计回收 8 份，实际回收 8 份；县区工作总结汇报资料预计回收 8 份；实际回收 8 份。

二　分析思路和方法

进展分析包括 4 部分内容，分别是开展程度，困难程度，有效程度，主要成效、经验以及存在的问题。

前 3 部分来自 43 个试点县自我调查《关爱女孩行动重点工作领域问卷》的定量部分，主要采用 Foxpro 语言进行数据的录入，在数据清洗以后进行处理。具体步骤是：按照每个具体活动，计算回答开展过、困难以及有效的县区的比率（由于困难和有效性都采取了 5 级量表的形式，因此进行了适当合并，将很有效和有效视同为有效，将成效较差和没有成效视同为没有成效，其他依此类推）。首先按照每个领域，将所有活动按照开展程度、困难程度以及有效程度分别进行排序；其次将所有活动的比率简单加权平均，计算各领域的开展程度、困难程度以及有效程度，再据此对 5 大领域进行排序。

第 4 部分主要来自 43 个县的自我调查《关爱女孩行动重点工作领域问卷》中"问题与建议"部分和 8 个县的专家组深入调查报告，也参考了 24 个国家级试点县的自我总结报告以及"国家人口计生委关爱女孩行动专家组"所提供的《2005 年关爱女孩行动试点县统计监测报告》的相关内容。采用规范的质性分析方法进行数据的整理和归类，包括开放式登录、关联登录和核心登录三个关键步骤，最终从中提炼出有关基层县区活动开展取得的成效和经验以及存在问题方面的内容。

需求分析主要包括两部分内容，即对于已经开展的工作领域的需求和对于尚未开展的工作领域的需求。

对于已经开展的工作领域的需求主要来自 43 个试点县自我调查以及 8 个县的专家组深入调查的《关爱女孩行动重点工作领域问卷》定量数据。按照每个具体活动，计算回答必要性县区的比率（由于必要性采取了 5 级量表的形式，因此进行了适当合并，将很有必要和有必要视同为有必要，将必要性不大和没有必要视同为没有必要）。首先按照每个领域，将所有活动按照必要性比率分别进行排序；其次将所有活动的比率简单加权平均，计算各领域必要性比率，再据此对 5 大领域进行排序。

对于尚未开展的工作领域的需求主要来自 43 个试点县自我调查以及 8 个县的专家组深入调查的《关爱女孩行动探索与思考问卷》部分。仍然采用规范的质性研究方法进行分析。分析框架见图 2 - 1。

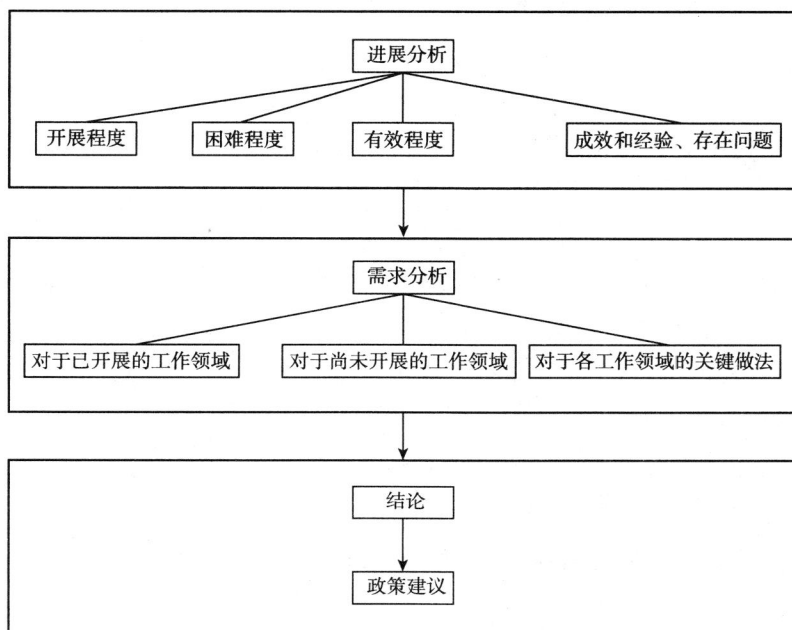

```
┌──────────────────────────────────────────────────────────────┐
│                          进展分析                              │
│                                                                │
│  ┌────────┐  ┌────────┐  ┌────────┐  ┌──────────────────┐    │
│  │ 开展程度 │  │ 困难程度 │  │ 有效程度 │  │ 成效和经验、存在问题 │    │
│  └────────┘  └────────┘  └────────┘  └──────────────────┘    │
└──────────────────────────────────────────────────────────────┘

┌──────────────────────────────────────────────────────────────┐
│                          需求分析                              │
│                                                                │
│  ┌────────────────┐  ┌────────────────┐  ┌──────────────────┐ │
│  │ 对于已开展的工作领域 │  │ 对于尚未开展的工作领域 │  │ 对于各工作领域的关键做法 │ │
│  └────────────────┘  └────────────────┘  └──────────────────┘ │
└──────────────────────────────────────────────────────────────┘

┌──────────────────────────────────────────────────────────────┐
│                         ┌────────┐                            │
│                         │  结论  │                            │
│                         └────────┘                            │
│                         ┌────────┐                            │
│                         │ 政策建议 │                            │
│                         └────────┘                            │
└──────────────────────────────────────────────────────────────┘
```

图 2 - 1　分析框架

第三节　结果与讨论

一　"关爱女孩行动"试点进展情况

1. 开展程度

如表 2 - 1 所示，在 5 个已开展的工作领域中，县区开展活动最多的是宣传倡导（90% 以上的县区开展过的活动的有 9 项），其次是打击"两非"和溺弃女婴（7 项），再次是利益导向（5 项），最后是全程服务（4 项）和管理评估（4 项）。

表2-1　各领域开展程度

序号	领域名称	开展比率达90%以上的活动数目（项）	平均开展程度（%）
1	宣传倡导	9	92.14
2	打击"两非"	7	84.99
3	利益导向	5	60.39
4	全程服务	4	97.62
4	管理评估	4	96.40

在宣传倡导中，县区平均开展程度达到92.14%，其中开展程度达到100%的活动有2项，分别是"开展环境宣传"和"发放宣传品"；开展程度最低的活动分别是"好婆媳模范评比"（88%）和"女性参与祭祀和社事等民俗活动"（56%）。

在打击"两非"中，县区平均开展程度达到84.99%，其中开展程度达到100%的活动有3项，分别是"实行B超及染色体检查管理制度"、"对B超操作人员进行法制意识培训"和"开展打击'两非'的宣传警示"；开展程度最低的活动分别是"对溺弃女婴案件进行严肃处理"（58%）和"实行打击'两非'的邻县联防制度"（45%）。

在利益导向中，县区平均开展程度达到60.39%，其中开展程度达到100%的活动只有1项，即"重点帮扶计划生育女儿户"；开展程度最低的活动分别是"实行店面以低于成本价的优惠价格卖给女儿户的政策"（8%）和"实行对于家庭生育女儿户县区内旅游景点免费的政策"（8%）。

在全程服务中，县区平均开展程度达到97.62%，其中开展程度达到100%的活动有2项，分别是"实行孕产妇全程服务制度"和"开展二孩计划内怀孕妇女的孕情监测工作"。开展程度较低的活动分别是"开展'三查'工作"（98%）和"开展怀孕妇女的孕产期保健服务"（93%）。

在管理评估中，县区平均开展程度达到96.40%，其中开展程度达到100%的活动有1项，即"将关爱女孩行动综合治理出生性别比工作纳入人口目标责任制"。开展程度较低的活动分别是"将关爱女孩行动开展情况纳入镇街和有关部门计划生育目标责任，签订目标责任书"（98%）、"开展出生人口性别统计、群众生育意愿、出生人口性别比偏高成因、出生人口性别比下降成因等专项调查"（95%）以及"各级医疗卫生部门和计划生育服务机构按时统计上报性别统计监测情况（包括出生、引产、婴儿死亡信息等）"（93%）。

2. 困难程度

如表 2 - 2 所示，在 5 个已开展的工作领域中，县区认为最困难的领域是利益导向（50% 以上的县区认为困难的活动有 10 项），其次是打击"两非"（3 项），再次是全程服务（2 项），最后是管理评估（0 项）和宣传倡导（0 项）。

表 2 - 2　各领域困难程度

序号	领域名称	有效性达到 90% 以上的项数（项）	平均困难程度（%）
1	利益导向	10	44
2	打击"两非"	3	38
3	全程服务	2	45
4	管理评估	0	22
5	宣传倡导	0	22

在利益导向中，认为各活动存在困难的县区达到 44%，其中县区普遍认为存在困难的两项活动是"实行店面以低于成本价的优惠价格卖给女儿户的政策"（85%）和"兴办各类女儿户的养老福利"（78%）；普遍认为存在困难较小的两项活动分别是"在培养入党、评先评优、招工招干、推选代表时对女儿户和妇女优先照顾"（21%）和"开展'结对帮扶'活动，一对一地帮助上学困难的女童"（10%）。

在打击"两非"中，认为各活动存在困难的县区达到 38%，其中县区普遍认为存在困难的两项活动是"实行打击'两非'的邻县联防制度"（71%）和"对于违反 B 超监管制度的行为进行处罚"（62%）；普遍认为存在困难较小的两项活动分别是"实行 B 超操作人员持证上岗制度"（14%）和"对 B 超操作人员进行法制意识培训"（11%）。

在全程服务中，认为各活动存在困难的县区达到 45%，其中县区普遍认为存在困难的两项活动是"开展二孩计划内怀孕妇女的孕情监测工作"（57%）和"实行孕产妇全程服务制度"（52%）；普遍认为存在困难较小的两项活动分别是"开展怀孕妇女的孕产期保健服务"（36%）和"开展

'三查'工作"（33%）。

在管理评估中，认为各活动存在困难的县区达到 22%，其中县区普遍认为存在困难的两项活动是"开展出生人口性别统计、群众生育意愿、出生人口性别比偏高成因、出生人口性别比下降成因等专项调查"（31%）和"将关爱女孩行动综合治理出生性别比工作纳入人口目标责任制"（24%）；普遍认为存在困难较小的两项活动分别是"各级医疗卫生部门和计划生育服务机构按时统计上报性别统计监测情况（包括出生、引产、婴儿死亡信息等）"（21%）和"将关爱女孩行动开展情况纳入镇街和有关部门计划生育目标责任，签订目标责任书"（12%）。

在宣传倡导中，认为各活动存在困难的县区达到 22%，其中县区普遍认为存在困难的两项活动是"通过各种文艺形式开展关爱女孩行动的文艺宣传"（36%）和"在农村培养妇女成才先进典型"（31%）；普遍认为存在困难较小的两项活动分别是"在农村开展评选'五好'（好公公、好婆婆、好女婿、好女儿、好家庭）活动"（7%）和"开展好婆媳模范评比活动"（7%）。

3. 有效程度

如表 2 - 3 所示，在 5 个已开展的工作领域中，县区认为最有效的领域是利益导向（90% 以上的县区认为有效的活动有 6 项），其次是管理评估（4 项），再次是打击"两非"（3 项）和宣传倡导（3 项），最后是全程服务（1 项）。

表 2 - 3　各领域有效程度

序号	领域名称	有效性达到 90% 以上的项数（项）	平均有效程度（%）
1	利益导向	6	75.31
2	管理评估	4	91.18
3	打击"两非"	3	83.39
4	宣传倡导	3	82.46
5	全程服务	1	83.44

在利益导向中，认为各活动有效的县区达到 75.31%，其中县区普遍认为有效的活动是"实行对农村男、女年满 60 周岁的双女、独女家庭夫妇，

每月发放养老金的政策"（100%）、"实行对于家庭生育女儿户县区内旅游景点免费的政策"（100%）以及"实行农村计划生育女儿户家庭享受免交新型农村合作医疗基金的政策"（100%）；普遍认为有效性不强的两项活动分别是"实行免征农村女孩家庭房屋建设配套费的政策"（46%）和"实行公司、企业、个体户优先聘用计划生育女儿户家庭成员就业的政策"（45%）。

在管理评估中，认为各活动有效的县区达到 91.18%，其中县区普遍认为有效的两项活动是"开展出生人口性别统计、群众生育意愿、出生人口性别比偏高成因、出生人口性别比下降成因等专项调查"（92%）和"各级医疗卫生部门和计划生育服务机构按时统计上报性别统计监测情况（包括出生、引产、婴儿死亡信息等）"（92%）；普遍认为有效性稍差的两项活动分别是"将关爱女孩行动综合治理出生性别比工作纳入人口目标责任制"（90%）和"将关爱女孩行动开展情况纳入镇街和有关部门计划生育目标责任，签订目标责任书"（90%）。

在打击"两非"中，认为各活动有效的县区达到 83.39%，其中县区普遍认为有效的两项活动是"开展打击'两非'的宣传警示"（95%）和"实行引产管理制度"（93%）；普遍认为有效性不强的两项活动分别是"实行婴儿死亡报告制度"（76%）和"实行'两非'案件的举报制度"（73%）。

在宣传倡导中，认为各活动有效的县区达到 82.46%，其中县区普遍认为有效的活动是"通过发放文图等宣传品，向群众传播关爱女孩行动理念和知识"（98%）、"在重要场所通过各种方式（广告牌、漫画墙等）开展关爱女孩行动的环境宣传"（90%）以及"在大众媒体开展关爱女孩行动的媒介宣传"（90%）；普遍认为有效性不强的两项活动分别是"通过举办培训班等方式开展关爱女孩行动理念的倡导与培训"（75%）和"在农村开展评选'五好'（好公公、好婆婆、好女婿、好女儿、好家庭）活动"（74%）。

在全程服务中，认为各活动有效的县区达到 83.44%，其中县区普遍认为有效的两项活动是"实行孕产妇全程服务制度"（93%），"开展'三查'工作"（88%）；普遍认为有效性稍差的两项活动分别是"开展怀孕妇女的孕产期保健服务"（77%）和"开展二孩计划内怀孕妇女的孕情监测工作"（76%）。

二 成效、经验和问题

1. 成效

"关爱女孩行动"试点工作取得的成效主要包括以下几点。

（1）性别比治理方面取得了明显的效果。根据《2005 年关爱女孩行动试点县统计监测报告》提供的数据，2005 年 24 个样本点出生婴儿性别比有明显下降，为 119.6，比 2000 年人口普查数据（133.8）低 14.2 个百分点，较 2004 年（121.8）下降了 2.2 个百分点。除安徽怀远（137.2）以外，各监测点出生性别比都降到了 130 以下，其中出生性别比在 120～130 的有 10 个，110～120 的有 11 个，而甘肃天水（106.8）和吉林德惠（109.7）的出生性别比已经降到 110 以下。

（2）人们的生育观念发生转变。通过密集的、大量的倡导培训活动，"关爱女孩行动"已经使试点县区人们逐步形成了新型婚育观念，社会性别意识进一步普及。

（3）形成了一套行之有效的工作模式。试点县区在国家和省级计生部门的指导下，在其他相关部门的配合下，结合自身的基础和特点，勇于探索和尝试，形成了具有地方特色的"关爱女孩行动"工作新机制。并且已经在 5 个重点工作领域形成了一些行之有效的工作模式，并取得了丰硕的成果，如依法治理措施得到加强、生育政策得到落实、强化了孕情监管和服务、逐步规范了医疗和医药市场、低生育水平得到巩固等。试点县的示范辐射作用得到发挥，为即将启动的全国性的"关爱女孩行动"打下了良好的基础。

（4）提高了计生工作水平。基层县区广泛开展全程服务、利益导向、宣传倡导以及管理评估等工作，促进了计划生育工作思路和方法"两个转变"，人口计生整体工作水平得到提升，计生干部和服务人员素质得到提高，党群、干群关系得到改善，计划生育工作由行政强制管理转向了优质服务。

（5）改善了女孩和妇女生活环境。通过"关爱女孩行动"试点，有利于计划生育、有利于女孩及其家庭的利益导向机制和社会保障制度初步形成，女孩生存、成长、成才的环境得到改善，关心女孩家庭、关爱女孩成长已经形成一种氛围。

2. 主要经验

"关爱女孩行动"试点的主要经验包括如下几方面。

（1）领导重视是前提。只有领导重视，才有可能真正推动"关爱女孩行动的开展"。否则，"关爱女孩行动"就会成为无本之木、无源之水，难以持久、长效地开展下去。领导的重视不仅体现在政策和经费等软硬件环境的建设和保障方面，也体现在具有清晰的思路和创新意识方面。

（2）组织建设是基础。"关爱女孩行动"涉及的相关部门众多，仅由人口计生部门单打独斗是不可能进行下去的，必须要进行组织建设。包括两层含义，一是组织机构本身的建设，如成立"关爱女孩行动"办公室；二是组织运作机制的建设，如形成政府主导、计生部门牵头，"关爱女孩行动"办公室负责具体落实的行政运作机制，明确不同部门的职责及其合作机制等。

（3）资金投入是保障。"关爱女孩行动"中每一个重点工作领域都需要充足的经费保障，否则就很难深入地开展下去。经费包括两个来源，一方面来自国家政府部门的财政支持，另一方面来自包括 NGO、企业、国际社会在内的各方面社会资源。

（4）严格考核是重要环节。在性别比治理取得较大成效的县区，都特别注重建立严格的部门考核指标体系，确定目标责任，实行"一票否决制"，充分调动了从上到下各部门的积极性，确保各项活动的充分开展、各项措施的落实到位。

（5）打击"两非"和全程服务是迅速遏制性别比恶化的有效手段。性别比治理取得较大成效的县区经验表明，打击"两非"和全程服务可以对群众和相关工作人员的行为进行有效约束，杜绝"两非"案件的发生，对于在短期内迅速降低偏高的性别比水平具有很大的成效。

（6）养老保障、政策落实和观念转变是彻底治理性别比的关键。"养儿防老"是重男轻女的传统生育文化的核心之一，只有彻底解决养老问题，特别是计划生育女儿户在养老方面的后顾之忧，才可以转变传统的生育观念，新型生育文明才能够有形成、发展的空间；另外，试点县区的成功经验说明，只有将利益导向政策的落实与宣传倡导结合起来，使老百姓得到真正的实惠，满足计划生育女儿户的心理预期和实际利益，才能促使他们观念和行为真正转变。

3. 主要问题

"关爱女孩行动"试点虽然取得了一些成效和经验，但是仍然存在一些问题，主要表现在以下几方面。

第一，政策问题。主要包括三个方面。首先，目前实行的各种政策在目标、内容和实施效果方面存在冲突和矛盾，政策的执行效果常常相互抵消，例如低生育率政策，生一个女孩允许生育二胎的政策与将农村排除在外的社会保障政策之间的矛盾。其次，某些政策缺乏依据，例如涉及教育、医疗、奖励扶助等方面的利益导向政策等。再次，政策的长期性。老百姓关心一些奖励扶助政策是否长期有效，特别关心养老保障方面的政策将来能否兑现。

第二，性别比专项治理的法律、法规问题。一方面，取证难，鉴定胎儿性别、性别选择性引流产、溺婴等行为很难证明。如未婚先孕鉴定后流产、间隔期内怀孕鉴定后引流产、自行药物流产等。另一方面，无法可依，缺乏打击"两非"的法律依据，"两非"案件从立案到执法都存在困难。

第三，资金问题。财政拨款有限，又缺乏企业和公民社会的支持，无法达到充分开展各项活动的要求。

第四，区域合作问题。缺乏有效的区域联防机制，导致性别鉴定、性别选择性引产等"两非"案件难以得到有效监控，以及出生女婴转移漏保情况的发生。

第五，部门合作问题。一方面，各相关部门缺乏有效的合作机制和约束机制，彼此之间难以形成合力；另一方面，人口计生部门权、责不对称，力不从心。

第六，B超机和药品管理问题。一方面是对于B超机和药品从生产、购买到使用缺乏全程的有效管理，另一方面缺乏全国性的统一管理。

第七，流动人口管理问题。缺乏全国性的流动人口信息系统，给重点领域活动的开展造成了管理漏洞。

第八，信息系统和监测评估问题。缺乏规范、统一的性别比及其治理的信息系统和监测评估体系。如信息收集困难，几个部门的性别比统计口径不一致，很难掌握出生性别比总体情况。

三　基层县区在"关爱女孩行动"中的需求

1. 对于已开展的工作领域的需求

如表 2 - 4 所示，在 5 大已经开展的工作领域中，基层县区认为最有必要的是利益导向（90％以上的县区认为必要的活动有 22 项），其次是打击"两非"（11 项），再次是宣传倡导（10 项），最后是全程服务（4 项）和管理评估（4 项）。

表 2 - 4　对于已开展的工作领域的需求

序号	领域名称	90％以上县区认为必要的活动数目（项）	认为必要的县区的比率（％）
1	利益导向	22	91.26
2	打击"两非"	11	99.57
3	宣传倡导	10	93.81
4	全程服务	4	99.21
5	管理评估	4	100.00

在利益导向领域，认为必要的县区达到 91.26％，其中最有必要（98％）开展的活动有 8 项："实行对于女童的"两免（书本费、杂费）一补（生活费）"、"实行失学女童返校资助"、"设立'关爱女孩'专项活动基金"、"重点帮扶计划生育女儿户"、"对于计划生育女儿户优先发放扶贫贷款"、"对计划生育女儿户优先发放小额信用贷款"、"在培养入党、评先评优、招工招干、推选代表时对女儿户和妇女优先照顾"、"实行将计生纯女户家庭老人和五保户、孤寡老人一样，列入免费供养范围，实行政府集中供养的政策"；最没有必要开展的活动有"实行店面以低于成本价的优惠价格卖给女儿户的政策"（64％）和"实行对于家庭生育女儿户县区内旅游景点免费的政策"（71％）。

在打击"两非"领域，认为必要的县区达到 99.57％，除了"对 B 超操作人员进行法制意识培训"和"实行 B 超操作人员持证上岗制度"两项活动的必要性比率在 98％左右，其余各项活动的必要性比率均达到 100％。

在宣传倡导领域，认为必要的县区达到 93.81％，其中，最有必要开展的活动是"在大众媒体开展关爱女孩行动的媒介宣传"（100％）；最没必要的是"提倡女性参与祭祀和社事等民俗活动"（70%）。

在全程服务领域，认为必要的县区达到99.21%，其中，最有必要开展的两项活动是"实行孕产妇全程服务制度"和"开展二孩计划内怀孕妇女的孕情监测工作"，其他两项活动必要性稍低，也在95%以上。

在管理评估领域，认为必要的县区达到100%，所有4项活动都是很有必要开展的。

2. 对于未开展的工作领域的需求

数据分析的结果发现，对于未开展的工作领域主要包括以下需求。

（1）广泛的合作机制。要求建立以各级相关政府部门为主导，以问责机制为核心，以跨区域合作、跨部门合作为主要形式，政府、公民社会、家庭和个人全社会共同参与的广泛的合作机制。

（2）稳定的长效机制。要求建立以制度建设为前提，以打击"两非"、全程服务、利益导向、宣传倡导为内容，以管理评估为手段的长效机制，将"关爱女孩行动"与计划生育日常工作相结合。

（3）流动人口管理。要求加大流动人口管理力度，将流动人口管理与已有的全程服务结合起来，做好孕情监测的同时，也关注流动人口生殖健康福利的改善。

（4）计划生育养老保障。要求建立健全计划生育女儿户的养老保障体系，将养老与已有的利益导向结合起来，使计划生育女儿户老有所靠，老有所养，改变传统的养老方式，逐渐削弱乃至扭转重男轻女的传统生育观念。

（5）新农村建设。要求将"关爱女孩行动"中的宣传倡导与新农村建设结合起来，建立以新型生育文明为核心的农村宣传阵地，在新农村建设中发挥人口计生部门的角色和作用。

（6）社会性别公平。要求处理好不同性别利益主体之间的相互关系，包括男孩户与女孩户的关系、男到女方落户家庭与传统的父系家庭的关系、男性求职者与女性求职者的关系，以及男性流动人口与女性流动人口的关系等，在关爱女孩的同时，也要建立性别之间的和谐关系。

（7）出生登记管理。要将"关爱女孩行动"中的管理评估与出生登记管理结合起来，改革和完善监测评估体系，实现人口信息的共享，为"关爱女孩行动"提供考核评估保障。

（8）人口计生部门管理职能综合改革。要求理顺人口计生部门内部的相互关系、人口计生部门与其他部门之间的相互关系、"关爱女孩行动"与其他大的社会行动之间的关系，以及与人口计生部门其他项目之间的关系。

3. 对于各工作领域中关键做法的拓展需求

对应于各模块中的工作领域，已经形成了一些重要的关键做法，一部分是专家组根据基层县区已经开展的一些活动提炼、归纳出来的，另一部分则是专家组根据过去的研究经验总结出来的。对于这些关键做法，基层县区也提出了拓展需求，主要划分为两类，一类是对已经开展的工作领域中关键点的拓展需求，另一类是对尚未开展的工作领域中关键点的拓展需求。

表2-5中分别列出了推广模块、深化模块和探索模块中各工作领域的关键点，其中黑体字代表了基层县区对于已经开展的工作领域中关键点的拓展需求，斜体字代表了基层县区对于尚未开展的工作领域中关键点的拓展需求。

表2-5　各基层县区对于各工作领域中关键做法的拓展需求

推广模块	打击"两非"	全程服务	宣传倡导	利益导向
关键点	◇对B超及染色体检查的管理 ◇引产管理 ◇溺弃女婴管理 ◇专项治理 ◇"两非"立法 ◇联合执法	◇制度建设 ◇重点服务 ◇女童心理、生理咨询服务	◇政策宣传和理念倡导 ◇典型宣传 ◇民俗文化创新 ◇宣传基地建设	◇帮扶助学 ◇扶贫救助 ◇奖励救助 ◇医疗扶助 ◇设立"关爱女孩行动"奖抚基金

深化模块	管理评估	合作机制	长效机制
关键点	◇专项调查 ◇计划制定和实施 ◇考核评估 ◇信息反馈评估 ◇指标体系改革 ◇建立性别比数据监控机制 ◇建立多部门、多方法的统计数据综合管理制度 ◇完善流动人口信息管理系统	◇政府、NGO、公民社会的合作 ◇与国家其他重大项目的合作加强 ◇各部门之间的合作 ◇与计生部门其他项目之间的合作 ◇建立分片包干与责任追究制度 ◇建立部门联席会制度	◇制度建设 ◇能力建设 ◇理念建设 ◇"关爱女孩行动"专门机构建设 ◇建立全方位监督机制

探索模块	新农村建设	生育文化建设	人口计生部门管理职能综合改革
关键点	◇婚育新风宣传 ◇开展各种女性评选活动 ◇改善女孩户经济状况 ◇生育文化活动场所建设	◇生育文化研究 ◇生育文化建设实践	◇出生证明管理改革 ◇妇幼保健管理改革 ◇计划免疫管理改革

第四节　结论

根据以上各试点县活动进展及效果分析、存在的问题和需求分析，我们可以形成如下的结论。

结论1，"关爱女孩行动"试点的几大核心工作在性别比治理方面具有明显的成效，其经验和模式需要进行总结和提炼，向全国范围内推广。

结论2，"关爱女孩行动"在实践工作中仍然存在很多困难和问题，并不能单纯地靠推广已有的经验和模式就可以解决，而是需要进行制度层次的深化和创新。

结论3，"关爱女孩行动"中存在的问题具有时间上的多阶段性，既包括短期内就可以解决的，也包括长期才能够解决的，因此需要进行能力建设、理念建设和制度建设，使得"关爱女孩"成为一项长期的可持续发展行动。

结论4，"关爱女孩行动"中存在的问题具有空间上的多样性，既包括宏观层次，也包括微观层次，也涉及不同的部门和人员，因此需要形成一种全社会共同参与的广泛的合作协调机制，才可以解决这些问题。

结论5，"关爱女孩行动"试点的实践说明，领导重视是关键，组织建设是基础，资金保障是条件。因此需要进行理念倡导、组织建设和资金投入，为"关爱女孩行动"提供理念和物质的双重保障。

结论6，无论是不同类型的县区，还是不同类型的人员，其需求的取向均存在多样性，既涉及人口计生、民政、法律、卫生等不同的政府部门，也包括国家级、省级、县区等政府部门的不同层次；既涉及NGO、学校、媒体、企业等公民社会，也包括个人和家庭。因此需要进行整体形势分析以及公共政策的系统分析，了解目前"关爱女孩行动"所处的环境和形势。

结论7，处于不同发展阶段的县区，其需求内容存在多样性，既包括长期的、全局性的需求，也包括短期的、局部性的需求；既包括对于已经开展的活动的需求，也包括对于未开展的活动的需求。因此需要针对"关爱女孩行动"发展的不同阶段，确定各阶段的战略目标和战略重点。

结论8，处于不同发展阶段的县区，代表性层次不同的县区，县级、乡级的相关部门工作人员和群众等不同人员，其需求内容存在差异性，因此需要在统筹规划的前提下，充分体现分类指导的原则。

结论9，基层县区对于立法存在迫切需求，既包括对于"两非"案件和溺弃女婴案件的取证、立案等具体操作环节的需求，也包括对于立法程序等的深层次需求，因此需要有关部门共同参与，进行治理出生性别比的法律法规研究。

结论10，基层县区要求以人口计生部门自身管理职能改革为核心，实现资源共享和功能互补。既要处理好"关爱女孩行动"与人口计生部门其他项目活动之间的关系，也要处理好与其他大的社会行动的关系；既要理顺人口计生部门内部各部门的关系，也要理顺人口计生部门与其他部门之间的关系。

根据上述结论，提出针对中国性别失衡治理及"关爱女孩行动"的政策建议。

建议1，进行总体形势分析。分别从出生性别比最新态势、形成原因、需求、公共政策和国际治理经验等方面，对"关爱女孩行动"的整体环境和形势进行分析。

建议2，进行多层次、全方位的理念建设。

（1）注重高层理念建设。一方面充分发挥自身的工作优势和宣传优势，对国家各级关键部门的高层领导进行倡导；另一方面通过国际交流和宣传，在国际社会产生影响，争取大型国际组织的理解和支持。

（2）针对全社会进行整体形势和战略规划宣传。依托主流媒体，加大宣传攻势，使相关部门领导、工作人员、公民社会、群众等了解目前的整体形势，了解"关爱女孩行动"开展的必要性，以及"关爱女孩行动"的未来战略规划。

（3）针对不同层次、不同类型的对象，制订多样化、个性化的倡导方案。充分发挥人口计生部门的宣传优势，针对中央政府部门、人口计生部门、地方政府，针对NGO、企业、媒体、学校、社区等公民社会，针对各级领导和群众，分别制订宣传方案，并特别关注边缘地区和人群。

（4）注重发挥宣传倡导的服务功能。使宣传倡导贯穿打击"两非"、全程服务和利益导向等工作领域，使相关部门领导、工作人员、公民社会和群众充分了解自己在"关爱女孩行动"中的角色、义务、责任和权利。

建议 3，注重资金保障。一方面要求国家加大对"关爱女孩行动"的资金投入；另一方面设立"关爱女孩行动"专项基金，引导各级政府多渠道筹资，充分利用企业、公民社会等资源，多方筹措资金，专款专用。

建议 4，制定分阶段的战略规划，对全国的县区进行分类并确定逐级推进的策略。将"关爱女孩行动"划分为三个阶段，分别是遏制阶段、下降阶段和稳定阶段，确定每一阶段的战略目标和重点；按照 3～5 年内的出生性别比水平将全国县区划分为三类地区，分别对应于推广模块、深化模块和探索模块的工作，确保在每一个模块中都有县区在开展活动，并形成推广县区之间的工作相互交流，深化模块的工作向全国扩散，探索模块的工作通过深化县区向全国扩散的局面。在现阶段，三类不同地区应在以下方面开展活动。

（1）对应于推广县区，推广已经相对比较成熟的四个领域的工作，重点是打击"两非"和全程服务。在打击"两非"方面，逐步建立区域联防和部门合作制度，加强流动人口管理；在全程服务方面，进行人口计生部门的能力建设，吸纳公共卫生服务和医学领域的专家，使全程服务与计划生育优质服务的主要领域相结合；在宣传倡导方面，采取多样化的宣传方式，将宣传倡导与打击"两非"和全程服务相结合；在利益导向方面，重点解决养老问题和政策落实。

（2）对应于深化县区，根据自身的基础和特色，选择推广模块中 2～3 个特色领域，全面开展各关键点的工作，并进一步深化提炼出更有效的关键做法。在此基础之上，以管理评估为切入点，完善现有的"关爱女孩行动"管理评估体系，探索并提炼出切实有效的关键点，并在这些重点工作领域逐步建立起合作机制和长效机制。重点建立以下几方面的机制：3 个长效机制，即打击"两非"长效机制、宣传倡导长效机制和利益导向长效机制；5 个合作机制，包括计生、卫生、药监、公安各部门的打击"两非"合作机制；计生、卫生联手的全程服务合作机制；由计生、卫生、民政、财政、教育、社会保障等部门共同参与的利益导向合作机制；由计生、卫生、宣传、教育等部门共同参加的倡导培训合作机制；由计生、卫生、公安、统计等部门参与的管理评估合作机制。

（3）对应于探索县区，根据自身的基础和特色，在开展推广模块各工作领域的同时，注重建立合作机制和长效机制，同时发挥自身优势，进行制度创新和探索。探索"关爱女孩行动"与以下领域的结合：新农村建设、生育文化建设、社会性别、出生登记、流动人口管理、计划生育养老保障、农村合作医疗、人口计生部门管理职能综合改革等。

建议5，建立完善的信息系统和监测评估体系。不仅包括数据和信息收集的真实性，也包括确保不同时期统计口径的一致性；不仅包括对于实施过程的监控，也包括对于实施效果的评估；既包括对于国家级和省级宏观层面的评估，也包括对于县区级和乡级微观层面的评估。

建议6，建立广泛的合作协调机制。

（1）进行人口计生部门管理职能综合改革。既包括人口计生部门本身工作思路和方法以及管理评估体系进一步转变，也包括"关爱女孩行动"与人口计生部门其他项目之间的整合，与其他大的社会行动之间的整合。

（2）建立人口计生部门内部的行政问责机制，将"关爱女孩行动"纳入人口计生部门考核体系，层层签订目标责任书，与人员的聘任、晋升、奖惩等直接挂钩，推动"关爱女孩行动"的有效开展。

（3）建立广泛的合作机制。国家22个相关部委和NGO、企业等公民社会代表共同研究出台合作协调机制建设的各项措施。既包括不同政府部门之间的合作、政府部门不同层级之间的合作，也包括政府部门与NGO等公民社会的合作等，形成多部门合作、全社会共同参与的资源共享、功能互补的合作机制。

（4）建立部门间行政问责机制，国家22个相关部委和NGO、企业等公民社会代表共同研究，明确各合作主体的职责和权利，建立行政问责机制，将"关爱女孩行动"纳入各部门的考核评估体系当中，引导和约束各合作主体的行为。

建议7，建立法律法规和政策支持系统。人口计生部门会同有关部门共同研究并制定专项治理性别比的法律法规和"关爱女孩行动"的支持性政策，注重法律之间、政策和法律之间，以及政策之间的协调一致，为"关爱女孩行动"的开展提供法律和政策保障。

建议8，发挥专家组和研究机构的研究优势，提出可行性方案，要求国务院以及国家相关部门予以支持。

（1）专项治理性别比的法律法规修改方案。包括对于目前法律法规内容、实施过程和实施后果的分析，可行性的修改建议，以及可操作化的生效程序等。

（2）利益导向政策调整方案。包括对于"关爱女孩行动"利益导向政策的需求分析，已有政策的制定、内容、实施和效果分析，了解哪些是应有的，哪些是已有的，哪些是没有的，确定未来政策调整的方向。

（3）多部门合作机制建设方案。包括合作的部门、方式、协调机制等。

第三章　性别失衡治理的公共政策分析

第一节　背景

20 世纪 80 年代初以来，在社会转型和低生育率背景下，中国出生人口性别比持续上升，从 1982 年的 108 左右上升到 2000 年的 120 左右。自 1986 年起，中国政府就采取了一系列直接和间接的公共政策手段以治理偏高的出生性别比，改善女孩生存环境，促进妇女发展。但公共政策治理却出现了部分失效的特征。2005 年最新的小普查数据显示，尽管出生性别比继续升高的趋势稍有缓解，但其偏高的态势并没有发生根本性变化，使得中国成为世界上出生人口性别比最高的国家之一。为什么公共政策治理手段没有取得预期的成效，出生性别比升高的势头为什么没有得到有效遏制？这成为学术界和实践部门共同关注的问题。

2005 年，针对出生人口性别比持续偏高的现状，在前期试点的基础上，国务院办公厅转发了由国家人口计生委等 12 个部委联合下发的文件，决定在未来 15 年甚至更长时期内，在全国普遍开展"关爱女孩行动"，综合治理高出生性别比问题，促进性别平等与社会和谐。出生性别比治理的公共政策失效原因的研究对于"关爱女孩行动"的顺利开展具有重大的现实意义。

一般将公共政策失效的原因归结为政策相关低度化、政策调控疲弱化、政策效应短期化以及政策运行阻隔化等（陈庆云，1996）。在具体的公共政策领域，其失效原因的分析方法和结果常常不可避免地带有相关学科背景的烙印。如从心理学的角度分析宏观经济政策的失效原因，认为政策主体和客体的心理需求是导致政策失效的主要原因（杨大光，2001）；采用博弈方法分析产业政策或农业政策的失效原因，认为政策主体和客体之间的利益博弈行为是导致政策失效的主要原因（钟宜钧，2002；张许颖，2004）等。

出生性别比偏高的本质是女孩生存问题，是社会性别不公平在生命早期的集中体现，因而被认为是社会性别问题。因此学者们在分析出生性别比治理的相关公共政策时，均不约而同地采取了社会性别理念和方法（魏星河、高莉娟，2007；杨雪燕、李树茁等，2007）。尽管出生性别比偏高问题治理的公共政策正在和已经出现了部分失效的现象，但针对其原因的深入研究尚十分缺乏，仍然停留在一些初步的思路上。一些学者指出，出生性别比问题实际上是一个复杂的社会系统问题，因此，应该采取系统的方法对其治理政策进行研究与实践（杨雪燕、李树茁等，2007）；更有研究进一步表明，出生性别比偏高问题治理的公共政策失效主要是因为该系统的不协调，而政策系统的不协调实际上也是政策相关低度化的具体表现之一（杨雪燕、李树茁等，2007；宋健，2007）。

基于上述背景，本书的目标是基于系统协调性的观点和社会性别公平理念对出生性别比偏高问题治理的公共政策失效原因进行分析。

第二节　研究设计

一　政策系统的协调性

系统协调性指的是一种合理的比例关系以及功能之间的合理匹配，一种整体结构最优、功能最强的合理布局。一个完整的政策系统由主体子系统、客体子系统以及环境超系统组成，因此政策系统的协调性即各个政策子系统内部和子系统之间的合理匹配关系，以及本政策系统与其他政策、与环境之间的兼容关系（沈鹏、杨浩，2007；杨雪燕、李树茁等，2007）。主要包括以下具体内容。

（1）主体子系统内部协调性。主体子系统包括决策主体、执行主体以及监测评估主体。其内部协调性指的是政策的决策主体、执行主体以及监测评估主体的安排协调一致，有助于政策目标的实现。

（2）客体子系统内部协调性。客体子系统指的是公共政策发挥作用时所指向的对象，包括政策所要改变的状态、政策直接作用的人与事、政策所要调节的公众利益三个层面的内容。其内部协调性指的是政策执行对象、内容以及条款等规定有助于政策目标的实现。

（3）主体与客体子系统之间的协调性。主体与客体之间的联系通常是靠执行中的监督机制以及效果评估中的监测评估机制实现的。因此，主体与客体子系统之间的协调性指的是监督机制和监测评估机制能够有效约束政策主体的行为，并确保政策客体的民意表达渠道畅通。

（4）本政策系统与其他政策之间的协调性。本政策系统仅指所有与政策问题相关的政策。本政策系统与其他政策之间的协调性主要指的是其他政策在内容和执行方面与本政策系统不存在冲突。

（5）本政策系统与环境之间的协调性。环境指的是政治、经济、文化、社会、人口等宏观环境。本政策系统与环境之间的协调性指的是环境能够为本政策系统的目标实现提供必要的条件。

任何一种政策分析都是以一定的价值判断为前提的。上述分析思路在具体应用中，也应该根据其应用的具体政策问题来确定其判断标准（陈庆云，1996）。由于出生性别比失调被认为是社会性别不公平的问题，因此，本书中以社会性别公平理念为主要的价值判断标准，对出生性别比治理的公共政策失效问题进行深入分析。

社会性别公平概念由横向公平和纵向公平两个维度构成。其中，横向公平反映的是男性和女性的相同的需要都能够得到同等的满足（在程度上和方式上都是基本相同的）；纵向公平反映的则是男性和女性不同的需要能够得到不同的满足（在程度上是同等的，在方式上是不同的）（WHO，1996；杨雪燕，2007）。

基于系统工程理论和社会性别公平理念，一些学者提出了公共政策系统协调性分析框架，并将其应用于中国县区级出生性别比偏高问题治理的社会政策系统协调性分析。应用结果表明，该公共政策协调性分析框架是有效的（杨雪燕、李树茁等，2007）。因此，本书中，仍然采用基于社会性别公平理念的公共政策系统协调性分析框架，如图 3 - 1 所示。

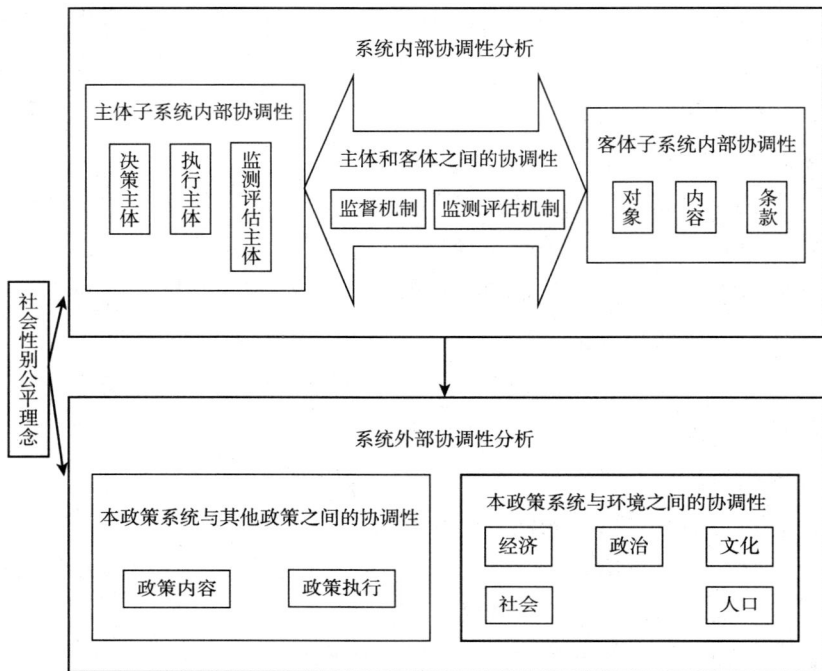

图 3 - 1　基于社会性别公平理念的公共政策系统协调性分析框架

二　样本和数据

根据上述理论框架和研究需要，本书以国家政府部门出台的与出生性别比偏高问题治理及提高妇女地位相关的各项政策，以政策的内容及政策的执行过程两个方面的内容为研究对象。

本书通过两个途径对数据进行收集。在政策内容方面，通过"治理出生性别比"、"胎儿性别鉴定"、"性别选择性人工流产"以及"性别选择性人工终止妊娠"等关键词，在国家官方网站上搜索到 1986～2007 年间直接针对出生性别比治理的政策文本 15 项；通过"国际公约"、"参政政策"、"经济政策"、"土地政策"、"健康政策"、"反暴力政策"、"法律政策"以及"妇女"等关键词在国家官方网站上搜索到与提高妇女地位、促进性别平等相关的政策文本 41 项。在政策执行方面，通过"出生性别比治理"关键词在中国期刊网上检索到 1994～2007 年间直接针对出生性别比治理的相关文献 51 篇，剔除其中通知、文件、通讯和公报类文献后，筛选出政策分析类的文献 17 篇；通过"妇女参政政策"、"妇女就业政策"、"妇女健康政策"等关键词在中国期刊网上搜索到 1994～2007 年间提高妇女地位、促进性别平等的相关文献 26 篇。

三　变量抽取与编码

根据研究对象和目标，本书进行了变量抽取，设定了三级类目用于分析，并针对每一个最底层类目给定了编码（见表 3－1）。

表 3－1　本书的类目系统及编码

一级类目	二级类目	三级类目	编码说明
政策主体子系统	决策主体	参与层次	四分类数据，国务院、全国人大常委会或国际层次为 1，单一部门为 2，两个以上部门联合为 3，不明确为 4
		妇女利益团体及公民社会参与程度	二分类数据，参与为 1，不参与为 0
	执行主体	参与层次	四分类数据，国务院、全国人大常委会或国际层次为 1，单一部门为 2，两个以上部门联合为 3，不明确为 4
		妇女利益团体及公民社会参与程度	二分类数据，参与为 1，不参与为 0
	监测评估主体	参与层次	四分类数据，其中国务院、全国人大常委会或国际层次为 1，单一部门为 2，两个以上部门联合为 3，不明确为 4
		妇女利益团体及公民社会参与程度	二分类数据，参与为 1，不参与为 0
政策客体子系统	执行对象		三分类数据，其中组织机构及其工作人员为 1，计划生育户家庭及个人为 2，女童和妇女为 3
	政策内容		二分类数据，其中存在缺位为 1，否则为 0
	政策条款		二分类数据，其中操作化程度较好为 1，否则为 0

续表

一级类目	二级类目	三级类目	编码说明
政策主体与客体子系统之间	监督机制	参与层次	四分类数据，国务院、全国人大常委会或国际层次为 1，单一部门为 2，两个以上部门联合为 3，不明确为 4
		妇女利益团体及公民社会参与程度	二分类数据，参与为 1，不参与为 0
		监测评估机制	三分类数据，其中无为 0，不完整为 1，完整为 2
本政策系统与其他政策		内 容	二分类数据，存在冲突为 1，不存在冲突为 0
		执 行	二分类数据，存在冲突为 1，不存在冲突为 0
本政策系统与环境		政 治	二分类数据，存在冲突为 1，不存在冲突为 0
		经 济	二分类数据，存在冲突为 1，不存在冲突为 0
		文 化	二分类数据，存在冲突为 1，不存在冲突为 0
		社 会	二分类数据，存在冲突为 1，不存在冲突为 0
		人 口	二分类数据，存在冲突为 1，不存在冲突为 0

第三节　结果和讨论

一　系统内部协调性

1. 主体子系统内部协调性

政策主体子系统的不协调主要表现在，政策制定主体中代表妇女利益的组织和其他公民社会参与政策制定中参与不足；政策执行主体中责任部门不明确，代表妇女利益的部门和公民社会参与程度偏低；政策监测评估主体缺乏和不明确（石正义等，2007）。

（1）政策制定主体。表3－2的分析结果表明，国家层次出台的政策相对较多，达到61%，说明国家对于保障女孩生存及促进妇女发展等问题的高度重视；单一部门出台的政策达到25%，多部门联合出台的政策仅为14%，这在一定程度上降低了各类政策在实际中的操作化水平。因为无论是女孩生存还是妇女发展，均涉及社会生活的方方面面，靠单一部门很难解决。表3－3的分析结果表明，代表妇女利益的部门和公民社会在政策的制定中的参与程度均较低，平均只达到7%，说明在政策制定过程中妇女话语权的缺失。

表3－2　国家政府部门在政策制定中的参与程度分析表

政策分类		国家层次（国务院、全国人大常委会）或国际层次		单一部门		两个以上部门联合	
		项数（项）	百分比（%）	项数（项）	百分比（%）	项数（项）	百分比（%）
直接治理女孩生存问题的政策（15项）		6	40	4	27	5	33
提高妇女地位、促进性别平等的政策（41项）	国际公约（4项）	4	100	0	0	0	0
	政治参与（7项）	5	71	2	29	0	0
	土地（4项）	4	100	0	0	0	0
	就业和生产发展（7项）	6	86	1	14	0	0
	生育健康（8项）	3	38	4	50	1	12
	计划生育（4项）	2	50	1	25	1	25
	反暴力（7项）	4	57	2	29	1	14
合计	56项	34	61	14	25	8	14

表 3 - 3　代表妇女利益的部门及公民社会在政策制定中的参与程度分析表

政策分类		妇女利益部门参与程度		公民社会参与程度	
		项数（项）	百分比（%）	项数（项）	百分比（%）
直接治理女孩生存问题的政策（15 项）		2	14	2	14
提高妇女地位、促进性别平等的政策（41 项）	国际公约（0 项）	0	0	0	0
	政治参与（7 项）	0	0	0	0
	土地（4 项）	0	0	0	0
	就业和生产发展（7 项）	1	14	1	14
	生育健康（8 项）	0	0	0	0
	计划生育（4 项）	0	0	0	0
	反暴力（7 项）	1	14	1	14
合计		56 项	4	7	4	7

注：代表妇女利益的部门包括妇联组织和妇女儿童工作委员会。

（2）政策执行主体。表 3 - 4 和表 3 - 5 的分析结果表明，政策执行中的操作化程度较低，其中执行部门不明确的政策高达 14%，在一定程度上降低了政策执行的力度。与此同时，代表妇女利益的部门在政策执行中的参与程度较低，只达到 18%；而其他公民社会组织在政策执行中参与程度相对较高，达到 45%，但仍然不足 50%。

表 3 - 4　国家政府部门在政策执行中的参与程度分析表

政策分类		高家层次		单一部门		多部门		不明确	
		项数（项）	百分比（%）	项数（项）	百分比（%）	项数（项）	百分比（%）	项数（项）	百分比（%）
直接治理女孩生存问题的政策（15 项）		0	0	6	40	7	47	2	13
提高妇女地位、促进性别平等的政策（41 项）	国际公约（4 项）	4	100	0	0	0	0	0	0
	政治参与（7 项）	0	0	2	29	4	57	1	14
	土地（4 项）	0	0	0	0	2	52	2	50
	就业和生产发展（7 项）	0	0	2	29	5	71	0	0
	生育健康（8 项）	0	0	2	25	6	75	0	0
	计划生育（4 项）	0	0	0	0	3	75	1	24
	反暴力（7 项）	0	0	3	42	2	29	2	29
合计		56 项	4	7	15	27	29	52	8	14

表 3 - 5　代表妇女利益的部门及其他公民社会组织在政策执行中的参与程度分析表

政策分类		妇女利益部门参与程度		公民社会组织参与程度	
		项数（项）	百分比（％）	项数（项）	百分比（％）
直接治理女孩生存问题的政策（15 项）		2	13	7	47
提高妇女地位、促进性别平等的政策（41 项）	国际公约（0 项）	0	0	0	0
	政治参与（7 项）	2	29	2	29
	土地（4 项）	0	0	1	25
	就业和生产发展（7 项）	2	29	6	86
	生育健康（8 项）	1	13	5	63
	计划生育（4 项）	1	25	2	50
	反暴力（7 项）	2	29	2	29
合计	56 项	10	18	25	45

（3）政策监测评估主体。从表 3 - 6 中的分析结果来看，几乎所有的政策都缺乏比较明确的监测评估主体。

表 3 - 6　政策监测评估主体分析表

政策分类		不明确	
		项数（项）	百分比（％）
直接治理女孩生存问题的政策（15 项）		15	100
提高妇女地位、促进性别平等的政策（41 项）	国际公约（4 项）	4	100
	政治参与（7 项）	7	100
	土地（4 项）	4	100
	就业和生产发展（7 项）	7	100
	生育健康（8 项）	8	100
	计划生育（4 项）	4	100
	反暴力（7 项）	7	100
合计	56 项	56	100

2. 客体子系统内部协调性

政策客体子系统的不协调主要表现在，直接治理出生性别比的政策执行对象存在缺失，部分政策内容存在缺位，部分政策条款的操作化程度不高（钱再见，2002）。

（1）政策执行对象。表3-7的分析结果显示，直接针对出生性别比治理的政策执行对象较为明确，主要包括各类医疗卫生机构及其人员，但并不包括采取非医学需要的胎儿性别鉴定和性别选择性人工终止妊娠的行为主体，这可能在一定程度上降低了政策执行的效果。促进性别平等的政策执行对象又包括三类，一是各类组织机构，二是计划生育家庭户及其个人，三是女童和妇女群体。其中，将政府部门的组织机构及其个人作为执行对象的政策达到100%，而将计划生育家庭户及其个人作为政策执行对象的仅限于与计划生育相关的4项政策，除此之外，其他政策均将女童和妇女作为政策执行对象之一。

表3-7　政策执行对象分析表

政策分类		组织机构及其工作人员		计划生育家庭户及其个人		女童和妇女	
		项数（项）	百分比（%）	项数（项）	百分比（%）	项数（项）	百分比（%）
直接治理女孩生存问题的政策（15项）		15	100	0	0	0	0
提高妇女地位、促进性别平等的政策（41项）	国际公约（4项）	4	100	0	0	4	100
	政治参与（7项）	7	100	0	0	7	100
	土地（4项）	4	100	0	0	4	100
	就业和生产发展（7项）	7	100	0	0	7	100
	生育健康（8项）	8	100	0	0	8	100
	计划生育（4项）	4	100	4	100	0	0
	反暴力（7项）	7	100	0	0	7	100
合计	56项	56	100	4	7	52	93

（2）政策内容。在直接治理政策方面，无论对于非医学需要的胎儿性别鉴定还是对于性别选择性中止妊娠手术，目前的法律还存在缺位。刑事法律法规中，没有对非法鉴定胎儿性别以及性别选择性中止妊娠的相关规定；《人口与计划生育法》等法律规定对非医学需要的胎儿性别鉴定行为依法追究刑事责任，而刑法却没有责任条款。促进性别平等的政策当中，缺乏专门针对妇女养老保障的规定。目前的养老政策中，除了对于计划

生育家庭实行奖励扶助的相关规定之外，尚无专门针对妇女养老保障的法律和政策规定。这与妇女退休年龄较早、预期寿命较长、养老需求较大的社会现实不相符合，导致相当一部分老年妇女的生活陷入贫穷的境地。

（3）政策条款。在直接治理出生性别比偏高的政策中，尽管政府下发了一系列打击 B 超选择性流产的相关文件，但没有具体的实施细则，无法操作；《人口与计划生育法》中没有用法律形式赋予相关部门在综合治理出生性别比方面以更多的管理职责，对符合生育政策怀孕而擅自中止妊娠的对象的法律责任规定不够。在促进性别平等的政策中，妇女参政方面的法律和政策规定过于弹性，如 1992 年《妇女权益保障法》第十条第二款规定，"在全国人民代表大会和地方各级人民代表大会的代表中，应当有适当数量的妇女代表，并逐步提高妇女代表的比例"。1998 年，《村民委员会组织法》确立了村民委员会全部实行由村民直接选举的民选制，同时规定，"村民委员会成员中，妇女应当有适当的名额"（第九条第二款）等。这些缺乏操作性的女性参政配额规定由于传统社会性别规范的制约而在实际中更加难以落实；而在劳动就业方面的法律和政策规定中，对于性别歧视的处罚措施标准模糊，缺乏力度和强制性，也难以起到应有的威慑作用。

3. 主体子系统与客体子系统之间的协调性

政策主体与客体子系统之间的不协调主要表现在，部分政策监督机制尚不完善，各类政策监测评估机制尚不完整（杨东峰等，2007）。

（1）政策监督机制。表 3 - 8 的分析结果表明，目前对于各项政策的执行尚未建立起有效的监督机制，政策监督中的操作化程度较低，其中监督责任不明确的政策达到 34%，政策的执行难以得到有效监督。表 3 - 9 的分析结果表明，代表妇女利益的部门和其他公民社会组织在政策监督中的参与程度偏低，均只达到 13%，表明政策监督中妇女话语权的缺失。

（2）政策监测与评估机制。表 3 - 10 中的分析结果表明，具有较为完整的监测评估机制的政策只达到 20%，5% 的政策的监测评估机制不完整，主要是由于缺乏相应的评估指标造成的；剩下高达 75% 的政策没有相应的监测评估机制。这使得政策运行的有效性难以得到有效评估和保证。

表 3 - 8　国家政府部门在政策监督中的参与程度分析表

政策分类		高家层次		单一部门		多部门		不明确	
		项数（项）	百分比（%）	项数（项）	百分比（%）	项数（项）	百分比（%）	项数（项）	百分比（%）
直接治理女孩生存问题的政策（15项）		0	0	3	20	3	20	9	60
提高妇女地位、促进性别平等的政策（41项）	国际公约（4项）	4	100	0	0	0	0	0	0
	政治参与（7项）	0	0	2	29	4	58	1	13
	土地（4项）	0	0	0	0	2	50	2	50
	就业和生产发展（7项）	0	0	5	72	1	14	1	14
	生育健康（8项）	0	0	2	25	4	50	2	25
	计划生育（4项）	0	0	1	25	1	25	2	50
	反暴力（7项）	0	0	3	42	2	29	2	29
合计	56项	4	7	16	29	17	30	19	34

表 3 - 9　代表妇女利益的部门及其他公民社会组织在政策监督中参与程度分析表

政策分类		妇女利益部门参与程度		公民社会组织参与程度	
		项数（项）	百分比（%）	项数（项）	百分比（%）
直接治理女孩生存问题的政策（15项）		0	0	0	0
提高妇女地位、促进性别平等的政策（41项）	国际公约（0项）	0	0	0	0
	政治参与（7项）	1	14	1	14
	土地（4项）	0	0	0	0
	就业和生产发展（7项）	1	14	0	0
	生育健康（8项）	3	38	3	38
	计划生育（4项）	0	0	1	25
	反暴力（7项）	2	29	2	29
合计	56项	7	13	7	13

表 3 – 10　政策监测评估机制分析表

政策分类		完整		缺乏评估指标		缺乏监测机制		无	
		项数（项）	百分比（%）	项数（项）	百分比（%）	项数（项）	百分比（%）	项数（项）	百分比（%）
直接治理女孩生存问题的政策（15 项）		2	13	0	0	0	0	13	87
提高妇女地位、促进性别平等的政策（41 项）	国际公约（4 项）	2	50	2	50	0	0	0	0
	政治参与（7 项）	4	57	0	0	0	0	3	43
	土地（4 项）	0	0	0	0	0	0	4	100
	就业和生产发展（7 项）	2	29	0	0	0	0	5	71
	生育健康（8 项）	0	0	1	12	0	0	4	88
	计划生育（4 项）	1	25	0	0	0	0	3	75
	反暴力（7 项）	0	0	0	0	0	0	7	100
合计	56 项	11	20	3	5	0	0	42	75

二　系统外部协调性分析

1. 本公共政策系统与其他政策

本政策系统与其他政策之间的不协调主要表现在，其他部分政策在内容和执行方面与本政策系统存在冲突。内容方面，其他部分政策条款中的性别歧视规定与本政策系统的社会性别公平理念和目标存在冲突，从而使得本政策系统的预期目标难以有效实现。生育政策中，中国目前大部分农村地区普遍实行"一孩半"政策，即第一胎是女孩的家庭，还可以继续生育第二个孩子。这在一定程度上强化了生育观念和行为中的男孩偏好，同时计划生育/生殖健康政策中过多强调妇女的责任，也进一步强化了固有的性别角色划分。就业政策中，国发（1978 年）104 号文件规定男女在退休年龄上相差 5～10 岁，且女干部与女工人相差 5 岁（包括《国务院关于安置老弱病残干部的暂行办法》、《国务院关于退休、退职的暂行办法》）该立法的初衷是为了给予女性早退休的权利和保护妇女，但随着社会的进步和时代的发展，该条款早已失去了原有的保护作用，而演变为歧视性的规定，人为缩短了女性的职业生涯，使得女性在经济积累上弱于男性。养老政策中，缺乏针对妇女的倾斜性规定，与女性早退休的就业政策相互冲突（乔晓春，2004）。

执行方面，其他部分政策在执行中被传统的社会性别规范所扭曲，在一定程度上抵消了本政策系统的执行效果。生育政策中，对于生育间隔的规定常常使得那些第一个孩子是女孩的农民采取合法手段进行规避，以达到对女胎实施流产、生育男孩的目的；土地政策执行中存在歧视性做法，例如村规民约中对于土地分配的性别不平等规定，使妇女的土地权益得不到保护；就业政策执行中存在歧视性做法，妇女的合法权益容易受到侵害（龚虹波，2007）。

2. 本公共政策系统与环境

本政策系统与环境之间的不协调主要表现是，在政治、经济、文化、社会及人口环境中均不同程度地存在着影响本政策系统正常运行的不利因素（第二期中国妇女社会地位调查课题组，2001）。政治环境方面，妇女的政治地位仍然很低。从国际议会联盟（IPU）发布的统计数据看，妇女在议会中的比例这一指标，中国在 1994 年 6 月居第 12 位（女性代表比例为 21%），1997 年 1 月排第 16 位（女性代表比例为 21%），2000 年 1 月排第 20 位（女性代表比例为 21.8%），到同年 4 月下降到第 24 位（女性代表比例为 21.8%），2003 年是第 37 位（女性代表比例为 20.24%）。尽管在这几个年份中，中国全国人大女性代表的比例一直保持在 21% 左右，国际排名却直线下降。

经济环境方面，妇女在经济领域仍然处于边缘化地位。首先行业和职业的性别隔离现象仍然十分严重。全国妇联在 1990 年和 2000 年两次对中国妇女地位调查的结果显示，10 年中，女性在第三产业的比重增加了 7.1 个百分点；2000 年将近 1/3 的城镇女性劳动者聚集到第三产业，比男性高 9 个百分点。其次由行业和职业隔离带来的收入的性别隔离也日益明显。在业者中女性与男性的收入差距有显著扩大的趋势。对比全国妇联在 1990 年和 2000 年进行的两次对中国妇女地位调查的数据，这一差距 10 年间扩大了 7.4 个百分点。从收入分布看，47.4% 的城镇在业女性年收入低于 5000 元，低收入的女性比男性高出 19.3 个百分点，而中等收入以上的女性比男性低 6.6 个百分点。文化环境方面，儒家文化和农耕经济的特点都决定了其文化带有农耕经济的色彩，具有强烈的男性偏好和女性歧视。2000 年全国妇联开展了"妇女社会地位"调查，在其中一项针对已有 1 孩的曾婚妇女的受

歧视经历的调查中，因为生女儿而受歧视的比例是相对最高的，达 6.69%
（见表 3 – 11）。

表 3 – 11　已有一孩的曾婚妇女的受歧视经历调查

原因	比例（%）	有效样本（个）
生女儿受歧视	6.69	6550
离婚歧视	4.95	2847
性别歧视	3.99	8828
年龄歧视	2.91	8942
相貌歧视	2.33	8938
民族歧视	0.34	8517
总样本（包括不回答、不知道或不适用）		9476

注：原问题为：过去 5 年中，你是否有过因下列原因受歧视的经历？根据 2000 年妇女社会地位
调查数据整理，该比例仅根据有效样本的回答计算，回答对象为已有一孩的再婚妇女。

社会环境方面，中国尽管已经建立起社会保障体系的基本框架，但十
分不完善，主要表现在农村地区。2008 年政府工作报告指出，截至 2007 年
9 月底，全国开展新型农村合作医疗的县（市、区）达 2448 个，参合农民
7.3 亿人，参合率达 85.53%，但还有一定的发展空间。根据民政部发布的
2007 年民政事业发展统计公报，截至 2007 年底，已有 3453.9 万人
（1572.5 万户）享受了农村最低生活保障，约占全国农村总人口的 4.5%。
以 2005 年 1% 人口抽样调查数据计算，参加农村养老保险的人数仅有 5400
万人，为全国农村总人口的 7.32% 左右。另外，根据最新数字统计，当前
我国进城务工人员已达 2.1 亿，这个数字正以每年 600 多万人的增速累加。
在这个庞大的人群中，基本养老保险的总体参保率仅为 15%，剩余人群并
没有纳入农村和城市养老保险体系中，处于受法律保护的空白地带。

人口环境方面，实现了人口再生产类型从高出生率、低死亡率、高自
然增长率向低出生率、低死亡率、低自然增长率的转变。较低的生育水平
使得男孩偏好从生育后向生育前转变，当数量和性别不可兼得时，农民会
利用性别选择性的人工终止妊娠实现自己的子女性别期望，以实现生育男
孩的目的（乔晓春，2004）。

第四节 结论

从上述分析中，可以得到以下结论：

第一，政策系统的不协调是造成出生性别比治理的公共政策失效的主要原因，这些不协调既体现在系统内部，也体现在系统外部。其中，系统内部的不协调同时表现在主体子系统内部、客体子系统内部以及主体和客体子系统之间；系统外部的不协调则表现在本政策系统与其他政策之间，以及本政策系统与环境之间。

第二，政策主体子系统的不协调主要表现在：政策制定主体中代表妇女利益的组织和其他公民社会在政策制定中参与不足；政策执行主体中责任部门不明确、代表妇女利益的部门和公民社会参与程度偏低；政策监测评估主体缺乏和不明确。

第三，政策客体子系统的不协调主要表现在：直接治理出生性别比的政策执行对象存在缺失，部分政策内容存在缺位，部分政策条款的操作化程度不高。

第四，政策主体与客体子系统之间的不协调主要表现在：部分政策监督机制尚不完善，各类政策监测评估机制尚不完整。

第五，本政策系统与其他政策之间的不协调主要表现在：其他部分政策条款中的性别歧视规定与本政策系统的社会性别公平理念和目标存在冲突，从而使得本公共政策系统的预期目标难以有效实现；其他部分政策在执行中被传统的社会性别规范所扭曲，从一定程度上抵消了本公共政策系统的执行效果。

第六，本政策系统与环境之间的不协调主要表现在：政治、经济、文化、社会及人口环境中均不同程度地存在影响本政策系统正常运行的不利因素。

本书的局限性表现在：

（1）方法论的局限。主要基于社会性别理念并采用政策系统协调性分析框架对收集到的相关数据进行文本分析和文献研究，其结论的客观性容易受到研究者个人的价值观的影响。

（2）数据的局限。目前用于分析的政策及文献均是通过网络收集得到的，很难确保数据完整全面。而出台时间较早的政策（如 1986 年由卫生部、国家计生委联合转发的北京市计生委、卫生局的《关于不得任意进行胎儿性别预测的通知》）以及一些涉及国家安全的重大文件由于保密原则等查不到全文。这些都会在一定程度上影响到最终分析结果和结论的准确性。

第四章 国际视野中的性别失衡治理

第一节 背景

中国历史上就存在女性缺失和性别结构失衡问题。20 世纪 80 年代以后，由于生育政策和性别鉴定技术等的广泛应用，这一问题更以不断升高的出生性别比而表现得更加显著，从 1982 年的 108 左右上升到 2000 年的 120 左右；2005 年 1% 人口抽样统计数据显示，这一趋势并未发生根本性变化，中国已成为世界上出生性别比最高的国家之一（陈友华，2004）。

性别失衡并非是中国独有的现象。大多数奉行男性偏好文化的国家和地区（主要是东亚和南亚）都不同程度地存在性别失衡现象。有些国家和地区集中反映在出生前，表现为偏高的出生性别比，如韩国、中国台湾；有些国家和地区集中反映在出生后，表现为偏高的女孩死亡水平，如巴基斯坦；还有一些国家和地区则同时涉及出生前和出生后，在出生性别比和女孩死亡水平方面都出现了偏高的现象，如印度（李树茁等，2010）。

性别失衡不仅造成了女性失踪现象，严重损害了妇女和女童生存、发展、参与和受保护等各项基本权利和权益，而且也通过婚姻挤压对公共安全和社会稳定产生了不利影响，因而引起了国际社会的广泛关注（王金玲，2005；邓国胜，2000；郭志刚、邓国胜，1995）。包括中国在内的各个国家和地区均采取了各种手段对性别失衡进行了治理。这些治理预期达到的目标是什么？所遵循的理念又是什么？分别采取了怎样的治理结构、治理机制和治理工具？治理绩效如何？迄今为止尚无研究能给予系统性的回答。

本书的目标即是对上述各个国家和地区的性别失衡治理进行梳理、总结和对比，旨在为中国大陆的性别失衡治理提供借鉴和启示。

第二节　研究设计

一　分析框架

作为人口和社会发展领域的公共问题，性别失衡治理愈来愈受到各个国家和地区公共事务管理部门的重视。但是很少有研究从公共管理的角度、采用公共治理的基本理论和框架进行深入分析。公共治理指的是在公共事务的治理中强调主体多元化、公民社会参与、各主体之间的权力依赖、自主的治理网络、政府职能的转变（俞可平，2000）。国外关于公共治理的研究主要集中在地方治理模式的识别、改进和不同层次治理的指标体系构建上，且基于指标体系的构建开展了一些实证研究，分析善治与社会发展、社会公正之间的关系（Basu，2002）。中国最早引入治理的概念始于俞可平编著的《治理与善治》，此后陈振明、毛寿龙、智贤等人对公共治理理论进行了总体性的研究和论述，但是大部分研究仍然停留在概念和理念的层面上，缺少具体的分析框架和指标（俞可平，2004）。

根据国内外不同学者对于公共治理概念的界定和讨论，可以将其操作化定义表述为"在一定的治理目标和理念之下，采取一定的结构、机制和工具，去实现一定治理绩效的公共事务管理过程"。其中，治理目标指的是公共治理的具体指向，通常应包括人、事或某种状态。治理理念指的是公共治理所遵循的价值取向。治理结构指的是治理主体的构成，通常应包含政府和公民社会。治理机制指的是确保各项治理工具实施和运行的外在环境建设，主要包含两个层次：其一是组织机制，即在组织、机构和人员建设上确保治理过程的进行；其二是投入机制，即在资金来源上确保治理过程的运行。治理工具指的是实施治理的各项具体手段，从形式上可划分为各项制度、政策和社会行动；从功能上可划分为约束型工具、保障型工具、激励型工具和引导型工具等。两种分类之间既有重合，也存在相互补充。治理绩效指的是治理的效果，根据时间不同可划分为长期绩效和短期绩效，根据绩效考核指标的不同可划分为直接绩效和间接绩效（Capuno，2008）。

上述公共治理 6 个要素之间的相互关系如图 4 - 1 所示。

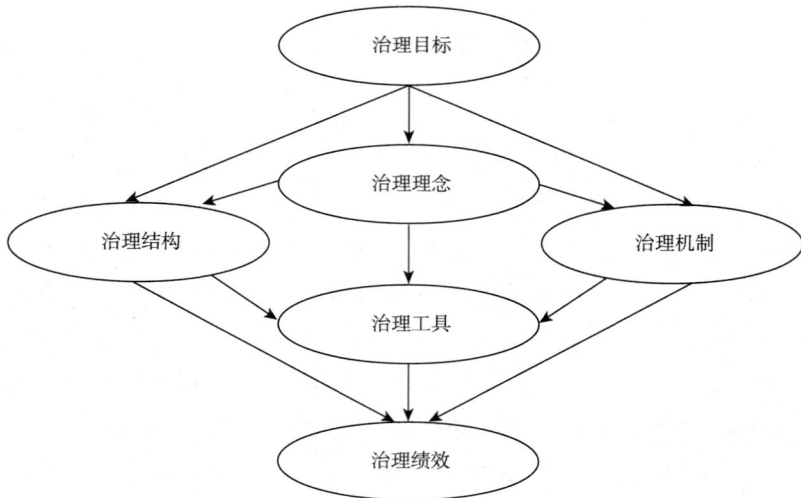

图 4 - 1　公共治理分析框架

本书拟采用上述公共治理的 6 要素框架，对 5 个亚洲国家和地区的性别失衡治理进行总结和比较。

二　数据和方法

数据来源于 2006～2008 年间西安交通大学人口与发展研究所从网络数据库、国际会议、网络搜索引擎（雅虎、百度、谷歌）等收集到的二手文献资料。主要采取文献研究的方法对这些资料进行分析，形成中国大陆、中国台湾、韩国、印度和巴基斯坦的"女孩生存问题的现状、原因和治理"分报告。本书即是在这些分报告的基础上，采取如图 4 - 1 所示的公共治理分析框架对其进行了总结和比较。

第三节　结果和讨论

一　治理目标

根据各个国家和地区性别失衡态势的不同特点，治理目标可以划分为三种类型,其一是针对偏高的出生性别比进行治理,其二是针对偏高的女孩死亡水平进行治理,其三是同时针对偏高的出生性别比和女孩死亡水平进行治理。

中国大陆的治理目标同时包括了针对偏高的出生性别比和女孩死亡水平的治理。中国大陆目前的性别失衡仍然同时表现为偏高的出生性别比和女孩死亡水平。20 世纪 70 年代以前出生人口性别比基本处于正常值(103~107)范围,80 年代以后中国大陆出生人口性别比持续偏高,2007 年已经远远高于正常值,达到了 120.22;1950~2005 年间,所有时期的婴儿死亡率性别比(0 岁男婴死亡率和 0 岁女婴死亡率之比,正常值在 1.2~1.3)和幼儿死亡率性别比(1~4 岁男孩死亡率和女孩死亡率之比,正常值在 1.0~1.2)均低于正常范围,表明偏高的女孩死亡水平在中国大陆一直存在(国家关爱女孩行动领导小组办公室专家组,2008)。因此在 2006 年出台的《关爱女孩行动实施方案纲要》中,中国大陆明确将"降低偏高的出生性别比和女孩死亡水平"作为未来 15 年的治理目标。

韩国的治理目标主要是针对偏高的出生性别比的治理。韩国的性别失衡主要表现为偏高的出生性别比,呈现先升后降、逐渐趋于稳定的特点。自 20 世纪中期以来,韩国出生人口性别比不断上升,表现出较为明显的地域、孩次差异等特征;直到 20 世纪 90 年代,出生性别比过高的现象得到了有效控制,但仍然存在出生性别比随着孩次、妇女年龄增加而升高等特点,男孩偏好和婴儿性别选择在韩国仍然存在。1990 年是韩国出生人口性别比最高的一年,总体出生人口性别比达到 116.5。自 20 世纪 90 年代中期开始,韩国出生人口性别比逐年下降。1995 年为 113.2,2000 年为 110.2,2002 年为 110.0。目前一直控制在 110 以下,2003 年为 108.7,2005 年为 108(Chai et al.,1995)。基于上述背景,对偏高的出生性别比进行有效治理成为韩国的治理目标。

中国台湾的治理目标主要是针对偏高的出生性别比的治理。由于人口基数相对较小,台湾的性别失衡表现得并不十分严重,主要是偏高的出生性别比。20 世纪 80 年代中后期以来,台湾的出生性别比在不同的年份有一定的下降波动,但是其总的趋势仍然是上升趋势,并且略高于正常值。在 2001 年下降到 108.69,2002 年和 2003 年又出现上升势头(胡峻岭、叶文振,2004)。基于上述背景,台湾的治理目标主要是针对偏高的出生性别比进行治理。

印度的治理目标同时包含了针对偏高的出生性别比和女孩死亡水平的治理。印度的性别失衡同时表现为偏高的出生性别比和女孩死亡水平。自20世纪80年代以来，印度出生性别比一直处于偏高的状况，尤其90年代后急剧攀升。虽然近年来有下降的趋势，但仍然偏离了正常范围。印度国家家庭健康调查数据（1992年和1998~1999年）显示1~4岁年龄组儿童死亡率的性别比为1.43，说明女孩死亡水平偏高大多发生在1~4岁年龄段，而婴儿期和5岁以上年龄组的偏高女孩死亡水平则趋向不明显（在考虑了男性的生物劣势之后）（Perianayagam，2005）。基于上述背景，对偏高的出生性别比和女孩死亡水平进行治理成为印度的治理目标。

巴基斯坦的治理目标主要是针对偏高的女孩死亡水平的治理。巴基斯坦的性别失衡主要表现为偏高的女孩死亡水平。巴基斯坦的出生性别比情况比较正常，1998年出生性别比为104，接近期望值105，且在城乡差异和孩次差异方面并不显著。在1982~1986年和1997~2000年间，巴基斯坦儿童死亡率呈现明显下降趋势，而与此相反的却是1~4岁女孩死亡风险偏高（Korson & Maskiel，1985）。基于上述背景，巴基斯坦的治理目标是针对较高的儿童死亡率以及偏高的女孩死亡水平的治理。

上述国家和地区性别失衡治理目标的比较见表4-1。

表4-1　不同国家和地区性别失衡治理目标比较

国家和地区	性别失衡态势		治理目标	
	偏高的出生性别比	偏高的女孩死亡水平	偏高的出生性别比	偏高的女孩死亡水平
中国大陆	√	√	√	√
韩　国	√		√	
中国台湾	√		√	
印　度	√	√	√	√
巴基斯坦		√		√

二　治理理念

根据各个国家和地区性别失衡原因的不同特点，性别失衡治理又可以划分为直接治理和间接治理。直接治理主要是通过立法、行政处罚等措施建立行为约束机制，杜绝"两非"行为的发生，旨在消除导致性别失衡问题的直接技术性原因；间接治理主要通过实行改善女孩生存环境、促进妇女发展和性别平等的各种政策建立利益导向机制，引导人们男孩偏好生育观念和行为的改变，旨在消除导致性别失衡的条件性原因和根源性原因。

研究发现，由于政治、经济、文化、人口等宏观背景的不同，在导致女孩生存问题的原因方面，各个国家和地区之间既存在共性，也存在差异。共性主要表现在，所有原因都可以划分为三个不同的层次，分别是：以制度和文化为核心的根源性原因，以经济发展状况和政策为主导的条件性原因，以及以胎儿性别鉴定和性别选择性人工终止妊娠为主要手段的直接技术性原因。

导致中国大陆性别失衡的根源性原因是父系家族制度，条件性原因是较低的经济发展和社会保障水平、较低的生育率水平和缺乏性别视角的公共政策，直接技术性原因是非医学需要的胎儿性别鉴定、非法的性别选择性人工终止妊娠手术和溺弃女婴。导致韩国出生性别比偏高的根源性原因是重男轻女的儒家文化，条件性原因是以父权制为核心的法律制度，女性较低的经济、家庭地位和相对欠发达的社会保障政策，直接技术性原因是胎儿性别鉴定技术和性别选择性终止妊娠手术。导致中国台湾出生性别比偏高的根源性原因是父系家族体系和重男轻女的儒家文化，条件性原因是台湾妇女在经济和家庭中的弱势地位、鼓励少生的生育政策、宽松的人工流产政策和重男轻女的法律制度，直接技术性原因是现代胎儿性别鉴定技术、人工流产技术的进步。导致印度性别失衡的根源性原因是向上婚配的婚姻制度、强大的多元宗教文化，条件性原因是妇女在家庭劳务分工方面的弱势地位、土地政策的不平衡、医疗保健制度的落后以及男性偏好的法律制度，直接技术性原因既包括产前的性别选择性流产，也包括产后对女婴的健康照料的忽视。导致巴基斯坦女孩死亡水平偏高的根源性原因是基于伊斯兰教文化的父系家族体制，条件性原因是相对落后的经济发展水平和歧视女性的法律制度，技术性原因是对女婴的溺弃、对女孩营养和医疗的忽视（李树茁等，2010）。

因此，基于上述背景，5个国家和地区均不约而同采取了直接治理和间接治理并重的治理理念（见表4-2）。

表4-2 不同国家和地区性别失衡治理理念比较

国家和地区	性别失衡原因			治理理念	
	直接原因	条件性原因	根源性原因	直接治理	间接治理
中国大陆	√	√	√	√	√
韩 国	√	√	√	√	√
中国台湾	√	√	√	√	√
印 度	√	√	√	√	√
巴基斯坦	√	√	√	√	√

三 治理结构

比较而言，5个国家和地区的性别失衡治理当中都有政府和公民社会的介入，但是程度不同（见表4-3）。

中国大陆早期的治理是以政府为主导的治理结构，公民社会的角色相对弱化；而近年来公民社会得到长足发展，扮演的角色也越来越重要。在直接治理方面，政府首先出台了一系列查处"两非"的法律法规，从部门治理到国家治理以及社会治理，政府对于女孩生存问题的重视程度日益提高，治理力度也越来越大；其次采取了一些专项的战略行动，从安徽省巢湖改善女孩生存环境实验区，到24个县的国家"关爱女孩行动"试点乃至全国性的"关爱女孩行动"，范围不断扩大，程度不断加深，取得了一系列重大进展。在间接治理方面，政府主要通过出台向计划生育女儿户倾斜的社会政策，开展性别平等的宣传倡导；同时采取各种法规和政策措施来提高妇女地位，促进性别平等；公民社会则主要在政府的协调下参与各项社会活动，充分发挥自己在促进性别平等中的作用。目前在中国性别平等领域相对活跃的非政府组织可以大致划分为国际组织、具官方背景的社会团体、民间组织三类，各具特色和优势，均与中国政府形成了良好的互动合作关系，为促进中国的性别平等作出了巨大的贡献（国家关爱女孩行动领导小组办公室专家组，2008）。

韩国采取的是政府和公民社会并重的治理结构，政府和公民社会相互配合，发挥各自的特长，基本实现了功能互补。在针对偏高的出生性别比的直接治理方面，政府主要采取了法律手段建立行为约束机制，对于非法鉴定胎儿性别、性别选择性流产等行为予以严厉打击；而公民社会主要通过宣传和倡导的方式积极参与其中，对政府采取的行动给予了强有力的支持；在提高妇女地位的间接治理方面，政府在法律、经济、政治、文化、人口方面采取了一系列措施；公民社会不仅以各种方式参与其中，也通过开展社会运动和宣传倡导的方式，推动政府在提高妇女地位方面有所作为（祝平燕，2003；韦艳等，2008）。

中国台湾采取的是政府主导和非政府组织适度介入的治理结构，主要在提高妇女地位等间接治理方面发挥了较大的作用，但在直接治理方面却有所局限。在针对出生性别比的直接治理方面，台湾当局和非政府组织的影响均相对有限，由于相关的法律制度存在漏洞，如先后出台了《优生保健法》和《生育保健法》，只对人工流产行为进行了规范，却无法制约性别选择性人工终止妊娠行为的发生；在针对提高妇女地位的间接治理方面，政府在非政府的妇女组织的推动下，制定了法律、政治、人口方面的一些政策（台湾行政院妇女权益促进委员会，1993；杨雪燕等，2008）。

印度采取的也是政府和非政府组织并重的治理结构，但是相比较其他国家和地区而言，印度的非政府组织十分强大，政府的角色却相对弱化。在直接治理方面，由于非政府组织的强大压力，印度政府主要在法律层面采取一系列措施建立行为约束机制，以杜绝性别鉴定和性别选择性流产行为的发生；同时非政府组织也利用游行抗议、提交政策建议和宣传倡导等手段，提高社会各界对于性别比失衡问题的认知。在提高妇女地位的间接治理方面，政府也在非政府组织的推动下，在法律、经济、文化等领域采取了一系列措施，同时非政府组织还通过提交政策建议的方式参与其中（Das Gupta & Li，1999；宋璐等，2008）。

巴基斯坦采取的是政府主导的治理结构。在针对女孩生存问题的直接治理方面，巴基斯坦政府承担了主要的责任，通过实施妇女健康计划以降低女孩和妇女的死亡水平；在提高妇女地位的间接治理方面，巴基斯坦政府在法律、经济、文化、反暴力、家庭和社区领域采取了一系列措施；非政府组织在其中也发挥了重要的作用（任峰，2008）。

表 4 - 3　不同国家和地区性别失衡治理结构比较

国家和地区	治理结构	
	政府	公民社会
中国大陆	√	⌣
韩　国	√	√
中国台湾	⌣	⌣
印　度	⌣	√
巴基斯坦	√	⌣

注：√表示治理结构中较强的一方，⌣表示较弱的一方。

四　治理机制

主要从组织机制和投入机制两个方面对 5 个国家和地区的治理机制进行比较（见表 4 - 4）。

中国大陆目前采取的是多头管理的组织机制，以及有限的投入机制。首先，国家人口计生委成立了"关爱女孩行动"领导小组办公室，统一协调全国的性别失衡治理工作，同时国务院妇女儿童工作委员会与全国妇女联合会相互配合，在提高妇女发展、提高妇女地位等方面进行了长期的努力；但目前为止尚未建立起不同部门之间的合作机制，影响到了性别失衡治理的有效开展；其次，在投入机制方面，性别失衡治理在国家层次主要依靠国家人口计生委的财政拨款，在省、市和县区层次却主要依靠对应层级政府的财政拨款，缺乏专门的资金投入和稳定的资金保障，也缺乏不同部门之间以及政府和公民社会之间的资源共享机制（国家关爱女孩行动领导小组办公室专家组，2008）。

韩国采取的是全国统一的组织机制和较雄厚的投入机制。在组织机制方面，1983 年成立了由国务总理事领导的学术研究机构——韩国女性开发院，专门从事对女性战略和女性政策的研究。2001 年，正式设立性别平等部（Ministry of Gender Equality），从国家的角度制定出台有利于女性和维护女性权益的政策，在政府相关部门间进行整合、协调，推动社会性别主流化。在投入机制方面，2002 年，性别平等部的预算为 4270 亿韩元（1300 韩元 = 1 美元），比 2001 年增加了 10.9%，是所有政府部门中增幅最大的，用于帮助性暴力的受害者、支持妇女发展基金"妇女资源开发中心"的运作、资助与妇女非政府组织合作项目、建立"妇女网络"等。除此之外，政府还支持有利于女性的公立和私立的社会福利机构，如专门为女童开设的社会福利机构、青少年保护支援中心、儿童福利院等（潘嘉，2007；韦艳等，2008）。

中国台湾采取的是全省统一的组织机制。1993 年台湾行政院特别成立了跨部会的行政院妇女权益促进委员会，正式将妇女团体、学者专家的倡议纳入政府最高的决策机制中。1993 年 1 月 9 日台湾行政院妇女权益促进委员会第 18 次委员会议通过《妇女政策纲领》，成为各部会制定相关政策的指导原则，为促进台湾妇女权益立下一个新的里程碑。基于两性"平等参与、共治共决"的理念，《妇女政策纲领》的基本原则的政策内涵分别展现于妇女政策参与、妇女劳动与经济、妇女福利与脱贫、妇女教育与文化、妇女健康与医疗、妇女人身安全等政策领域，是推动政策实践的最大动力（台湾行政院妇女权益促进委员会，1993；杨雪燕等，2008）。

印度早期采取的是多头管理的组织机制，目前成立了全国统一的组织机制。在投入机制方面主要是整合了政府的力量和国际基金的资助。在组织机制方面，1953 年，印度政府设立了一个全国性机构"中央社会福利局"（CSWB），推动为妇女、儿童和弱势人群的福利和发展的服务，并通过与非政府组织的合作制定政策，为妇女发展制订计划。实施计划的机构涉及中央、邦和地方政府的不同部门，包括中央的计划委员会、教育和社会福利部、卫生和计划生育部、内务部、劳工和就业部及地方政府的一些部门。进一步，又在社会福利部内设立妇女福利和发展局，启动和协调妇女发展计划的实施。一些邦还设有单独的妇女教育或妇女福利的理事会；劳工和就业部及乡村发展部内部也设立了专门的妇女部门。1983 年，印度政府成立了专门的妇女和社会福利部。在投入机制方面，印度政府依托于"农村妇女和儿童发展计划"，在"六五"计划期间，提供了 1.56 亿卢比的经费，惠及约 48019 名妇女；到 1990 年，已扩大到 191 个县实行，组建了 2800 个团体，拥有 46 万妇女成员，政府对每个团体一次性给予 15000 卢比援助，作为从事经济活动的周转金；1997 年，印度政府从世界银行取得数百万美元贷款来实行一项农村妇女发展和经济振兴项目，即在非政府组织如妇女发展公司和邦的支持下，在 6 个邦中组织农村妇女的小额信贷协会（Shahnaz，1997；宋璐等，2008）。

巴基斯坦采取的是全国统一的组织机制，在投入机制方面主要整合了政府、非政府组织和商业机构的资源。在组织机制方面，巴基斯坦政府于1979年1月在内阁成立了妇女局，是执行联邦政府妇女计划的职能部门，后于1989年将该局扩大为妇女发展部。妇女发展部由巴总理直接领导，妇女发展部下设五个部门，即行政部、调研部、项目部、妇女权利部和评估部。总部设在伊斯兰堡，在各省政府均设有妇女协调机构。妇女发展部所制订的计划由省级政府妇女协调机构及非政府组织执行。政府和非政府组织共同参与制订的国家行动计划NPA（National Plan of Action），1998年成为正式的官方政策。NPA中融入了贯彻CEDAW（消歧公约）的责任，建立在巴基斯坦签署的其他提高女性地位国际公约的基础上，如ICPD（国际人发大会行动纲领）等。在投入机制方面，政府通过提供安全网络、食品、扎卡特慈善捐款以及土地、农业和扩充家畜服务等途径帮助贫困妇女脱贫；并依托于巴基斯坦脱贫基金会（PPAF）、农村支持计划（RSPS）、第一妇女银行（FWB）、农业发展银行（ADB）等非政府组织和机构，帮助从事家务的妇女、在外谋生挣钱的妇女和身有残疾的妇女等开拓事业、购买地产、建造住房（任峰，2008）。

表4－4　不同国家和地区性别失衡治理机制比较

国家和地区	组织机制	投入机制
中国大陆	多头管理，关爱女孩行动办公室统一协调全国的性别失衡治理工作；妇儿工委和全国妇联主管性别平等促进工作	国家层次主要依靠人口计生部门，省、市、县区层次主要依靠对应层级政府部门的财政拨款
韩　国	全国统一的组织机制，性别平等部	主要依靠性别平等部的预算资金，雄厚、稳定而持续
中国台湾	全省统一的组织机制，行政院妇女权益促进委员会	未发现相关资料
印　度	早期是多头管理的组织机制，在国家级成立了"中央社会福利局"（CSWB），一些邦和一些部门内部也设置了妇女部门；1983年成立了全国性的妇女和社会福利部	主要依托于社会发展项目，整合政府资金和国际组织的资源
巴基斯坦	全国统一的组织机制，妇女发展部	整合政府、非政府组织和商业机构的资源

五　治理工具

本书主要从功能分类的角度对各个国家和地区的治理工具进行比较（见表 4 – 5）。

中国的约束型工具以法律法规为主体。自 1986 年起，中国政府陆续出台了一些查处非医学需要的胎儿性别鉴定和非法的人工终止妊娠手术等相关行为（简称"两非"行为）的政策规定，迄今为止已逐渐形成了多部门参与的约束型政策体系，但在具体操作中仍然存在很多问题。首先刑法中缺乏对于"两非"行为进行处罚的规定，致使查处"两非"在实际工作中常常面临无法可依的尴尬处境；目前地方政府已经在查处"两非"的立法方面开展了一些探索，但仍然有待加强。其次在 B 超机和药品管理方面，尚缺乏全程管理和统一管理，无法有效杜绝"两非"行为的发生。中国的保障型工具以社会制度建设为手段，还相当不完善。目前国家在性别失衡治理方面的保障政策仍然局限于"计划生育家庭户的奖励扶助"制度，每月 50 元钱的奖励难以起到预期的保障作用，不能真正实现农村家庭户"老有所养、病有所医"的目标。中国的激励型工具以各类奖励政策为核心。国家层次的激励型政策主要体现为独生子女奖励政策，但奖励金额较小，因此缺乏应有的激励作用。中国的引导型工具以项目和实际工作为载体。主要依附于一些大型的社会行动之上，尚缺乏针对不同层次、不同人群的宣传倡导策略设计，且形式单一，投入不足，效果难以评估（李树茁等，2009）。

韩国的约束型工具主要以法律建设为依托。1987 年修改了医疗法，性别选择性质的医学性别鉴定被明文禁止，同时通过大规模媒体运动，短时间内就改变了人们对性别选择性质的堕胎的看法和态度。韩国的保障型工具主要体现为社会养老金制度。韩国的社会养老金制度仍不是很健全，影响了老年人特别是女性老年人的社会福利状况。养老政策的不成熟使得家庭养老仍然是韩国主要的养老方式，儿子是老人特别是女性老人最主要的收入来源（姜裕镇，2001；尹豪，2000）。韩国的激励型工具主要以向妇女倾斜的经济发展政策为依托。首先推行了新村运动，为妇女参与经济和社会发展提供了机会；其次制定了保障妇女就业权利的政策，政府通过对企业进行"男女平等雇佣机会"认证、对录用生育期女职工的企业进行扶持以及实施"育儿休假奖励金"计划等，提高妇女的就业机会和经济地位。韩国的引导型工具主要整合了政府和公民社会的力量，借助媒体和学校等渠道普及性别公平意识。如开办性教育节目，创办女性杂志，并将性别平等内容纳入小学、中学、大学等课程中（施春景，2004；韦艳等，2008）。

中国台湾的约束型工具主要体现在相关的法律制度方面。卫生署于1992年重申"现有产前检查技术绝对禁止适用于胎儿性别的鉴定"，并发出官方警告文件给所有医院和诊所，如果医院和诊所滥用现代生殖技术进行出生性别选择，将会被吊销营业执照和处以罚金。但到目前为止，台湾并没有立法禁止鉴定胎儿性别。行政院卫生署于2005年提出了最新的《优生保健法》版本，并将它改名为《生育保健法》。新的草案中规定妇女如要实施人工流产已经不需要由先生签字同意，只需告知先生即可，并经由强制咨商及五日思考后，才可依其自愿施行人工流产。这一修改虽然从某种程度上规范了人工流产行为，但仍然无法从根本上杜绝性别选择性流产的发生。由于台湾经济较为发达，社会保障体系也较为健全，因此在保障型和激励型方面的治理手段相对较少。台湾的引导型工具主要依托于"家庭计划"，倡导性别平等的生育观念。自1964年"家庭计划"实施之初，到1971年"家庭计划"的进一步发展，再到1991年"新家庭计划"的提出，其宣传理念也从最初的"母婴健康"、逐步破除"重男轻女"的传统观念，发展成为"男孩女孩一样好"的平等观念。在各种基金会和妇女组织的积极参与下，政府通过大众传媒、团体教育和个别教育等形式开展宣传教育活动，使得性别平等的观念深入人心（胡峻岭、叶文振，2004；杨雪燕等，2008）。

印度的约束型工具主要以法律建设为先导。1994年印度政府在国家层面实行《产前性别诊断技术（PNDT）（管理条例和防止滥用）法案》，禁止产前性别鉴定。根据新技术这项法案又经过修改，更名为《孕前与产前诊断技术（禁止性别选择）法案，1994》，于2003年2月开始生效。法案规定，怀孕的妇女如果要进行B超胎儿性别鉴定，将被监禁3年并处5万卢比（1美元约合43卢比）的罚款，为其检测的医生将被吊销营业执照。印度的保障型工具还十分不完善。目前只有占全国劳动力7%的组织化就业人员参与了程度不一的社会保障项目，同时也缺乏专门向妇女倾斜的社会保障政策；印度的激励型工具主要以扶持妇女的社会发展项目以及向妇女倾斜的教育政策为依托。印度政府不仅在"六五"计划中首次纳入了妇女发展的内容，还于 1982 年 9 月开始实施"农村妇女和儿童发展计划"，为农村妇女就业提供便利条件和支持性服务，并在八五计划中建议将土改中最高定额以外的剩余土地的 40% 只分配给妇女，其余的分配给夫妻共有。此外，人力资源发展部出台了一项福利措施，计划为全国的独生女实行免费教育。对于只有两个女孩的家庭，政府将免除其中一个孩子的教育费用。印度的引导型工具主要以系统性的教育活动为手段。印度政府通过系统的教育活动在全社会树立"男女平等"的文明理念，定期在社区举办讲座、放映电影、召开讨论会，使"生男生女都一样"的道理逐渐深入人心（Das Gupta et al.，1997；宋璐等，2008）。

巴基斯坦约束型工具主要体现在反暴力立法方面。2004 年 12 月 7 日，巴基斯坦参议院通过了新的刑法修正案，增加了针对"荣誉杀害"的内容。根据修正后的刑法，如果再有人以给家庭带来耻辱为由杀害他人，法庭对他的惩罚最重可判到死刑。此外，该法案还规定，如果没有得到法庭允许，警察不得逮捕其认为有违法性行为的妇女。巴基斯坦的保障型工具是以改善医疗卫生为载体。巴基斯坦的女性死亡率世界最高，有近 6.3% 的妇女无法从慢性病（Chronic diseases）和生殖道感染疾病（Reproductive tract diseases）中幸存下来。因此政府在对所有国民实施医疗政策的同时，重点提供具有预防性的、可直接获得的基础医疗服务，特别是针对妇女的生产健康服务。政府提倡并实施了关注女性生活周期的计划，着重改善女性从女婴时期开始的医疗卫生和营养方面的照顾与服务，包括改进婴儿出生前后的医疗照顾，以及加强对妇女紧急生产的医疗服务、控制艾滋病的传播等。巴基斯坦的激励型工具主要包括各类向妇女倾斜的经济扶持政策、社会发展项目和教育政策。经济方面包括帮助妇女脱贫的政策、帮助妇女贷款、为妇女提供有薪酬的工作等项目，教育方面包括：通过提供奖学金和补助津贴等手段，向她们提供平等的上学机会和高质量的教育，提高女孩的小学入学注册率，以缩小男女之间既有的性别差距；在不同教育程度上，修改课本的内容以及课程的设置，以提高女孩对于性别的敏感性（gender sensitization）；为女性提供必要的职业和技能训练，特别是在信息技术上。巴基斯坦的引导型工具主要是反暴力方面的宣传。针对巴基斯坦女性死亡率高、女性遭受各类暴力和"荣誉杀害"等发生率较高的现状，为妇女提供必要的防暴培训，提倡妇女采取一种"零忍耐"的态度来对待针对她们的暴力，让妇女敢于揭露受暴真相，让妇女把"对自尊的扼杀"看做一种谋杀行为，使她们认识到受暴的严重性（Banister；1995；任峰，2008）。

表 4 - 5　不同国家和地区性别失衡治理工具比较

国家和地区	约束型工具	保障型工具	激励型工具	引导型工具
中国大陆	部门规定	计划生育家庭户的奖励扶助制度	独生子女奖励政策	大型社会行动
韩　国	医疗法	社会养老金制度	向妇女倾斜的经济发展政策	媒体和学校
中国台湾	卫生署规定	较少	较少	家庭计划
印　度	法案	缺乏	以扶持妇女的社会发展项目以及向妇女倾斜的教育政策	系统性教育活动
巴基斯坦	反暴力立法	医疗卫生制度	医疗政策和基础医疗服务	反暴力宣传

六　治理绩效

主要从直接和间接两个层次对 5 个国家和地区的治理绩效进行比较。

中国大陆的直接治理绩效体现在出生人口性别比升高的势头得到一定程度的遏制，偏高的女孩死亡水平有所下降。1995 年全国 1% 人口抽样调查资料、2000 年人口普查数据和 2005 年全国 1% 人口抽样调查数据显示，出生人口性别比尽管仍在上升，但其幅度已有所减小；2000 年和 2005 年 0 岁婴儿死亡性别比及 1 ~ 4 岁的儿童死亡性别比均较 1995 年有所提高，尽管仍然偏离正常值，但表明女孩死亡水平偏高的趋势已经得到了一定程度的缓解。间接治理绩效体现为妇女社会地位得到了一定程度的提高。1995 年中国的人类发展指数（Human Development Indicator，HDI）排名 107 位（174个国家中），性别发展指数（Gender Development Indicator，GDI）排名 71 位（130 个国家中），性别赋权指数（Gender Empowerment Measure，GEM）排

名 23 位（116 个国家中）；2005 年中国 HDI 排名 85 位（177 个国家中），
GDI 排名 64 位（140 个国家中），GEM 排名由于数据不全无法获取，表明
中国在提高妇女地位方面取得了一定的进步（全国关爱女孩行动领导小组
办公室专家组，2008）。

　　韩国的直接治理绩效体现在出生人口性别比明显下降，并趋于稳定。
1991 年韩国出生性别比即比 1990 年降低了 4 个百分点；1997 年，各个地区
出生人口性别比开始下降，2004 年除了庆南、庆北、蔚山等几个城市出生
人口性别比稍高以外，其他城市都接近国际通常公认的范围。2003 年韩国
出生人口性别比为 108.7，2004 年为 108.2，接近国际上通常公认的 102 ~
107 的范围。间接治理绩效体现在妇女地位得到较大提高。1995 年韩国 HDI
国际排名第 31 位，GDI 排名第 37 位，GEM 排名第 90 位；2005 年，韩国
HDI 国际排名第 28 位，GDI 排名第 27 位，GEM 排名第 59 位（80 个国家
中）。表明韩国的妇女地位在 10 年间取得了较大幅度的进步（韦艳等，
2008）。

　　台湾的直接治理绩效体现在出生性别比总体呈现波动上升趋势。1990 ~
1996 年的 7 年间台湾全省婴儿性别比变动数字为 110.30（1990 年）、
110.33（1991 年）、110.04（1992 年）、108.58（1993 年）、109.03（1994
年）、107.99（1995 年）及 108.58（1996 年），以后又有回升的趋势。间接
治理绩效体现为妇女地位有了一定的提高，但总体上仍处于弱势。几十年
来经过台湾当局和包括妇女团体在内的非政府组织的共同努力，台湾的女
性地位有了进一步的提高，但与男性相比仍处于弱势地位（杨雪燕等，
2008）。

　　印度的直接治理绩效没有体现出从根本上改变性别歧视和性别选择的
状况。1981 ~ 1998 年间人口普查数据中 3 年平均出生性别比显示，印度的
出生性别比近年来一直在 111 左右徘徊。间接治理绩效没有体现出妇女生存
和发展环境得到根本性改善。印度女性在未出生和婴幼儿阶段受到堕杀、
营养剥夺等歧视，而且在以后成长的各个阶段也遭受不公平待遇。例如少
年食物不足和失学，成人后就业机会不平等，在土地财产分配方面不能取
得与男子平等的权利和地位等。1997 年印度 HDI 排名第 138 位，GDI 排名
第 118 位，GEM 数据缺失；2003 年，印度 HDI 排名第 127 位，GDI 排名第
103 位，GEM 数据缺失。虽然有了比较大的进步，但仍然不容乐观（宋璐

等，2008）。

巴基斯坦的直接治理绩效体现为儿童死亡水平明显下降，但 1～4 岁女孩死亡水平却居高不下。由于对妇女和儿童健康的关注，近年来巴基斯坦婴儿死亡率、5 岁以下儿童的死亡率和孕产妇死亡率比起 20 世纪 90 年代均有所下降。但与此相反的却是 1～4 岁女孩死亡风险偏高。间接治理绩效体现为妇女地位有所改善。巴基斯坦妇女地位改善主要表现在政治参与方面。妇女在国会中占的席位自 1997 年开始大幅上升，这不仅改变了传统妇女作为男人的附属品的形象，也在政府部门出现了更多为妇女谋取福利的声音，从而有助于进一步减弱普通民众对男孩的偏好。巴基斯坦 2003 年 HDI 排名第 144 位，GDI 排名第 120 位，GEM 排名第 58 位，也从另一个侧面说明了巴基斯坦妇女政治地位的提高（任峰，2008）。

第四节　结论

本书基于公共治理框架，通过比较 5 个亚洲国家和地区的性别失衡治理，得出以下重要结论。

（1）5 个国家和地区在治理目标和理念上具有较大的共同之处。由于同属于亚洲地区，5 个国家和地区均具有较为强烈的男孩偏好，其性别失衡的表现和原因均比较类似，因此决定了其治理的目标和理念上具有较大的共同点。在治理目标上主要是针对偏高的出生性别比和女孩死亡水平的治理，在治理理念上直接治理和间接治理并重。

（2）5 个国家和地区在治理结构、机制、工具上存在较大的差异，因而也导致了治理绩效的不同。其中治理较为成功的是韩国，在治理结构上政府和公民社会并重，在治理机制上同时注重组织机制和投入机制建设，在治理工具上主要运用了强有力的约束型工具，同时配合以激励型和引导型工具，从而取得了良好的效果。其他国家和地区则分别在治理结构、治理机制或治理工具方面存在一些局限，从而导致其治理绩效不明显。

基于上述结论，对中国性别失衡治理的启示是：

第一，在治理结构上，建立广泛的合作机制和多部门的行政问责机制。首先，国家 22 个相关部委和 NGO、企业等公民社会代表共同研究出台合作协调机制建设的各项措施。既包括不同政府部门之间的合作、政府部门不同层级之间的合作，也包括政府部门与 NGO 等公民社会的合作等，形成多部门合作、全社会共同参与的资源共享、功能互补的合作机制；其次，国家 22 个相关部委和 NGO、企业等公民社会代表共同研究，明确各合作主体的职责和权力，建立行政问责机制，将性别失衡治理纳入各部门的考核评估体系当中，引导和约束各合作主体的行为。

第二，在治理机制上，注重组织建设和资金保障。首先，在人口计生部门各个层次都建立起性别失衡治理的专门组织，明确职责和权力，充分发挥应有的功能，保障性别失衡治理的顺利实施；其次，明确提出可行性方案，要求国家加大对性别失衡治理的资金投入，并设立性别失衡治理的专项基金，引导各级政府多渠道筹资，充分利用企业、公民社会等资源，多方筹措资金，专款专用。

第三，在治理工具上，强调法律法规和政策系统建设。首先，人口计生部门会同有关部门共同研究并促进"两非"案件、溺弃女婴案件等的立法问题，为硬性的行为约束提供法律保障；其次，人口计生部门会同有关部门共同研究并制定性别失衡治理的相关政策，注重政策之间的协调一致，为性别失衡治理的开展提供政策性保障。例如与公安部门、药监部门、卫生部门共同制定约束型政策，与教育部门、财政部门、民政部门、卫生部门、社会保障部门等共同制定保障型政策、激励型政策，与大众媒体、NGO等共同制定导向型政策等。

第五章　性别失衡治理的战略规划

第一节　背景

性别平等是人类社会发展追求的重要目标，这既是对妇女权利的保护和权益的维护，也是人类社会可持续发展的必然要求。近年来，女孩的生存和发展受到了国际社会的广泛关注。进入 20 世纪 80 年代以来，伴随着持续的低生育率，我国的出生性别比持续上升，并且女孩死亡水平偏高的程度加大。偏高的出生性别比和女孩死亡水平不仅损害了妇女和女童的生存权、发展权、受保护权和参与权，也严重损害社会与人口的整体福利，阻碍了中国的社会稳定和可持续发展。

针对 20 世纪 80 年代后出生性别比升高现象，中国政府采取了一系列积极的法规和政策进行治理。如 1994 年的《母婴保健法》、2001 年的《计划生育技术服务管理条例》、2002 年的《人口与计划生育法》、2003 年实施的《关于禁止非医学需要的胎儿性别鉴定和选择性别的人工终止妊娠的规定》中，都明确规定任何机构和个人均不得进行非医学需要的胎儿性别鉴定或者选择性别的人工终止妊娠。

为了深入开展婚育新风进万家活动，努力遏制出生性别比升高的势头，国家人口计生委从 2003 年开始，在前期研究和安徽巢湖"改善女孩生活环境实验区"试点工作的基础上，先后在全国 24 个县进行了"关爱女孩行动"的试点。"关爱女孩行动"旨在扭转"重男轻女"的传统观念，消除性别歧视，以期实现全社会性别平等的发展目标。"关爱女孩行动"从中国国情出发，走的是一条自主创新之路，该行动对实质性保护中国女孩的生存、发展、受保护和参与的基本权利，提高中国妇女的社会地位，促进中国社会的性别平等和可持续发展十分有利。

为了进一步深化和推广"关爱女孩行动",基于国家人口计生委在全国 24 个县的试点,2005 年国务院办公厅发布了《贯彻落实国务院办公厅转发人口计生委等部门关于广泛开展关爱女孩行动 综合治理人口出生性别比偏高问题行动计划的通知》(国办发〔2005〕59 号,以下简称 59 号文件),旨在以邓小平理论、"三个代表"重要思想和科学发展观为指导,贯彻落实中央人口资源环境工作座谈会精神,动员全社会力量,保护妇女儿童的基本权利,维护妇女儿童的合法权益,形成有利于女孩生活与成长的舆论氛围、政策体系和法制环境,实现人口出生性别比的自然平衡,促进男女平等和社会文明进步,为全面建设小康社会和构建社会主义和谐社会创造良好的人口环境。

本书的第一章内容揭示了中国出生人口性别比及女孩死亡水平的发展趋势和分布;第二章内容反映了国家人口计生委关爱女孩行动领导小组办公室专家组于 2006 年开展的针对基层县区的工作需求调查分析结果;第三章内容对中国性别失衡治理的公共政策失效原因进行了深入分析,在此基础上提出了相应的改进建议。这三部分内容为制定未来一段时间"关爱女孩行动"的总体战略规划提供了现实背景、实践基础和理论依据。

第二节 指导思想

基于上述背景,本实施方案的指导思想是:

(1)以人的全面发展为中心,关注弱势群体,促进性别平等,全面落实科学发展观,建设社会主义和谐社会。

(2)以人为本,保护妇女和女童生存、发展、受保护和参与的基本权利,改善女孩生活环境。

(3)贯彻国务院颁发的《贯彻落实国务院办公厅转发人口计生委等部门关于广泛开展关爱女孩行动 综合治理人口出生性别比偏高问题行动计划的通知》精神。

第三节 目标和战略规划

我们理解的性别失衡治理和"关爱女孩行动",是以人的全面发展为中心，以维护妇女和女童的生存、发展、受保护和参与的基本权利和权益为指导思想，通过建立一系列行为约束机制、利益导向机制和制度创新机制，使女孩的生活环境得以改善，出生性别比趋于正常的自主创新行动，其目的是促进性别平等，构建和谐社会，为促进中国转型社会的可持续发展提供有利的人口环境。

围绕以上核心概念，本方案的目标是：在未来 10～15 年内，利用中国在人口出生性别比治理方面过去 10 年的研究、干预和实践成果，基于"关爱女孩行动"的试点经验，在全国范围内广泛开展"关爱女孩行动"，保护妇女和女童的基本权利，维护妇女和女童的合法权益，改善女孩生活环境，使目前人口出生性别比不断恶化的趋势得到遏制，并稳步下降，最终实现人口出生性别比的自然平衡，促进性别平等和社会和谐发展。

基于中国的现实背景，性别比问题具有严重性和复杂性，并不是一蹴而就的，因此，对应于上述目标，本实施方案拟采取 3 个阶段的战略规划。基于国家人口发展领域的主流工作，结合宏观的人口、经济与社会环境的可能变化，每一阶段采取的战略目标与手段各有侧重。

第一阶段为遏制阶段，时间从 2006 年至 2010 年。预计该阶段，在人口环境方面，城镇人口比例上升，妇女总和生育率略有下降，人口总量将突破 14 亿，由成年型人口国家逐渐向老年型人口国家过渡；在经济与社会环境方面，我国正处于全面建设小康社会的第一阶段，社会主义市场经济体制和社会保障体系正在构建和完善之中。此时期的战略是，以行为约束机制为主，以利益导向机制为辅，同时探索制度创新机制，在计划生育优质服务基础上，有效控制侵害女婴和女孩生存权利的行为，使得人口出生性别比的继续升高及偏高的女孩死亡水平得到有效遏制。

第二阶段为下降阶段，时间从 2011 年至 2015 年。预计该阶段，在人口环境方面，城镇人口比例接近 50%，妇女总和生育率基本稳定，人口总量继续增加，我国将进入老年型人口社会；在经济与社会环境方面，我国有可能已经进入了小康社会的初级阶段，国民经济持续、适度快速和健康发展，全国人民的生活更加宽裕，农村小康社会建设已经取得更加明显的成效，广大农村全面进入小康社会。基于上述人口、经济与社会环境的变化，本方案在此阶段的战略是，在行为约束制度化的基础之上，强化利益导向机制，同时进一步深化制度创新机制，使女婴和女孩的生存权利得到群众的尊重和保护，性别平等观念深入人心，人口出生性别比及偏高的女孩死亡水平逐渐下降。

第三阶段是稳定阶段，时间从 2016 年至 2020 年。预计该阶段，城镇人口比例将超过 50％，妇女总和生育率保持不变，人口总量继续增加，我国成为典型的老年型人口国家；在经济和社会环境方面，我国有可能已经进入宽裕型小康社会，国民经济更加发达，各种社会保障制度基本建立，农村居民生活在整体上全面进入宽裕阶段，城镇居民进一步走向比较富裕。此阶段的战略是，在行为约束和利益导向制度化的基础之上，重点进行制度创新，形成多部门的高效合作，建立完善的可持续发展机制与制度创新机制；并以此为起点，将"关爱女孩行动"扩展，深化为更广范围、更深层次的行动，在保持正常的人口出生性别比及女孩死亡水平长期稳定的基础上，引发人口、资源与环境的优化重组，建立性别平等的和谐的新型社会。

该战略规划是一个全国性的总体战略构想，在具体实施时，应考虑到各地可能处于不同的发展阶段，允许各地根据自身的基础和特点采取不同的实施战略。

具体内容见图 5 - 1，其中━━代表每一阶段采取的主要战略手段。

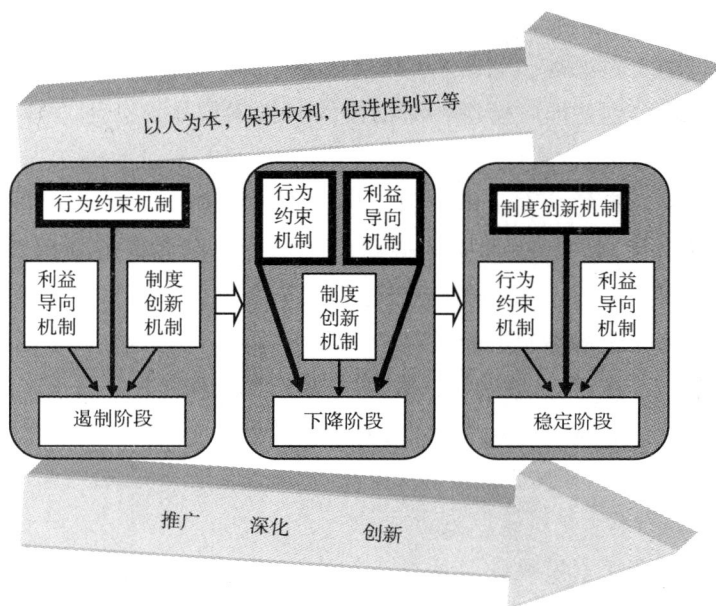

图 5 - 1　实施原则和实施策略

第四节　实施原则和实施策略

根据目标和战略规划，本方案拟采取以下实施原则。

（1）约束控制、利益引导与制度保障相结合，标本兼治，当前治标，长期治本，分阶段、分层次地采取不同手段降低出生性别比和偏高的女孩死亡水平。

（2）全面快速推进与实验网络重点探索相结合，确保实施效果的长期可持续发展，分层次地将"关爱女孩行动"扩展到全国。

（3）统筹规划与分类指导相结合，既注重统一的战略规划，又注重各地区的实际特点。

（4）政府行政资源和NGO、公民社会相结合，动员全社会力量，确保方案的有效实施。

（5）注重与人口、经济、社会宏观环境的变化相联系，致力于自主创新。

基于上述实施原则，本方案采取了"三个模块＋三个层次＋三个阶段"立体化推进的实施策略（见图5－2）。

三个模块分别是推广模块、深化模块和探索模块，分别对应于性别比偏高的三个不同机制（见图5－3）。

推广模块的目的是在全国范围内推广成熟的经验和做法，建立行为约束和利益导向机制，解决性别比偏高的技术性原因和条件性原因。其中，打击"两非"、全程服务领域对应于性别比偏高的技术性原因，即非法的胎儿性别鉴定、非法的性别选择性流产和溺弃女婴，对工作人员和群众的行为进行约束，旨在建立行为约束机制，遏制性别比的继续恶化；倡导培训和利益导向领域对应于性别比偏高的条件性原因，即政策和经济原因，对工作人员和群众的行为进行引导，旨在建立利益导向机制，促使性别比逐渐下降。

深化模块和探索模块的目的在于解决性别比偏高的制度性原因，建立制度创新机制。其中，制度创新又分为两个不同的层次，工作制度创新和以文化制度为核心的社会制度创新。

深化模块的目的在于实现工作制度创新，是推广模块的深入阶段，包括管理评估、合作机制、长效机制三个领域，旨在形成性别比治理的工作模式与制度，保持性别比在正常水平上长期稳定。

探索模块的目的在于实现以文化制度为核心的社会制度创新，是深化模块的深入阶段，包括计划生育养老保障、社会性别、新农村建设、生育文化建设以及出生登记等基本领域，还可以根据需要继续扩展，旨在通过探索各种社会制度创新机制，为性别比治理形成良好的制度环境，将其扩展为更广泛的深层次社会制度变革。

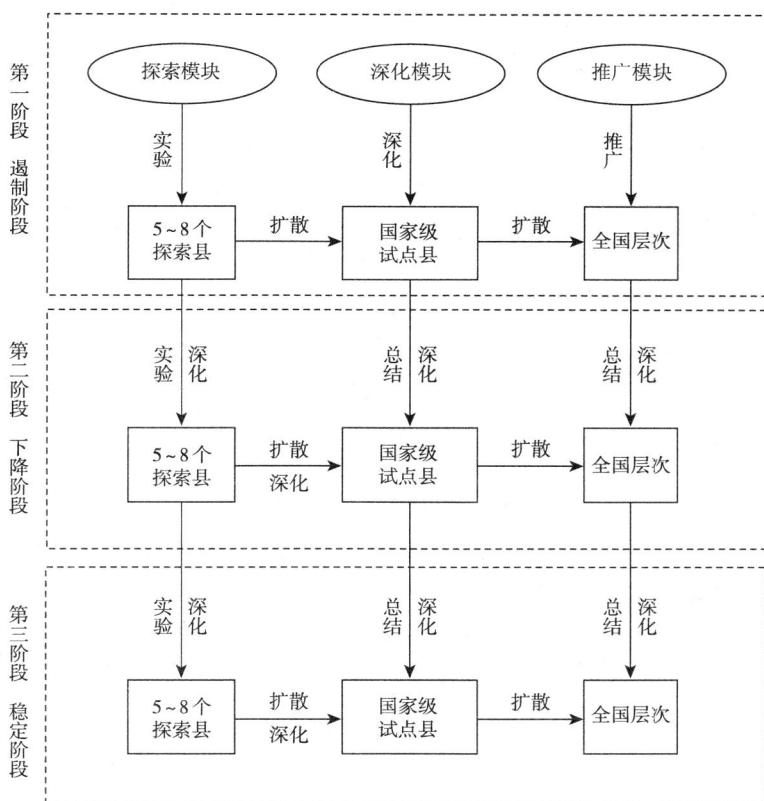

图 5 - 2　"三个模块 + 三个层次 + 三个阶段"立体化推进的实施策略

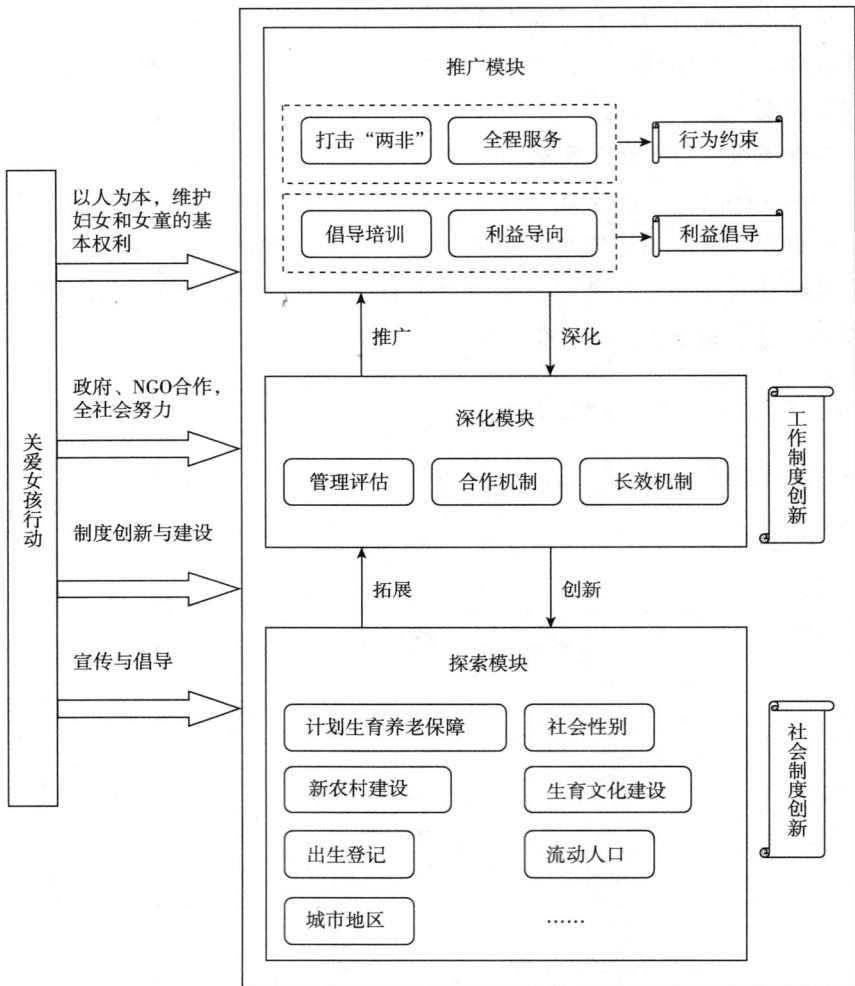

图 5－3　工作模块图

　　三个层次分别是全国、30 个国家级试点县、5～8 个探索县。三个层次之间的关系是，5～8 个探索县作为创新基地，它的成熟模式以国家级试点县为桥梁向全国扩散；国家级试点县作为第二层次，它的成熟经验扩散到全国；全国作为第一层次，主要进行面上的推广。

　　三个阶段分别是遏制阶段、下降阶段和稳定阶段，在每一阶段，各个层次的工作齐头并进，但又各有侧重，三个模块在三个层次的不同阶段上分别起不同的作用。其中，在遏制阶段，以行为约束机制为主，利益导向机制为辅，同时探索制度创新机制，重点在于推广成熟的经验和做法；在下降阶段，以行为约束制度化为基础，强化利益导向机制，同时进一步深化制度创新机制，重点在于深化性别比治理工作，形成工作制度和模式；在稳定阶段，以行为约束和利益导向制度化为基础，进行社会制度创新，形成多部门的高效合作，建立完善的长效工作机制，重点在于探索社会制度创新，为性别比治理提供良好的制度环境。

◎ 第三部分 ◎

性别失衡治理的模式总结

第六章 J省治理模式总结

第一节 研究设计

一 研究目标和意义

本项目选择全国出生性别比显著下降的典型省份——J省，试图通过对其出生性别比态势、社会经济文化环境、治理措施及其效果的分析，总结提炼出该地区出生性别比治理的有效模式，并在鉴别这些治理模式的独特性与普适性的基础上，解决这些出生性别比治理的有效模式向其他地区推广的问题。具体目标包括如下几个。

（1）根据出生性别比的真实水平和发展趋势，判断性别失衡的缓解程度。

（2）判断治理措施、外部环境对出生性别比治理效果的影响。

（3）针对两类地区，分别选择一个省份，进行省级出生性别比治理模式的总结与提炼。

（4）确定所总结出的治理模式的借鉴价值和推广策略。

本项目所取得的研究成果将对中国政府有效治理出生性别比问题、促进性别平等、建设和谐社会具有重大意义，将为促进中国转型社会的可持续发展提供有利的人口环境，也将推动中国出生性别比治理模式的研究进展，为创新推广的研究提供理论借鉴。

二 主要内容和路径

为实现上述研究目标，本项目的主要内容包括：通过出生性别比的态势分析，判断性别失衡的缓解程度；分析综合治理、社会经济文化环境与出生性别比态势的关系，判断综合治理模式的有效性；在"关爱女孩行动"的平台下，总结提炼出这些地区出生性别比治理的有效模式；根据地区间经济社会文化环境的差异，制定模式推广策略。具体内容框架如图6-1所示，研究路径如图6-2所示。

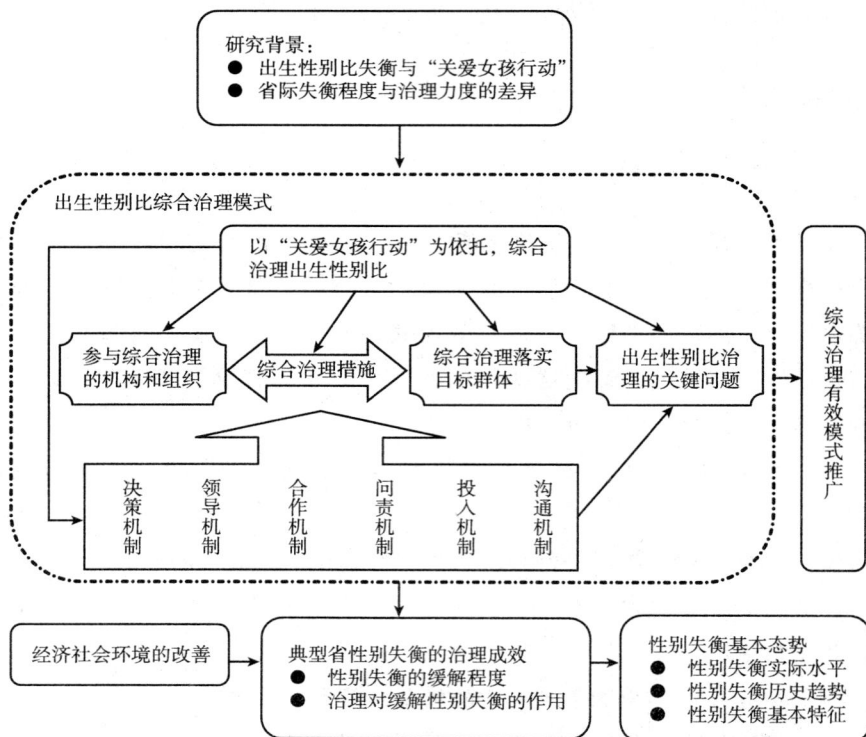

图6-1 研究内容框架

1. 出生性别比态势分析

首先，利用历年出生性别比数据，分析省级、不同类型县区出生性别比的失衡程度，确定出生性别比的变动趋势；其次，区分孩次、人口流动和居民类型，揭示出生性别比的特征和分布，确定出生性别比在不同类型群体中的严重程度；最后，基于趋势分析和特征分析，判断出生性别比的缓解程度。

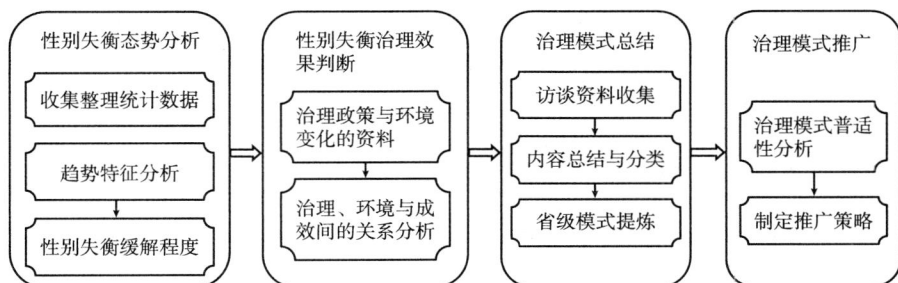

图 6 - 2 研究路径

2. 综合治理效果的判断

首先，从宏观层面，利用统计数据，对省和不同类型地区社会经济环境、出生性别比的变化趋势进行比较分析，并通过对省、县区实施的出生性别比治理措施和做法进行历史回顾性调查，分析省和不同类型县区出生性别比治理措施的历史演化特征与出生性别比变迁的匹配关系；其次，评估出生性别比治理措施对各类群体男孩偏好的引导效果，分析其经济和社会文化环境的改善程度；最后，深入探讨治理模式的选择、社会经济环境变化对出生性别比治理效果的影响，揭示特定经济社会环境下，哪些治理措施、以哪种组合、针对哪些群体，可以更有效地治理出生性别比。

3. 治理模式的总结

首先，分别从省级和县级两方面，并区分不同类型县区，汇总这些地区在以"关爱女孩行动"为依托综合治理出生性别比的过程中，治理组织的参与情况、打击"两非"等治理措施的落实和创新情况、目标群体的选择和对关键问题的关注解决情况，特别是归纳政府、部门和社会群体以什么样的决策机制、领导机制、合作机制、问责机制、信息沟通机制和资源投入机制实施出生性别比的治理；其次，基于治理成效，对这些地区的治理模式进行分类比较，揭示在什么样的运行机制下、针对哪些群体采取的哪些治理措施组合可以提升治理成效；最后，提取有效治理措施及其运行机制，分析省级和县级的互动关系，提炼出出生性别比治理的省级模式。

4. 治理模式的推广

首先，从治理措施、运行机制和社会环境三方面对提炼出的出生性别比治理模式进行分析，判断这种治理模式对其他地区的适用性；其次，根据各地区社会经济文化环境，确定不同类型地区的适用治理模式；最后，设计出生性别比治理模式的推广策略。

三 数据收集

本项目针对目前中国各省份的经济文化环境、出生性别比的演变特点和治理效果，将东部沿海经济发达、出生性别比近几年显著下降甚至趋于正常的几个地区作为典型省份进行治理模式的调查，如浙江、广东、山东等。首先在这类地区中选择了 J 省作为代表；其次，根据经济条件、出生性别比水平和治理效果在省内选择 3~4 个县市；再次，在每个县市选择 1~2 个乡镇及村或社区进行调查。调查主要通过文件查阅、统计数据和质性访谈获取所需的研究数据。具体数据来源如表 6－1 所示。

表 6－1 调查设计与数据来源

调查方式	调查对象与规模	调查内容
文件查阅	省政府及相关部门、县政府及相关部门	20 世纪 80 年代以来出生性别比治理、开展"关爱女孩行动"的相关政策、规定等文件
典型组访问	省委各部门主要负责人（6~10 人）	①在开展"关爱女孩行动"、出生性别比治理中承担的工作，采取的措施和做法；②这些措施和做法的效果及原因；③资源投入、信息沟通、部门协作与工作机制；④政策评价
	县市各部门主要负责人（6~10 人）×（3~4 县市）	
	乡镇各部门主要负责人（6~10 人）×（6~8 乡镇）	
	村两委班子主要成员（6~10 人）×（8~12 村）	
	已婚育龄妇女（6~10 人）×（8~12 村）	①生育态度；②家庭经济状况与社会规范；③政策评价
	已婚育龄男性（6~10 人）×（8~12 村）	

续表

调查方式	调查对象与规模	调查内容
个人深入访谈	省政府、计生部门负责人或主要执行人	①在开展"关爱女孩行动"、出生性别比治理中采取的措施和做法；②决策机制、筹资机制、领导机制和跨区域协调机制
	县政府、计生部门负责人或主要执行人×（2～3各县）	
统计数据	计生、公安、卫生、统计部门×（3～4县市）	80年代以来历年出生性别比（分性别、分地区、分城乡、分孩次）；历年出生性别比治理资金投入；历年学龄人口（6～12岁）的分性别人数；1990年、1995年、2000年、2005年人口普查分性别出生人口和对应年龄死亡人口数据；流动人口相关数据（分年龄、分性别、生育数据）；历年相关部门自有的二手调查数据；历年人均GDP、城乡人口比例、第三产业比重、女性受教育年限、女性就业率

四　研究方法

本项目针对各部分内容的研究需要和路径选择，采取了演绎与归纳相结合、定性与定量相结合的多元研究方法：①对出生性别比态势分析主要采取人口学和统计学研究方法；②对治理效果的判断主要采取质性研究方法和统计学研究方法；③治理模式的总结主要采用文本分析和质性研究方法；④治理模式的推广，主要采用比较方法。

第二节　宏观环境与出生人口性别比

J省因为自身历史文化的特殊性，相比全国更早、更彻底地经历了人口转型；其私营经济带动下的经济发展模式具有一定的特殊性，相比全国较早发挥了民间资本的力量，20世纪90年代初便实现经济的迅速发展；经济发展路径决定了其特有的社会发展模式，不仅民营经济发达造成了J省"藏富于民"的社会经济特征，雄厚的经济实力支撑也使得社会发展更加迅速、稳健、均衡。

一 J省宏观环境变迁

1. 人口环境变迁

从J省人口环境的变迁看，J省不仅历史上人口生育水平一直低于全国，而且率先进入超低生育水平。如图6-3所示，早在1985年，J省的总和生育率已经降至1.53，此后均在1.5左右，1991年之后的总和生育率则几乎都在1.3以下。从全国看，总和生育率至1995年才下降到1.5左右。

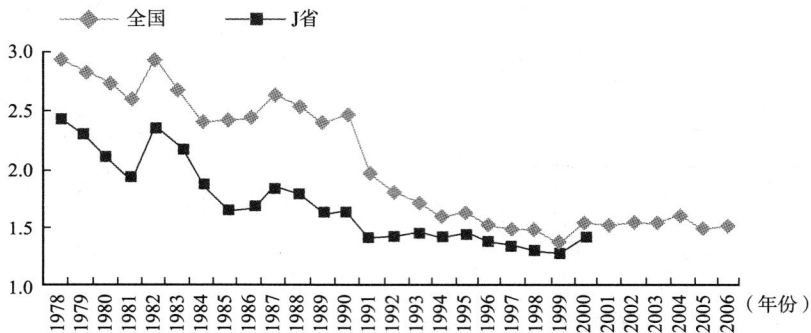

图6-3 J省与全国总和生育率

资料来源：*Fertility Estimates for Provinces of China*，1975~2000，中国统计出版社。

2. 经济环境变迁

整体来看，J省的经济基础薄弱、起步晚，但20世纪90年代之后J省经济特别是私营经济发展处于领先地位，在增长速度和结构转型方面都领先于全国平均水平。具体表现在以下四点：①经济增长迅速，而且领先于全国的幅度越来越大，30年间经历了从"平均水平""发展起步"到"领先水平"的转变，每个阶段约10年的时间（见图6-4）；②私营经济起步早、发展快，在经济总量中所占比重大，与经济发达的省市相比，J省是私营经济发展最快、分量最大的省份之一；③经济领先于全国主要是得益于第二产业的迅速发展，第三产业的发展水平与全国同步（见图6-5）；④J省女性就业比重很高，领先于全国水平但增长速度缓慢（见图6-6）。

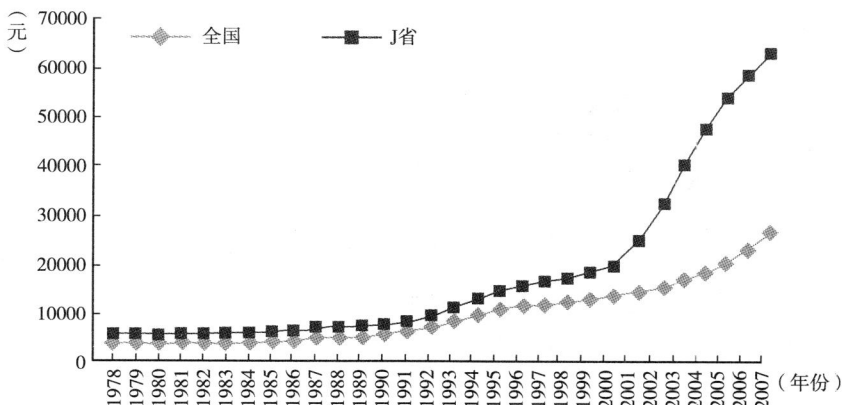

图 6 - 4 全国与 J 省的人均 GDP

资料来源：全国和 J 省的人均 GDP 数据来自统计年鉴。

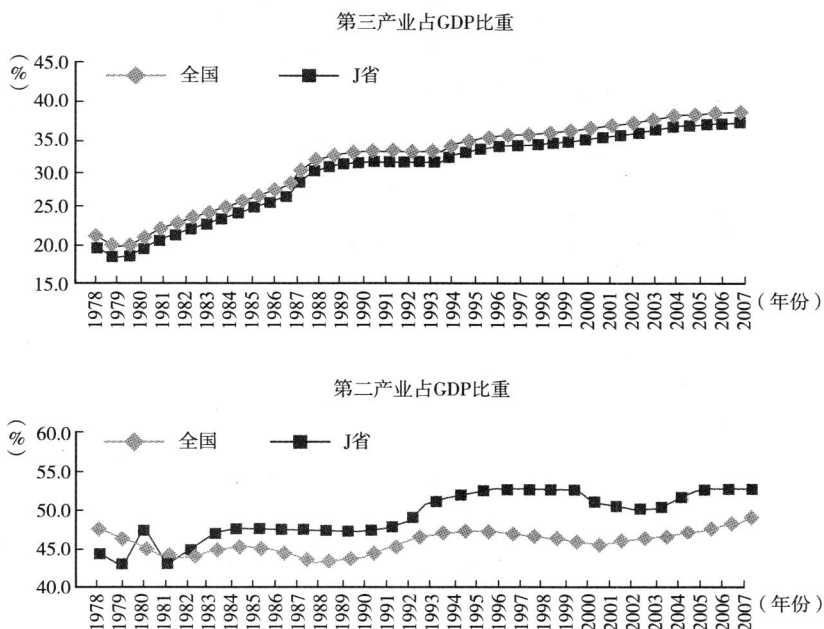

第三产业占GDP比重

第二产业占GDP比重

图 6 - 5 第二产业与第三产业占 GDP 的比重

资料来源：J 省和全国第二、第三产业占 GDP 比重数据均来自统计年鉴。

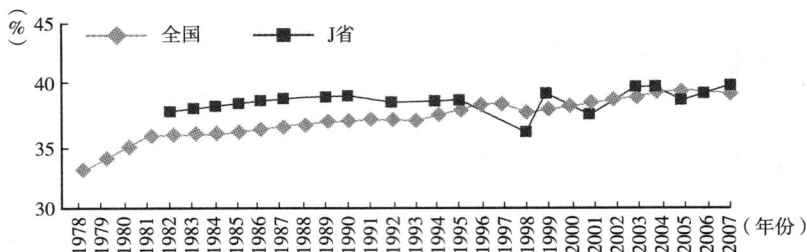

图6-6　女职工占全国职工的比重

资料来源：根据J省和全国统计年鉴整理而得。

3. 社会环境变迁

　　与全国相比，J省的社会发展基础较好，城市化水平相对较高，城乡相对均衡，但早期公共服务体系相对薄弱，直至2000年以前，J省整体的社会发展比较缓慢。2000年以来在城市化水平进一步提高的同时，公共服务和社会保障体系改善速度显著快于全国。与全国相比，J省的社会发展具体有以下三个特点：①城市化水平一直领先于全国，且城市化进程加快，与全国的差距在不断扩大（见图6-7）。②J省公共卫生普及程度持续增长，特别是2000年以来改善显著（见图6-8）。③城乡收入差异同样呈现缓慢放大趋势，但差异程度一直小于全国平均水平（见图6-9）。值得注意的是，J省和全国的城乡收入差异都经过了一个先缩小再扩大的过程，但J省的变动小于全国，收入差异的缩小和扩大都早于全国发生。

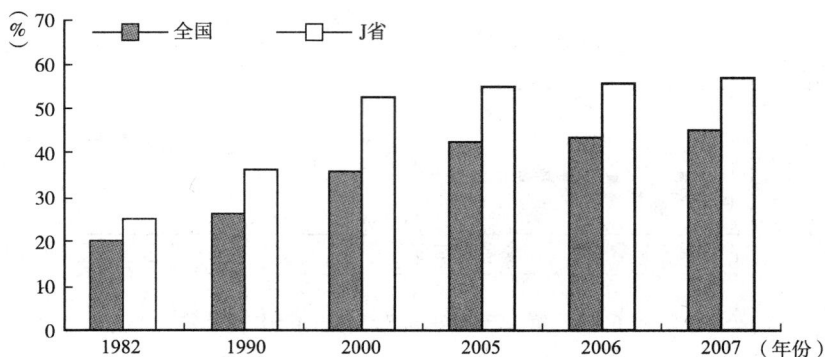

图6-7　J省与全国的城市化水平

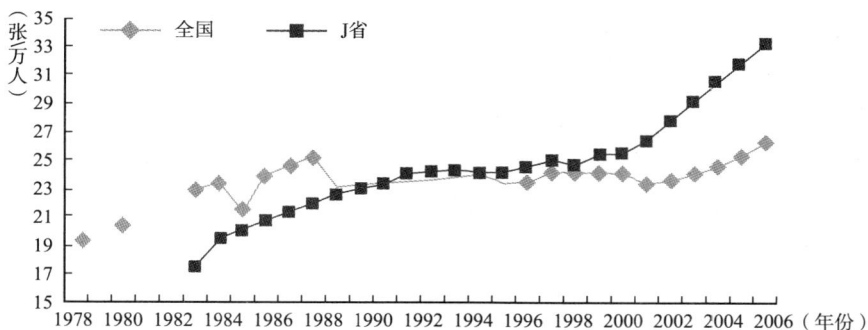

图 6 - 8　每万人口床位数

资料来源：数据来自统计年鉴。

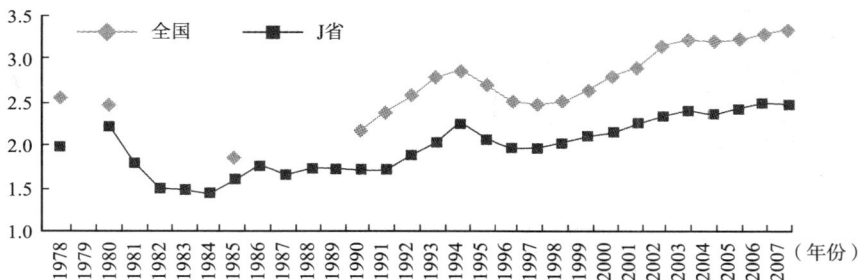

图 6 - 9　城乡收入差异（城市收入/农村收入）

资料来源：数据来自统计年鉴。

4. 宏观环境变迁的阶段特征

为了更加全面地呈现 J 省社会变迁的特征，本书分别选择综合生育率、人均 GDP 指标、人均床位数指标为人口、经济、社会领域的代表指标，总结以上宏观环境因素的变迁状况。通过对比分析标准化后的指标变迁趋势（见图 6 - 10），发现 J 省 30 年宏观环境变迁中形成了鲜明的以人口转型为主→以经济腾飞为主→以经济社会和谐发展为主的三阶段特征。

（1）以人口转型为主导的环境变迁阶段（约 1978 ~ 1991 年）。J 省人口从 1982 年起发生转型，至 1992 年，总和生育率从更替水平下降到超低生育水平。同时经济发展缓慢，滞后于全国，社会发展水平也相对落后。

（2）以经济腾飞为主导的环境变迁阶段（约 1992 ~ 2001 年）。1992 年起 J 省个体、私营经济在市场经济改革的浪潮中迅速发展壮大，并带动产业结构从第一产业向第二、第三产业转型，使得经济迅猛发展的同时保持了稳定的低生育水平，社会发展状况停滞在略好于全国均值的水平上。

（3）以经济社会和谐发展为主导的环境变迁阶段（约 2002 年至今）。从 2002 年前后开始，J 省经济快速发展，人口环境相对稳定，社会环境得到较大改善，公共服务体系在结束了 1992～2001 年的停滞期之后迅速发展并日趋完善。

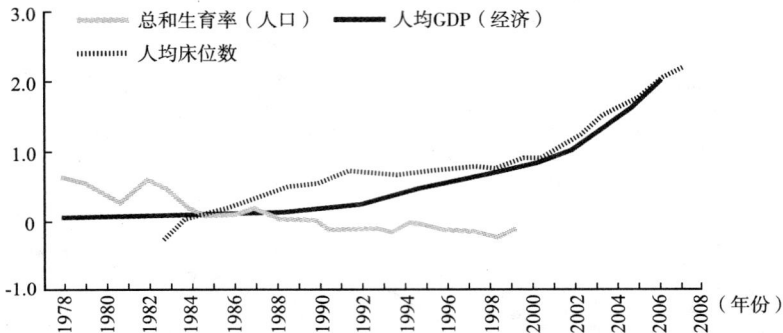

图 6-10 J 省相对全国变迁趋势

资料来源：根据历年《中国统计年鉴》和 J 省统计年鉴整理所得。

二 J 省的发展历程与出生性别比

对照 J 省的发展历程与出生性别比的态势，二者存在一定的内在联系：与发展历程的以人口转型为主→以经济腾飞为主→以经济社会和谐发展为主的三阶段特征对应，出生性别比呈现由急剧上升阶段→稳定下降阶段→偏高位徘徊阶段的过渡特征。

在以人口转型为主的阶段，生育控制实现的低生育水平，在男孩偏好背景下激化了人们的性别选择行为，使得出生性别比骤然升高。在以经济腾飞为主的阶段，个体私营经济兴起、工业化和城镇化进程迅速改变了人们生产生活方式，加之较高的女性就业水平有利于男孩偏好的弱化，出生性别比随后在 20 世纪 90 年代实现快速下降（见图 6-11）。以经济社会和谐发展为主的阶段，城镇化和工业化继续快速推进，第三产业发展，医疗、教育和社会保障等公共服务体系的改善，解除了人们的后顾之忧，从根本上瓦解了男孩偏好的文化根基——家族体系，但私营经济形式在一定程度上拉大了收入差距，使思想观念出现严重的分化，阻滞了男孩偏好观念转变的进程，出生性别比出现徘徊。

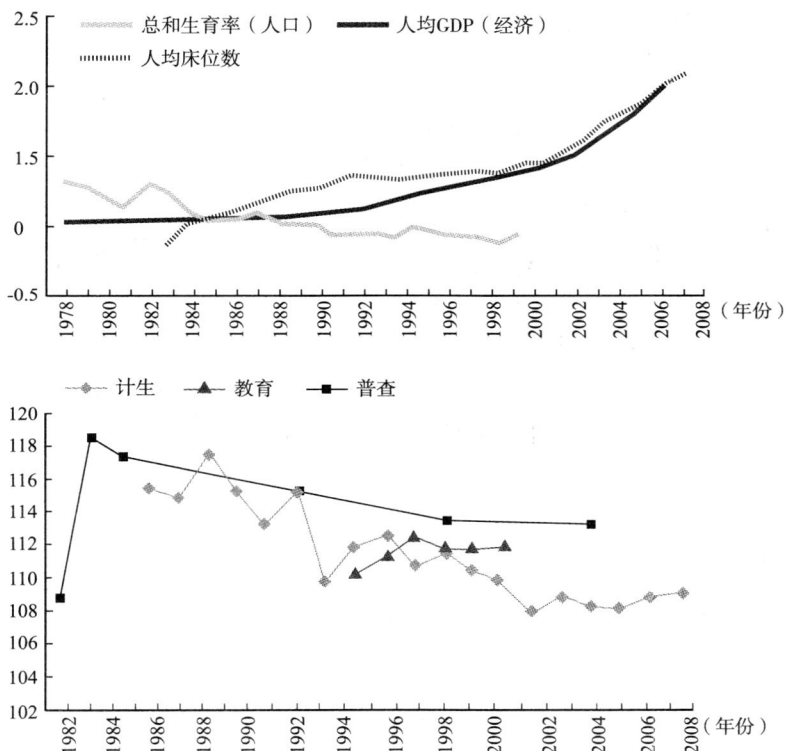

图6-11　J省计生、教育和普查数据的出生人口性别比

资料来源：1982年、1990年、2000年人口普查资料，1987年、1995年、2005年1%抽样调查数据。

第三节　治理模式总结

J省的出生性别比在20世纪90年代实现快速下降，与J省及时抓住改革开放和经济体制转轨的时机，率先在全国实现经济的飞速发展有关。出生性别比演变的地区差异及其与地区发展模式的相关性，显示了社会经济发展作为条件因素，须经发展模式选择等中间变量的调节最终作用于出生性别比。有助于促进女性就业、缩小两性价值差异的发展模式能够改变重男轻女的思想观念，但这是一个漫长的累积过程。因此，J省的出生性别比能够在短期内出现明显下降，也与J省的微观治理密切相关。下面从其策略选择和治理方式两方面来总结。

一 治理策略选择

基于当地务实的文化传统，J省敏锐地把握住了出生性别比偏高问题的治理时机，早在20世纪90年代初就将其纳入议事日程。由于当时整个国家以经济建设为工作重心，计划生育工作也重在生育数量的控制。因此，在当时的环境下，J省适时地选择了将出生性别比的治理融入人口数量控制、经济建设的治理战略；21世纪以来，在全国推行"关爱女孩行动"、专项治理出生性别比的背景下，J省也适时地把握住当地社会人口先行转型的时机，将出生性别比的治理融入社会制度建设。因此，J省在出生性别比治理中，不自觉地选择了一种"三结合"的治理策略（见图6-12）。

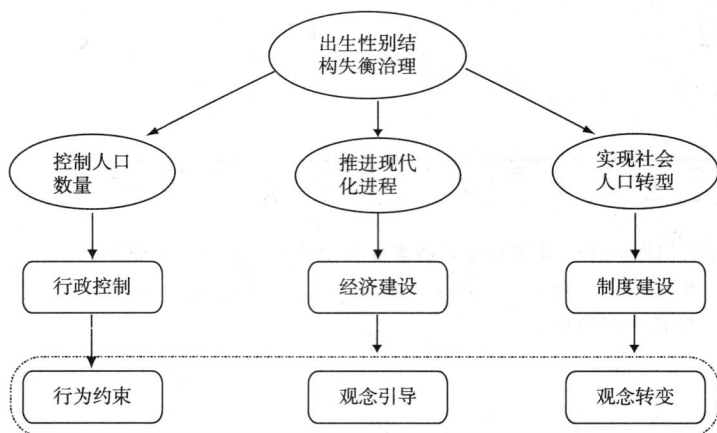

图6-12 J省出生性别比"三结合"治理策略

80年代中后期，严格的计划生育政策的推行，激化了社会中普遍存在的重男轻女思想，出生性别比呈现严重偏高的势头。生育控制和出生性别比作为天平的两端，存在此消彼长的关系。因此，在出生性别比问题刚刚显露，尚未引起重视的情况下，大部分地区更倾向于取舍一端。但J省的部分地区却高度重视出生性别比的快速升高问题，并认识到生育控制与出生性别比升高的内在共性，即再生育群体恰恰是最倾向于实施性别选择的群体。因此，将性别选择行为与生育数量的控制相结合，以严厉的行政控制和经济处罚手段，保障上环、结扎等措施的真正落实，既控制了超生数量，也降低了不符合生育政策的群体进行性别选择行为的可能性。

进入90年代，工业化和城镇化水平逐步提高，生产和生活方式变革，改变了传统的性别角色分工，为改变传统的"重男轻女"观念提供了很好的条件和基础。但这种变革并不能彻底打破传统的性别角色分工模式，这种模式可能会在新的经济环境下以新的形式传承并巩固下来。在大部分地区就发展谈发展的时候，J省的部分地区抓住了经济发展和产业结构转型的时机，在实现经济发展的同时更关注社会发展问题。在经济发展的过程中，优先发展有利于女性就业的轻工产业，奠定了思想观念转变的社会基础。

进入21世纪，在经济体制的转轨催动经济快速发展的同时，利益结构的调整导致社会领域的矛盾日益尖锐；30多年生育控制政策的有效实施，使中国进入低生育率国家的行列，但人口结构性问题日益突出。在大部分地区力图通过严打、利益导向等措施实施综合治理时，J省已经认识到了社会人口转型时机的到来，尝试将实现出生性别比正常化的目标纳入经济社会综合改革，在健全社会保障制度，提高社会弱势群体抵御风险能力的同时，通过在制度完善和利益分配中向女孩户倾斜，提高女性的经济价值。

二　治理方式：重点县动态管理下的"三结合"治理

在J省，出生性别比存在显著的地区差异，空间分布大体上呈现南高北低的态势。因此，J省本着务实的理念，在出生性别比治理中采取了重点县管理模式。将有限的人力物力投入重点县区，实现重点问题重点解决。并基于"三结合"的策略选择，根据环境变迁和政府工作重心的转变，适时调整治理措施，在充分把握治理时机的基础上发挥各项治理措施的效果。

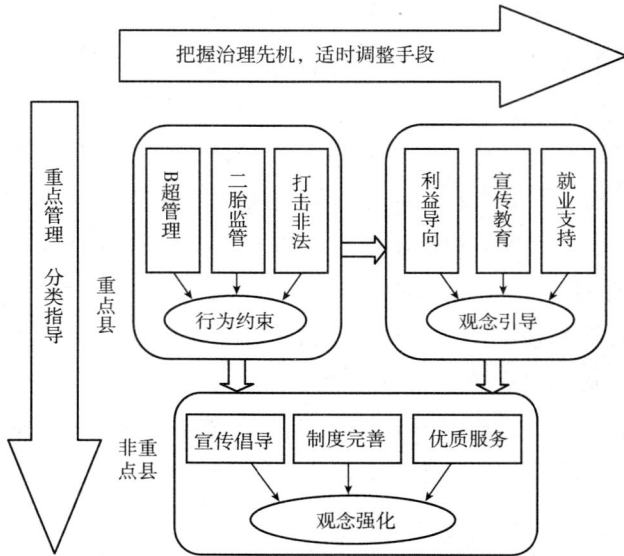

图 6 – 13　J 省出生性别比治理模式

1. 重点县动态管理

J 省从当地出生性别比失调存在严重地区差异的实情出发，自 1993 年开始启动重点县动态管理模式：将性别比偏高的县市列为重点县，并实行分类指导。针对 J 省南部地区一些性别比严重偏高的县，省政府将性别比指标降低到 110 以下，并作为考核后进转化的一项重要指标；对 J 省北部地区则是把"出生性别比正常"列入县级孕前型管理的达标要求之一。2003 年对这项管理制度进一步系统化、规范化，正式建立起出生性别比重点县动态管理制度，以 J 省出生性别比的平均值为参照，凡连续 3 年出生性别比高于省平均值的地区就被列为重点县。

首先，作为重点县，党政领导每年必须参加全省人口计划生育工作会议和性别比治理工作会议，重点县每年向省人口和计划生育领导小组报告治理工作；同时规定重点县不得参评国家级、省级文明城市和计划生育优质服务县；出生人口性别比指标继续恶化的，要追究主要领导和有关领导的责任；在省政府和各市政府签订的计划生育目标责任书上，单列重点县的治理工作目标，并由省人口和计划生育委员会对重点县加强督促和分类指导。如果治理工作比较有成效，连续 3 年的出生人口性别比低于同期全省的平均水平，就可以退出重点县之列。

其次，在考核类别和频率上，实施具有地区差异的考核、对J省南部五个市实行年度考核，对J省北部六个市原则上每两年考核一次、交叉进行。在具体考核指标方面，为保障重点县具体工作措施的落实，除出生人口性别比外，也曾将统计质量管理和二孩生育全过程管理的指标纳入目标管理责任制的考核范围。早在1992年，J省就将出生漏报率列为省目标管理责任制考核，其分数权重为20%。1993年，出生漏报率又被列成考核重点县的一项重要指标。二孩生育全过程管理，也曾一度作为年度计划生育目标管理的主要考核内容之一，接受定期检查；检查《计划内二孩生育全过程管理登记表》与抽查到人相结合，并把平时的检查情况记入年终考核，进一步增强各级领导的责任感和使命感。

2. 把握治理先机，适时调整手段

J省出生性别比的失调早在20世纪80～90年代就已经显现出来。此时市场经济和民主政治改革才刚刚启动，B超技术的普及程度较低，政府的控制力也较强。因此，以S县为代表的J省北部地区，适时将性别选择行为的控制与生育数量的控制相结合，在提高结扎率的基础上，依靠传统的行政管理手段，主要通过以下措施遏制性别选择行为的实施：①经济和行政处罚为保障严格B超管理；②以定点和凭证引产为核心推行二胎生育全过程管理；③以规范收养和立法为基础打击溺弃女婴、"两非"等非法行为。

90年代中期以来，随着市场经济的快速发展，以及工业化和城镇化进程的快速推进，一方面因B超技术的普及、人口的大规模流动，"两非"行为替代溺弃女婴行为成为性别选择的主要形式，传统的行政管理手段在政府以人为本、依法行政的执政理念下，受到很大制约；另一方面，生产、生活方式的重大改变为思想观念的转变提供了契机。因此，以S县为代表的J省北部地区，变革传统行为约束手段，将观念引导与经济社会发展相结合，主要通过以利益导向和人口教育为支撑开展宣传教育、以就业扶持为核心促进女性就业等措施引导思想观念的转变；以W市为代表的J省南部地区也开始依托"关爱女孩行动"，行为约束与观念引导相结合，实施出生性别比专项治理，并在新形势下，尝试将打击"两非"纳入法制轨道实现行为约束；以村规民约修订为载体推行计划生育利益导向。

进入 21 世纪，J 省领先于全国的经济发展和体制转型，使 J 省有条件加快社会人口转型的步伐，通过完善基本的社会制度，彻底消除男孩偏好的制度文化根源。J 省特别是 J 省北部地区及时把握时机，在制度建设中以女孩户先行加快观念的转变。

第四节　治理模式的有效性分析

一　策略选择的有效性识别

Q 县在工业化初期，也曾存在一定的男孩偏好。尽管没有实施专门的出生性别比治理，但由于卫生部门早期实行严格的引流产监管，在保障计划生育率的同时，也遏制了性别选择行为；在经济发展中，有利于女性的就业环境和社会和谐发展，又彻底转变了重男轻女的思想观念。因此，Q 县实际上是将出生性别比问题彻底融入生育数量控制和经济、制度文化建设中，在环境变迁中自然地实现了出生性别比的正常化。

S 县在工业化初期，普遍存在男孩偏好。严格的计划生育政策的实施强化了男孩偏好，加剧了出生性别比的失衡程度，但以生育数量控制为目标的行为约束也降低了性别选择的可能性。为此，S 县将出生性别比的治理融入生育数量控制，以全省最高的结扎率实现计划外生育率的显著下降，也在相当大程度上遏制了性别选择行为。而且，以强硬行政手段实施生育控制的八、九十年代，恰恰是有效控制性别选择行为的最佳时期。S 县抓住时机，充分利用严厉的行政控制手段，严打溺弃女婴行为，严格 B 超管理，实施二胎生育全程监管。S 县政府认识到出生性别比的下降，关键靠个人观念的转变。为此，又抓住经济改革重要时机，将出生性别比治理融入经济建设，实施向女性倾斜的特色产业发展模式，以利益导向和就业扶持支撑宣传教育。出生性别比正常后，及时跟进的社会医疗、保障制度建设，特别是对女孩户的优先优惠，及时巩固了已有的治理成果，避免了男孩偏好在新的性别机制下死灰复燃。

W 市在改革开放初期，政府工作以抓经济建设和计划生育控制为重心，没有将控制出生人口性别比摆到应有位置，但生育控制工作的开展也在一定程度上缓解了出生性别比问题。但 20 世纪 80 年代中期以来，R 县发起的

W市私营经济发展模式，进一步凸显男孩的经济价值，强化了男孩偏好。同时，导致政府权威性丧失，计划生育控制工作难以落到实处，生育数量的控制无法有效落实。W市经济的快速增长，进一步增强了私营企业主规避超生和性别选择的能力，使出生性别比居高不下。在"一票否决"的考核机制和国家"关爱女孩行动"推动下，W市开始专项治理，并发挥经济优势，在重奖之下严打"两非"，在就学、就医、养老保险方面实行远远高于全国水平的利益导向政策，但效果并不尽如人意。而将出生性别比问题的治理纳入村规民约修订的做法，达到了较好的效果。

可见，在实现出生性别比正常化的过程中，个人观念的转变是根本，但在观念转变前，政府能否有效控制性别选择行为却是关键，同时政府治理也是加快观念转变的重要途径；将治理工作融入生育数量控制和经济、制度文化建设中，在恰当的时候做恰当的事情能够促使出生性别比更快地回到正常水平。

二　治理措施的有效性识别

由于政府重视程度和时机把握的不同，S县和W市在治理措施的选择上存在一定的差异（见表6-2），并导致不同的治理效果。

表6-2　地区治理手段的比较

治理措施	S县						W市					
	实施措施	实施时机	实施力度	实施难度	支撑手段	有效程度	实施措施	实施时机	实施力度	实施难度	支撑手段	有效程度
打击溺弃女婴	√	好	大	大	强	中						
B超管理	√	好	大	小	中	中	√	差	小	大	差	差
二胎全程服务	√	好	大	小	强	好	√	好	小	大	差	差
打击"两非"							√	差	小	大	中	差
宣传教育	√	好	大	小	强	好	√	中	小	小	差	差
利益导向	√	好	大	小	强	好	√	好	大	小	强	中
就业扶持	√	好	大	小	强	好						
制度完善	√	好	中	小	强	中						

资料来源：根据访谈资料整理所得。

20 世纪 90 年代初，由于经济发展水平和 B 超技术的普及程度都较低，S 县将打击溺弃女婴作为出生性别比治理的重要手段。尽管打击溺弃女婴的实施难度较大，但以有奖举报、规范收养、抓典型等做法为支撑，对于"假收养、真超生"问题，以超计划生育的方式处理，在很大程度上保障了实施效果。90 年代中期以来，随着经济发展水平的提高和 B 超技术的普及，性别选择主要以"两非"的方式实现。因此，W 市主要以打击"两非"作为制约性别选择行为的重要手段。但由于私立医院的快速发展和人口流动规模的不断加大，打击"两非"面临"发现难，打击更难"的困境，而且"由于收益高，罚款后很快又重操旧业"，"打击的行政成本高，也起不到有效的震慑作用"。

S 县和 W 市都以加强 B 超管理和二胎生育全程服务作为行为制约的重要手段。但因为实施时机不同，实施难度存在很大差异：改革开放初期，B 超技术普及程度较低，行政控制手段比较有力。因此，S 县通过经济和行政处罚方式能够对医疗部门的"两非"行为形成有效震慑。随着 B 超技术在私立医院甚至个体诊所的普及，尽管 W 市建立 B 超使用台账管理责任制度，但地下 B 超隐蔽性强，查处难度大，效果不明显。S 县在 90 年代初实施二胎全程服务，这一时期人口相对稳定，有利于全程跟踪监控，而且孕前审批、凭证定点引产、死亡报告、责任追究等一系列配套制度保障了工作落实，对卫生部门的"一票否决"和 24 小时跟踪报告制度保障了部门间的联动。在 W 市，尽管也实施二胎孕情全程跟踪管理与随访服务，并实行"再生育承诺书"制度和双月随访服务制度，但因为时机不同，大规模的人口流动加大了跟踪监控的难度，而且由于执行不严格，制度未能发挥效果。

S 县和 W 市都以宣传教育和利益导向作为引导观念转变的重要手段。但在 S 县，宣传教育因为有利益导向和人口教育的支撑，能够发挥较好的效果。而且，从 1989 年起 S 县将人口教育与学校教育相结合，将性别平等的内容渗透到学校的常规教育，保障了宣传教育的效果。W 市在就学、就医、扶助等方面实行一系列优惠政策，"奖扶"力度也远远高于国家和省级要求，但"因为面窄和力度弱"、"利益要在未来很长一段时间兑现"，因此政策未能发挥作用。利益分配中倾向于男孩的乡村土政策，却直接强化了男孩偏好，村规民约利益导向的试点有望真正发挥利益导向作用，但目前尚未真正落实。

S县还通过就业扶持和制度完善加快传统观念的转变。由于S县特色经济的发展，女性就业环境获得极大改善，以经纪人的方式扶持女性就业，进一步解决了已婚农村妇女就业与家庭照料的矛盾。社会医疗、养老等基本制度的完善，更进一步解除了当地农民的后顾之忧，瓦解了男孩偏好的社会基础。在W市，尽管"奖扶工作也取得了巨大的进展，但绝大多数农民仍以家庭养老为主，有女无儿户在生产生活中存在现实困难"，所以男孩偏好的观念仍很严重。

可见，治理措施的效果与实施时机紧密相关，且必须依赖一定的支撑条件得以真正落实；利益导向要发挥"导"的作用，必须跟上当地的生活水平，并协调好未来利益兑现与眼前利益分配的关系；真正解除后顾之忧是引导观念转变的关键。

三　出生性别比治理的有效机制

男孩偏好的存在与实现是导致出生性别比失调的原因，而之所以会偏好男孩并实行性别选择，在于成本－收益核算的性别差异。J省的出生性别比能够实现显著下降，恰恰是在发展与治理的良性互动中较好地把握观念转变和行为选择的关系，通过调节民众成本－收益核算的性别差异得以实现（见图6－14）。

在现代化进程中，工业化的实现可以弱化对劳动力的依赖，并在带动经济发展的基础上提高自我保障能力；政治民主化程度的提高，在一定程度上满足农民对自身生命安全的需求；核心家庭模式和个性张扬的文化取向，有助于削弱宗族势力和社会认可的影响；城镇化的生活方式将大大增加子女抚养和生育的成本，市场化运行机制也使得子女的教育和健康支出成为家庭的重要负担；而滞后于经济体制转型的价值观念体系及在新旧更替之际所形成的世俗文化，也增加了子女婚嫁特别是儿子娶媳妇的成本。总之，子女特别是儿子对于家庭的经济、安全、社会认可、家庭延续等价值被弱化，子女的抚养、教育、健康和婚嫁方面的支出却在增加，而且儿子户家庭收益的下降速度和家庭成本的增长速度快于女儿户。因此，新的成本－收益核算之下，控制生育数量成为民众的理性选择，性别差异的缩小将弱化利益驱动下的男孩偏好。J省在现代化进程中通过提高农业机械化程度和大力发展村镇工业，实现了产业结构的转型，并在经济和政治体制的转型中实现了较高的市场化、城镇化和民主、法制化，在一定程度上缩小了子女对家庭的价值差异，特别是经济贡献的差异。因此，男孩偏好随着现代化进程的推进得到一定程度的弱化。

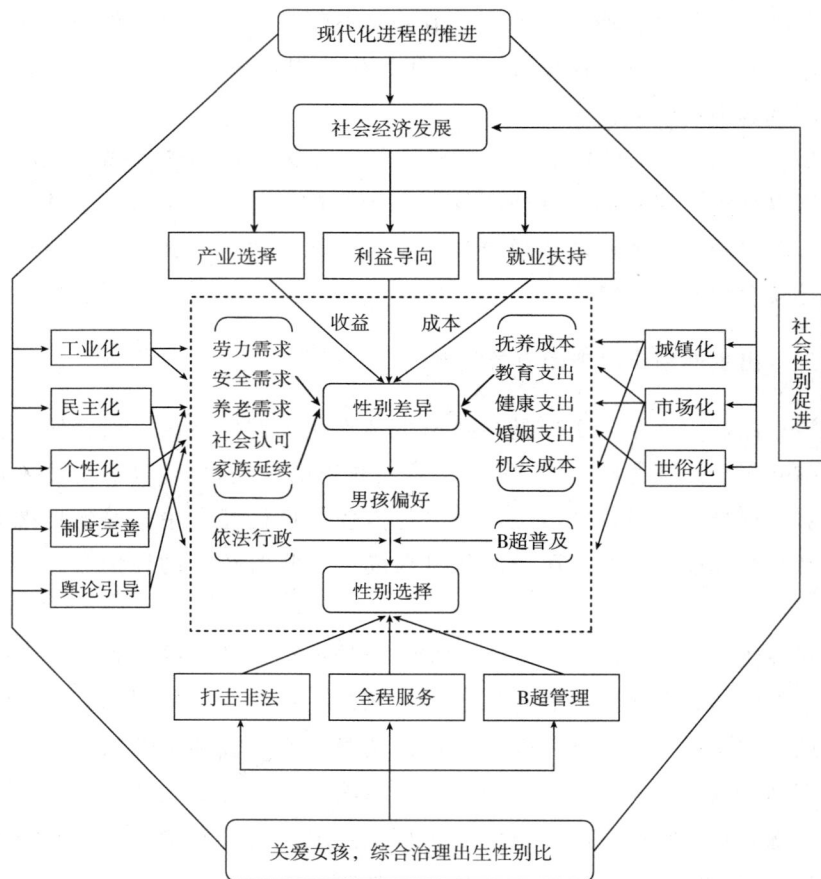

图 6-14　治理有效性的形成机制

现代化进程的推进，尽管可以降低对男性的体力依赖，但并不必然缩小子女对家庭经济收益的性别差异，新的行业和职业的性别隔离、收入差距的拉大反而可能进一步强化男孩偏好。因此，现代化进程推进中实现的环境改善并不必然转变男孩偏好，自然地实现出生性别比的正常。J省能实现对出生性别比失衡的有效治理，还在于及时抓住改革开放以来的时机，将出生性别比的治理与社会经济环境的改善相结合。在产业结构转型之际，及时通过大力发展有利于女性就业的纺织、电机等产业，缩小男女两性收益差距。同时，对女孩户家庭实施一系列优先、优惠的倾斜政策，扶持女性创业和就业，提高当地社会性别的公平程度，凸显女孩的经济价值。另外，经济收入水平的提高，特别是城乡社会保障制度的逐步完善，解除了当地农民的后顾之忧，弱化了养儿防老的需求。在此基础上，适时开展"生男生女都一样"的宣传倡导，不仅满足女孩户得到社会认可的需求，而且作为一种新的社会规范对"性别选择"形成约束。

市场经济的发展和民主政治化程度的提高，尽管可能对男孩偏好形成一定冲击，但更可能在赢利目的下推动B超技术的广泛应用，加之依法行政要求下行政控制手段的弱化，会提高男孩偏好实现的可能性。因此，J省在20世纪90年代实现出生性别比的快速下降，也在于抓住市场经济初步发展和民主政治改革刚刚启动的有利时机，将人口结构问题的解决与生育数量控制相结合，充分利用严厉的行政控制手段，在"一环二扎"的基础上，打（打击溺弃女婴）防（二胎生育全程服务、B超管理）并举，在重男轻女思想观念尚未转变前，通过控制性别选择行为实现了出生性别比的快速下降。但进入21世纪后，由于市场经济的快速发展，利益驱动下B超技术在私立医院的普及，特别是流动B超的出现，大大提高了打击"两非"的难度和成本，避孕节育知情选择取代"一环二扎"的强制措施，也增加了预防工作的工作量和实施难度。因此，这些行为控制的措施就很难再达到预期的效果。

第五节　结论与启示

一　主要结论与判断

根据上述分析，我们可以形成如下的结论与战略判断。

判断1：J省的出生人口性别比早在20世纪90年代就已经出现整体下降趋势，但区域差异显著，J省南部个别地区对J省出生性别比的继续下降形成制约，有待进一步突破。

判断 2：J 省的出生性别比态势与改革开放以来的宏观环境变迁存在着内在一致性：落后的经济社会发展对应着出生性别比的攀高；在社会发展与经济发展同步时，经济的持续快速增长有助于出生性别比的下降和趋于正常。区域差异恰恰对应着不同的经济社会环境变迁历程。

判断 3：在 J 省出生性别比的下降中，政府治理行为是基础，经济社会环境的变迁加速了观念的转变。但政府治理顺应环境变迁，融入发展的不同阶段却是出生性别比成功下降的关键。

判断 4：J 省在出生性别比的治理中形成了重点县动态管理下的"三结合模式"，但其模式的有效性不在于具体治理机制或治理手段的独特性，而在于各种手段运用时机的把握和创造性的落实。

判断 5：J 省出生性别比显著下降，是现代化进程的自然推进、政府的社会性别促进与微观治理的互动结果，这种互动过程通过顺应时代变迁，较好地把握观念转变和行为选择的关系，并最终通过调节民众成本－收益核算的性别差异得以实现。

二　对全国启示

1. 整体启示

建议 1，将出生性别比治理工作纳入中央政府的统筹部署，真正发挥各部门统筹治理的合力。出生性别比偏高的原因和后果都已远远超出人口领域，这决定了出生性别比治理必须发挥政府各部门的合力，走一条统筹治理的道路。J 省三个典型地区的经验也证实了这一点。

建议 2，实现发展与治理的良性互动，把握出生性别比治理与社会综合改革相结合的最后时机，在制度完善中优先考虑性别失衡问题。不论出生性别比的治理是如何启动的，在治理过程中必然涉及经济、社会文化和人口问题的协调。因此，要求各地区将出生性别比的治理与制度文化建设相结合，在养老、医疗制度建设方面实现对女孩户的优先优惠，将计划生育利益导向、性别平等文化建设纳入村规民约修订。

建议 3，顺应时代变迁，因地制宜地探索治理措施。由于时机的不同，同样的治理措施在不同的阶段所达到的治理效果截然不同，历史的车轮已经推进到信息高速流转、人口大规模流动、民主与法制成为主旋律的 21 世纪，有必要结合新形势，适时地探索新的治理措施，并以实质内容的支撑保障治理措施的落实。

2. 对重点省的启示

建议1，分类指导，重点管理，抓重点地区/人群/工作。根据地区差异程度和各地区的贡献率，实施分类指导，并确定重点管理对象，指派专人负责和指导，进行定期联系和督察；不仅要根据各地实际情况，确定本地区的重点治理对象，还应该在实施不同的治理措施前，确定好治理措施针对的重点人群；在目前人口大规模流动的背景下，还应该以建立流动人口"全国一盘棋"的管理和服务体系为契机，在实现区域充分协作的基础上，抓好对流动人口的治理工作。

建议2，将查处"两非"纳入法治轨道，统一B超管理。在严格生育控制的基础上，借鉴W市将打击"两非"纳入法治轨道和S县以一系列制度建设和部门联动推行二胎生育全程监控的做法，严打"两非"行为，规范二胎生育全过程服务，以打防并举的措施，遏制性别选择行为，实现出生性别比的下降。另外，由卫生部、食品药品监督管理局牵头，人口计生部门参与，制定B超的全程登记管理制度，严格控制B超机的生产、销售和使用。

建议3，以定点凭证引产等制度保障二胎生育全程监管。对相关部门同样实施"一票否决"制，强化其他部门的责任感，并规范二胎孕前审批、定点引产、死亡报告等制度。

建议4，优先发展适合女性就业的产业，扶持女性就业和创业。把握新农村建设的时机，在村规民约修订和环境建设中，将其与计划生育利益导向和性别平等倡导相结合，加快重男轻女思想观念的转变。具体可借鉴Q县创立女性创业培训基地、S县推行女经纪人和宣传教育以人口教育为依托、W市将利益导向纳入村规民约等做法。

建议5，城镇化进程中及时完善计划生育利益导向的村规民约。在城镇化推进中，除通过协调眼前利益和长远利益的关系，利益分配向独生子女户、双女户倾斜，完善现有利益导向政策外，宜进一步引导村规民约的修订和完善，剔除歧视女性的规定，以经济利益激励方式引导群众观念，并大规模推广。

建议6，将治理纳入制度文化建设，建立新型婚嫁/养老模式。把握目前中国政府大力推进社会综合改革的有利时机，将出生性别比的治理纳入当地的制度文化建设，以利益导向和养老、医疗保险制度建设相结合为重心，逐步完善当地的养老、医疗保障制度，同时在完善户口管理制度、土地资源等利益分配制度的基础上，推动新型婚嫁和养老模式的建立，具体可借鉴 Q 县"不进不出"的婚嫁模式。

第七章　X 省治理模式总结

第一节　研究设计

一　研究内容

X 省作为我国出生人口性别比偏高的 14 个省区之一，自 20 世纪 90 年代起出生人口性别比急剧上升，2000 年以后仍在 120 以上的高位徘徊；2005 年 1% 的人口抽样调查数据更加表明，X 省的出生人口性别比高达 132.1，位居全国第三。本章通过对 X 省出生人口性别比态势、原因和机制、治理经验及存在问题等的分析，对 X 省未来的出生人口性别比治理进行战略设计，提出具体工作建议，旨在为中国不发达地区的出生人口性别比治理提供借鉴和启示。研究内容包括如下几方面。

（1）出生人口性别比态势分析

通过对不同来源的数据进行比较，确定 X 省出生人口性别比的变动趋势；通过将 X 省的数据与全国数据进行横向比较，分析评价 X 省的性别失衡问题；通过 X 省内不同地区之间的比较，揭示各地区出生人口性别比水平、变动趋势。目前 X 省的出生人口性别比现状到底如何？相对于全国范围内的其他省份 X 省的排名如何？研究 X 省的出生人口性别比的态势、原因、治理及存在问题，对于全国出生人口性别比偏高问题的治理具有十分重大的现实意义。

（2）出生人口性别比偏高问题形成原因和机制分析

通过访谈数据，在比较分析不同地区间的出生人口性别比态势差异的基础上，进一步归纳总结出 X 省出生人口性别比偏高问题形成的原因和作用机制。

（3）治理模式总结和评价

分别针对省、县两级进行模式总结和评价。其中模式总结和评价具体包括工作模式回顾、总结、评价等具体内容。X 省在开展了多年的治理工作后，已经形成了一套自己的性别比治理的工作模式，同时扎实的计生工作也产生了一定的治理效果。那么，是怎样的工作模式，治理绩效到底如何，这些对 X 省、其他重点省区乃至全国的出生人口性别比的治理具有较大的研究意义。

（4）战略设计和政策建议

借鉴兄弟省市的治理经验和教训，针对 X 省出生人口性别比偏高问题的特点，进行战略设计。结合 X 省的治理实践，对国家"关爱女孩行动"战略规划进行深入研究，用于指导 X 省战略规划；借鉴与 X 省同类、同水平省市治理出生人口性别比偏高问题的政策、文件、做法等，简要总结评价其宏观治理模式，供 X 省借鉴。面向全省制定战略规划，该规划应分不同阶段，包含针对不同类型地区的不同战略模式和战略内容。其中包括分阶段的战略目标、具体工作任务、具体政策建议等。依托高校研究机构的研究结果，对 X 省目前的治理工作进行总结，将 X 省经验在全省落实和推广。对于 X 省计生部门和其合作部门来说，具有针对性的治理战略和政策建议将对其具体工作产生重大影响。

二　数据和方法

1. 政策文件

（1）20 世纪 80 年代以来，X 省及 3 个典型县政府和各部门出台的有关性别失衡治理的政策、法律法规、优惠政策规定等文件。

（2）2006～2009 年 X 省各厅局及各个地市的人口和计划生育工作目标责任书。

（3）X 省和 3 个典型县及三个调查地的详细历史材料（县志或者县区背景资料等）、三个调查地的社会、经济、文化背景资料。

（4）X 省和 3 个典型县以及三个调查地人口和计划生育、"关爱女孩行动"、综合治理性别比升高问题工作目标文件、年度考核文件、年度工作报告（分区县、分部门、分时间段——近3年）。

（5）X省及3个典型县关爱女孩行动领导小组（综合治理办公室）责任分工、目标规划文件、目标责任书等相关文件。

（6）X省政府历年出台的《人口计划生育条例》，以及三个地区为了实施X省的《人口计划生育条例》而历次出台的一些实施文件。

2. 相关人口数据（见表7-1）

表7-1　本书所收集的X省相关人口数据

数据内容	时间段	数据来源
《中国人口统计年鉴》	1980～1999年	国家统计局
《全国生育节育抽样调查数据卷》	1988年	中国人口出版社
《中国人口普查资料》	1982、1990、2000年	国家统计局
《中国1%人口抽样调查资料》	1995、2005年	国家统计局
《中华人民共和国社会经济发展公报》	2006～2009年	国家统计局
X省各地市及3个典型县的历年出生人口性别比	1995～2008年	X省人口计生委及3个典型县人口计生局
X省历年出生人口性别比	1990～2008年	X省公安厅
X省及3个典型县的流动人口分胎次出生人口性别比	2000～2007年	X省人口计生委及3个典型县人口计生局
X省小学入学人口性别比	2006～2008年	X省教育厅

3. 调查数据

除了政策文件和人口数据等二手资料的收集，还包括对一手资料的收集，包括定量的数据和定性数据。定性数据主要包括对X省三个典型地区出生人口性别比治理机构的结构问卷调查、对出生人口性别比治理的相关工作人员的问卷调查以及对三类地区群众的问卷调查。而定量数据主要是对X省各层级出生人口性别比治理部门、相关部门工作人员以及群众进行访谈而整理出的相关数据。

本书的具体技术方法包括定性数据和定量数据分析方法。X省出生人口性别比偏高的原因和机制分析过程主要采用的是内容分析法和文献检索法。

在进行 X 省目前的态势分析和治理的现状分析时，主要采取定量的研究方法。包括对二手数据的分类整理，通过 Excel 的计算进行态势分析。治理部分的问卷分析，包括运用 STATA 软件进行的数据清洗以及运用 SPSS 软件的描述性统计分析。

第二节　态势和分布

一　态势

1. X 省出生人口性别比的升高速度超过同期全国平均水平

20 世纪 80 年代以来，全国各省市的出生人口性别比从正常偏高水平开始了不同程度的升高。至 2005 年全国 1% 抽样调查时 X 省的出生人口性别比已从 1982 年的 109.17 升高至 132.1，出生人口性别比年增加 0.96，与同期全国平均年增速 0.56 相比，高出 0.4。从第三、第四、第五次人口普查以及 1995 年、2005 年 1% 抽样调查的结果也可以看出，在全国出生人口性别比升高趋缓的同时，X 省的出生人口性别比呈现较快的增长势头。

2. X 省出生人口性别比在全国的排名不断上升，2005 年排名第三

全国各省市出生人口性别比从 80 年代以来出现了不同程度的升高，1982 年第三次人口普查显示 X 省出生人口性别比为 109.17，排名第七；1990 年"四普"时排第十一位，1995 年 1% 抽样调查时排第六位，2000 年"五普"时排第七，在 2005 年 1% 抽样调查时，出生人口性别比高达 132.1，位居全国第三。

3. X 省 2000 年对全国出生人口性别比贡献率排名第 12 位

由于各省人口规模差距、生育水平等差异，分析各省出生人口性别比对全国总体的影响时，需要同时考虑出生人数和性别比水平两个因素的综合作用，贡献率科学地反映了这种作用程度。

以 2000 年全国人口普查数据为例，全国出生人口性别比为 119.92。其中，河南、广东、安徽、江西四省对全国出生人口性别比的贡献率最大，分别为 15.09%、15.28%、8.86%、8.24%，合计为 47.47%，对全国性别比升高的作用接近二分之一，起着举足轻重的作用。除上述四省外，贡献率在 3% 以上的有 8 个省，其中 X 省贡献率为 3.33%，贡献率排

名第 12 位。

4. 趋势：长期偏高，2006 年以来略有下降

X 省人口计生、公安、教育和普查四个不同口径的出生人口性别比数据（见图 7 - 1）共同显示，X 省出生人口性别比长期严重偏高。但是 2006 ~ 2009 年连续四年的 "X 省人口变动情况抽样调查"显示，X 省出生人口性别比明显下降，由于抽样的代表性问题，X 省出生人口性别比的下降水平还有待第六次人口普查进行检验。

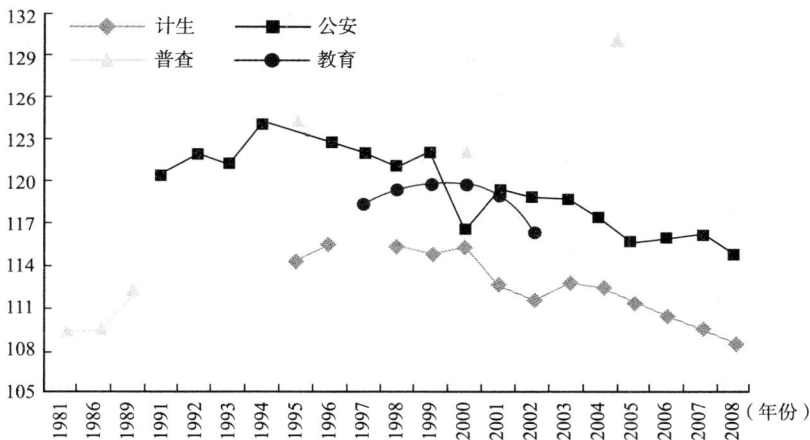

图 7 - 1 X 省计生、公安、教育和普查数据的出生人口性别比

资料来源：X 省人口计生委，X 省公安厅（户籍人口），1995 全国 1% 人口抽样调查资料，X 省 2000 年人口普查资料，2005 年 X 省 1% 人口抽样调查资料，2008 年 X 省教育统计年鉴。

二 分布

1. 城乡分布：城乡差异显著

X 省分城市、镇、乡的出生人口性别比差异显著，乡和镇出生人口性别比显著高于城市，特别是乡村的出生人口性别比严重偏高，制约了 X 省出生人口性别比下降水平（见图 7 - 2）。

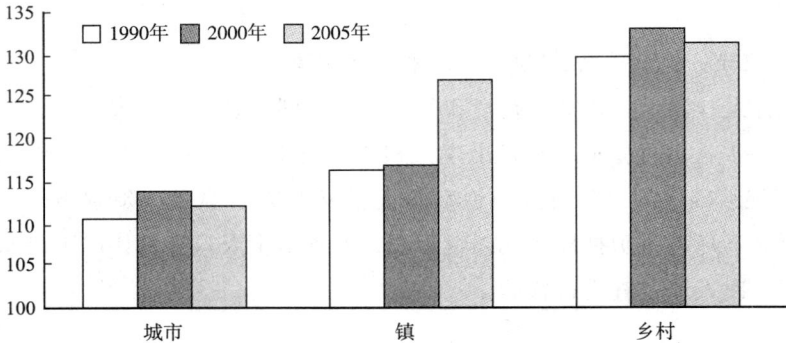

图 7 - 2 分城乡的出生人口性别比

资料来源：X 省 2000 年、2005 年人口普查资料，2005 年 X 省 1% 人口抽样调查资料。

2. 孩次分布：二孩和多孩出生人口性别比严重偏高

1995 年至 2008 年 X 省分孩次出生人口性别比中，一孩出生人口性别比均值为 102.96，二孩为 142.97，三孩及以上为 173.23。分析认为一孩出生人口性别比偏低，二孩、多孩的出生人口性别比严重偏高，但在 2004 年以后有明显的下降，二孩从 140 下降至 127.59，三孩及以上从 160.51 下降至 153.08。变化趋势见图 7 - 3。

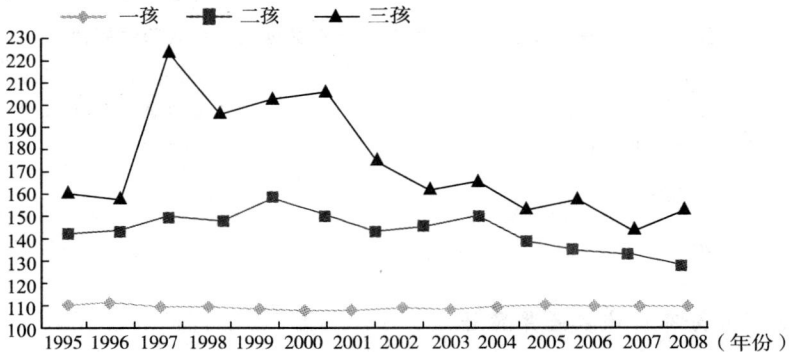

图 7 - 3 X 省分孩次出生人口性别比

资料来源：X 省人口统计年报。

3. 地区分布

从出生人口性别比的变动趋势和特点上，又可以划分为三类地区，即 X

省南部地区、X省中部地区和X省北部地区。

X省南部地区。以HZ、AK、SL市为代表，其出生人口性别比一直接近正常水平，波动较小（见图7-4）。

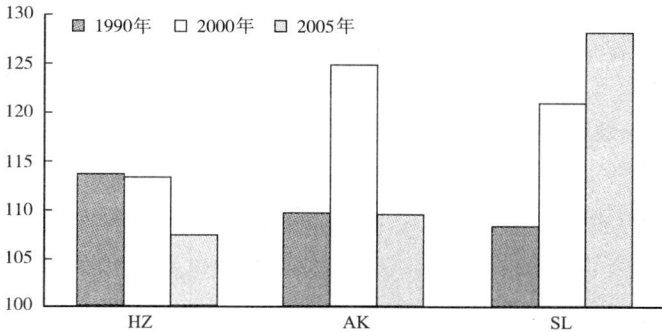

图7-4　X省南部各市出生人口性别比变化趋势

资料来源：X省1990年、2000年人口普查资料，2005年X省1%人口抽样调查资料。

X省中部地区。以XA市、BJ市、XY市、TC市、WN市、YL区为代表，出生人口性别比一直严重偏高，但近年来随着生育观念的转变，部分地市出现了出生人口性别比下降的势头（见图7-5）。

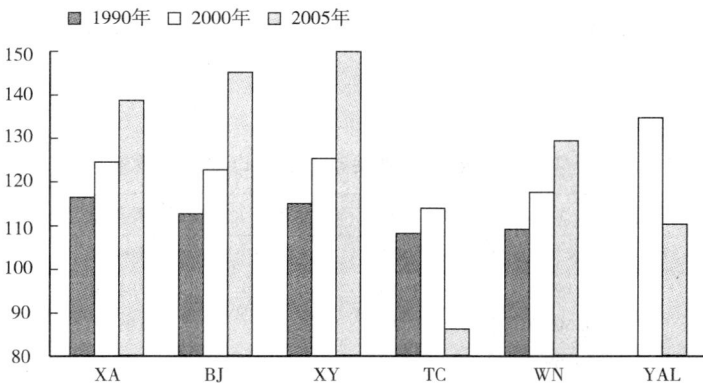

图7-5　X省中部地区各市出生人口性别比变化趋势

资料来源：X省1990年、2000年人口普查资料，2005年X省1%人口抽样调查资料。

X 省北部地区。以 YL 市和延安市为代表，近年来出生人口性别比保持上升势头，由于长期受男孩偏好影响，出生人口性别比上升势头没有得到遏制（见图 7 - 6）。

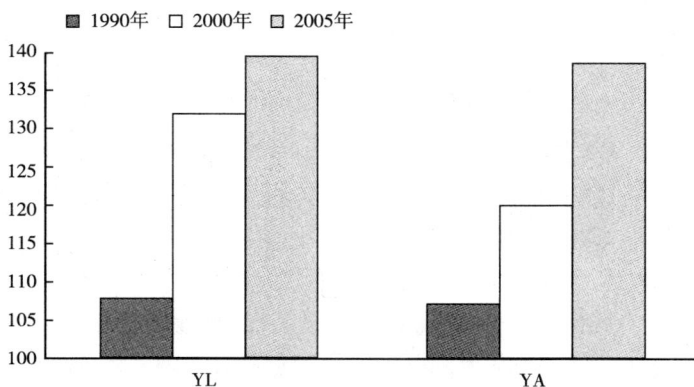

图 7 - 6 X 省北部各市出生人口性别比变化趋势

资料来源：X 省 1990 年、2000 年人口普查资料，2005 年 X 省 1% 人口抽样调查资料。

以 X 省 2000 年人口普查数据为基础进行计算（各市贡献率见表 7 - 2），可以看出贡献率较大的市为 XA、XY、YL、WN、BJ 五个市，各个市的出生人口性别比贡献率均超过 10%，累计超过 75%，应引起相关部门的高度重视。

表 7 - 2 2000 年 X 省各地市出生人口性别比贡献率

地区	总计（人）	男婴（人）	女婴（人）	性别比	贡献率（%）
XA 市	66210	36700	29510	104.25	21.58
XY 市	49199	27360	21839	104.45	16.81
YL 市	33692	19179	14513	103.13	15.37
WN 市	55069	29746	25323	104.75	11.16
BJ 市	35089	19324	15765	106.68	10.34
AK 市	22780	12648	10132	101.77	7.61
SL 市	21559	11801	9758	109.78	5.73

续表

地区	总计（人）	男婴（人）	女婴（人）	性别比	贡献率（%）
YA 市	20761	11334	9427	107.18	5.25
HZ 市	35870	19053	16817	108.4	4.46
TC 市	7793	4149	3644	109.4	1.05
YAL 区	1296	744	552	121.46	0.65
总计	349318	192038	157280		100

资料来源：X省 2000 年人口普查资料。

三　小结：X省出生人口性别比水平到底有多高

从上述分析可以看出，对于 X 省出生人口性别比水平的真实数字，由于各种统计资料的局限性，以及人口流动等因素的复杂性影响，目前尚存在较多争论。总体而言，2005 年 1% 人口抽样调查数据显示的水平较高，但由于其数据质量本身存在一些问题，尚不能完全令人信服。X 省人口计生部门提供的数据相对较低，较大可能受考核压力的影响；公安部门的数据只能反映户籍人口，不能反映流动人口；教育部门的数据只能反映学龄人口；卫生部门的数据包括了户籍人口和流动人口，且没有考核压力。由于 X 省自 2009 年实行了农村育龄妇女免费住院分娩制度，使得卫生部门提供的数据可能更加接近真实。但部门间统计口径和数据的要求不同，在本书中也未能获取。

因此，本书只能利用已经获得的数据，结合质性访谈的结果对 X 省出生人口性别比水平作出判断。假定 2005 年 1% 抽样调查数据显示的 X 省出生人口性别比水平是真实的，即 130 左右；根据 X 省人口计生、公安以及 2006~2009 年 "X 省人口变动情况抽样调查"，X 省出生人口性别比呈现了明显下降的势头。因此，我们可以推断，X 省目前的出生人口性别比水平在 120~129。对 X 省省级以及部分市级和县区级人口计生工作人员的访谈中，也基本证实了这一判断。

第三节　治理模式总结

一　治理理念

1. 以周秦文化为依托的"柔性"治理理念

由于地理条件和文化环境的差异，X 省被天然分割成了三个不同的地区，每个地区都有着自身的文化特色，包括 X 省中部地区的周秦文化、X 省南部地区的巴蜀文化和羌族文化，以及 X 省北部地区的塞外文化。这些文化不仅影响了各个地区的出生人口性别比的态势和特点，也影响到了不同地区的治理特色。X 省的省政府位于 XA 市，属于中部地区，由于中国层级式行政体制的影响，因此整个 X 省的出生人口性别比治理均表现出强烈的"周秦文化"特点。

周秦文化的内涵是："同声相应，同气相求，水流湿，火就燥。云从龙，风从虎……则各从其类也。"《易经》即同样的声音能产生共鸣，同样的气质能相互吸引；水往低湿的地方流，火往干燥的地方烧；云跟着龙，风跟着虎——也就是说天下万物都是亲附同类的。周秦文化的特色是："刚中而柔外……是以顺乎天而应乎人"，即品格刚健、内心诚实而待人谦虚温和，这样才顺应天理，合乎人情。

柔性治理指的是政府部门在其职能、职责或管辖范围内，为适应复杂多样化的经济和社会管理需要，基于国家的法律精神、原则、规范或政策，适时灵活地采取指导、引导、建议等方式谋求治理对象同意或协力，有效地实现一定的治理目的。柔性治理大致产生和兴起于"二战"以后。20 世纪 30 年代的"凯恩斯主义"的负面效应日益显露，出现了所谓的"政府失灵"。在这种情况下，建立在平等协商基础上的行政方式，就成为一种必需的选择，既积极又柔和的非权力性治理在日本、德国等现代市场经济国家应运而生，取得巨大成功，并迅速为各国所借鉴。柔性治理目前已经在我国法律、城市管理等部门得到应用，并取得了良好的效果。柔性治理的出现，正是与我国目前所处的发展背景和社会大背景密切相关，顺应了构建和谐社会、建设服务型政府的要求。

从访谈结果看，由于周秦文化的影响，X 省在出生人口性别比治理方面表现出以"防微杜渐"为主的柔性治理理念，尊重群众的意愿和需求，倾向于对生育过程特别是二胎生育过程的控制，而非对已经发生的"两非"行为进行严厉打击；倾向于更为柔性的利益和观念引导，而非强制性的规范约束，有效规避与群众的正面冲突。

2. 对出生人口性别比偏高问题的认识

从整个X省的情况来看，从X省计生委到各个县区的计生部门，对于本省出生人口性别比的认识均是比较到位的。

从整体看，有20.09%的工作人员在问卷调查中承认当地的出生人口性别比严重偏高，同时多数工作人员认为出生人口性别比偏高问题是真实存在的，只有31.74%的工作人员认为"出生女婴的漏报和瞒报"是出生人口性别比偏高的原因之一，近70%的人均不认同这一点是"造成出生人口性别比偏高的主要原因"。同时，对于当地出生人口性别比偏高的原因，有64.97%的工作人员认为重男轻女的思想是主要因素之一。同时也有接近60%的工作人员认为B超技术的普及是造成性别比问题的原因之一。对于性别比偏高会造成的后果，有70%的工作人员认为会导致大龄未婚男性的增加，52%的工作人员认为同时会导致拐卖妇女的情况的增加，但是对于会导致更多的卖淫嫖娼的问题，仅有37%的工作人员表示认同，在这个后果方面的宣传应该加大力度。

从地区比较看，对当地出生人口性别比偏高程度的认识，X省北部地区远高于中部和南部地区，比较符合现实状况；对于出生人口性别比偏高原因及后果的认识，三地之间并无明显差异。

3. 对出生人口性别比治理的认识

各级人口计生部门对于出生人口性别比治理问题已经给予了充分的重视。从省级部门的座谈可以看出，出生人口性别比的治理已经成为计生工作的一个主要工作重点，工作人员对于治理工作的认识都比较到位。

从整体看，有81%的工作人员认为性别比偏高问题是需要治理的。而72%的工作人员认为"关爱女孩行动"是治理性别比偏高问题的有效途径之一。对于目前工作人员所从事的"关爱女孩行动"的工作效果，有57%的工作人员认为它是可以改变重男轻女思想的，有68%的工作人员认为它同样也是可以提高妇女地位的。说明"关爱女孩行动"在整个X省的开展情况良好。

二　治理目标

从访谈结果看，X省在出生人口性别比治理方面有明确的目标，即力争使出生人口性别比下降并逐步稳定到正常水平，并将其作为人口计生工作中的一项重要内容。但总体来看，X省的人口计生部门一定程度上缺乏"统筹解决人口问题"的意识，从而表现出"头痛医头、脚痛医脚"的现象，导致出生人口性别比治理的目标并没有很好地与其他各项人口计生工作目标融合，人口计生整体工作也没有很好地与社会发展领域中的其他领域和部门的工作融合。目标与目标之间存在一定程度的割裂现象。各县区仍将人口数量控制作为最重要的目标，其次就是流动人口管理，出生人口性别比治理工作是三大主要目标之一。说明作为经济欠发达的西部大省，X省仍面临较大的人口数量压力。

在出生人口性别比治理中，各县区最为重视的工作目标是"推行并提高全程服务质量，保证孕产期监控"、"进行性别平等、打击'两非'的宣传，改变群众观念"，将这两项内容作为最重要的两个目标的县区分别占64.79%和57.75%。而各县区对"降低出生人口性别比数字"、"保证打击'两非'案例数"和"推行促进性别平等的政策"等工作内容并没有像上述两项那样重视。

三　治理结构

1. 以政府部门为主的权力结构

从访谈结果看，X省的出生人口性别比治理在各级都已经形成了以人口计生部门为主、各相关部门参与的权力结构。但针对不同的治理层次，其权力配置存在一定程度的差异。相比较而言，县区层面更易实现不同部门间的紧密合作。

县区层面人口计生部门的地位则视当地政府部门对人口计生工作的重视程度而略有差异。部分地区县区级人口计生部门非常强势，如QS，出生人口性别比治理工作职责很清晰地划分到各个参与部门，各参与部门负责治理的领导需要定期向人口计生部门负责人汇报相关治理工作进展。

2. 人力资源结构

从教育程度上看，县区层面计生部门本科及以上学历的男性平均有

5.43 人，占总人数的 24.81% ；而本科及以上学历的女性平均有 3.54 人，占总人数的 14.26% ，该比例与总体的性别结构差异不大。

从性别结构上看，不同层级的工作人员性别结构呈现很大差异，县区层面工作人员大多以男性工作人员为主，村级层面工作人员性别结构则因地区差异而显著不同。县区层面的工作人员中 57.73% 的为男性，明显高于女性比例。村级层面上看，X省的村级计生服务网络是以女性为主的，但同时在 X 省内存在较大的地区差异。总体上全省有 55% 的县区表示其村级计生专干中女性居多，另有 17% 的县区表示村级计生专干中男女比例相当。从地区分布上看，中部地区有 87.5% 的县区村级计生工作人员以女性为主，而 X 省南部和北部地区该比例分别仅有 21.4% 和 5.9%——与此相对应的是，X 省南部和北部地区有 50.0% 和 64.7% 的县区计生专干以男性为主。

四　治理机制

X 省初步建立了较好的部门内部合作机制和较为完整的自上而下的考核机制，但是在相应的激励机制方面尚存在一定的改进空间。

1. 合作机制

（1）部门内部合作通畅，基础工作扎实

从访谈结果看，目前 X 省在出生人口性别比治理方面已经形成了良好的部门内合作机制，在各个层次都得到了较好体现。

从整个 X 省来看，有过半的工作人员认为本单位的同事都配合工作。从分地区情况来看，遇到工作不配合情况最多的是 X 省北部地区，配合程度最好的地区是 X 省南部地区。但是在 X 省北部地区，由于当地的经济形态造成计生部门的工作人员大多不依赖于政府部门的工资收入生活，可能会对工作人员的组织承诺产生影响，从而影响工作人员的工作沟通情况。

（2）部门间合作紧密

部门间的合作机制主要体现在县区和乡镇层面，省市两级实质性的部门合作较少。对于部门之间是否配合的情况认知，有近 50% 的工作人员认为是配合的，这个比例低于部门内部的配合认知。分地区的情况和部门内部一样，X 省北部地区的合作相对较弱，X 省南部地区的部门合作较为紧密。在 HZ 市的洋县，计生部门和卫生部门之间的合作十分紧密，卫生部门常年有十几人专门配合计生部门的工作。

县区和乡镇层面的部门合作中，计生部门和卫生、公安部门之间的合作尤为紧密，卫生部门常年有十几人专门配合计生部门的工作。甚至有县区提供了计生部门主导的合作经费保障，如每年计生部门会在县区财政下拨的经费中拨付一部分给卫生部门，保证合作的顺畅。

省市层面的部门合作机制则缺乏实质性的协调和交流。X省建立了省级出生人口性别比治理部门合作机制，主要合作形式是每年例行的出生人口性别比治理讨论会。调查中省级计生部门反映难以从其他部门获取实质性的协助和支持。

（3）地区间合作尚未完全建立

地区间的合作机制还需要进一步的完善，X省作为西部内陆地区，与宁夏、甘肃、内蒙古、四川、重庆、湖北、河南和山西八省区接壤，但在出生人口性别比治理中尚没有建立起地区间的合作机制，造成流动性的"两非"行为难以监控和查处。

2. 考核机制

总体上建立了较为重视出生人口性别比治理工作的考核机制，包括将出生人口性别比治理纳入"一票否决"范围，促进了部门合作的积极性和出生人口性别比治理的顺利开展。但是该考核机制主要重视结果控制，对过程的考核控制略显不足。

通过对出生人口性别比治理与政策符合率（计划生育率）分别占考核总分比例的对比分析可以看出，无论市级对县区还是县区对乡镇的考核中，政策符合率的考核力度均比出生人口性别比治理的考核力度大很多；同时相对而言县级对乡镇在性别比治理中的考核力度略弱于市对县的考核力度，这可能与重视程度有关，但有可能是由于出生人口性别比偏高问题的特殊性，县级没有适当的方式去考核乡镇。更加具体地分析X省出生人口性别比治理考核指标体系可以发现，X省最为重视的两项指标是"二胎生育对象三查/生殖健康检查率"和"出生人口性别比数字"，这与治理目标是一致的；其次是"出生性别信息统计准确率"、"女孩户奖励扶助措施落实率"和"社会抚养费征收力度"；而对于"二胎定点分娩率"、"打击'两非'案例数"和"取消生育证数目"的考核机制偏弱。

3. 激励机制

总体上来看，X省的激励机制不足，缺乏相应的有吸引力的提拔、晋升等激励机制，不能有效鼓励基层的创新和探索，致使基层部门及工作人员满足于现状，缺乏"敢为天下先"的胆略和气魄。只有少部分地区能够将工作较好的工作人员和领导层提升到更为强势的部门。

首先对部门的激励程度不足。大部分地区部门合作程度不够，甚至部分地区政府对计生工作重视程度较低，致使计生部门工作积极性不足。就"一票否决"考核机制的效果而言，X省内存在较大地区差异。调查数据显示，在"'一票否决'制度能否提高政府部门对性别比治理的重视程度、促进部门合作和工作顺利开展"的问题上，X省北部地区的认可程度最高，X省南部地区次之，而X省中部地区的认可程度则比前两者差很多。为何在某些地区"一票否决"的强力考核机制不能达到相应的效果，值得进一步思考和解决。

其次，对工作人员的激励方面，工作人员对上级的激励机制的合理性和公正性大多表示认可。但是更加深入的访谈发现，由于缺少有效的晋升激励机制，计生部门工作人员很难通过工作成效实现职业晋升，导致工作人员工作热情不足，满于现状、不思进取的心态普遍存在。

工作人员对奖惩制度本身的认可程度高于对其落实情况的认可程度，说明激励机制的落实情况不佳，容易导致激励机制失效。问卷调查显示，X省县区层面认为奖惩制度合理的工作人员占到了55.3%，而对落实情况只有47%的工作人员认为很好。从分地区情况来看，X省南部地区的情况最为理想，X省南部地区的工作人员对于该地区的奖惩制度满意度较高，也认为当地的奖惩制度的合理性较高，而相对较差的是X省中部地区。

五　治理工具

从X省的总体治理工具情况来看，在各类工具的执行困难程度方面，行为约束类治理工具的执行困难程度最高，社会保障治理工具的执行困难程度最低。在各类工具的执行有效性程度方面，社会保障类最为有效，而行为约束类有效性最差。在对各类工具的重视程度方面，依旧是社会保障治理工具的重视程度最高，宣传倡导和行为约束类的重视程度较低，这说明在各类治理工具当中，社会保障类治理工具的地位较高，行为约束类的地位较低，执行也相对困难。

（1）以免费住院分娩为依托的出生实名登记制

从 2009 年 5 月 1 日起，X 省在全省范围内实施农村孕产妇免费住院分娩补助项目，参加农村合作医疗的孕产妇住院分娩费用全免，未"参合"者也可获得人均 800 元的费用补助，每年所补助资金达 2.24 亿元。免费分娩制度提高了农村孕产妇的医疗保障问题，同时，依赖于入院分娩免费政策，顺利实施入院分娩实名登记制度，新生儿免费接种制度也实施接种实名制，卫生部门每个月统计这些信息向计生部门反馈，计生部门再依据"生育信息网上直报"的结果逐一核实，理论上保证了数据的真实准确。

根据 X 省县区人口计生、卫生等多部门的反映，由于相互之间信息交流频繁、核实信息工作量大，也造成了很多问题。主要问题有人力资源紧缺，信息化部门之间的信息对接较差，急需增加编制或编写专门的数据库接口软件系统，实现信息交互核实的自动化。同时，计生与卫生部门的数据不统一，以哪个部门获得的数据为准、如何核实数据成为确保数据真实性的重要工作。

在调查中，我们针对"定点分娩、引产和孕检制度"治理工具进行了调查。工作人员对于此类工具的执行有效程度评价较高，单位重视程度都在 50% 以上。而地区之间的差异，主要表现在 X 省南部地区的有效程度最高，X 省北部的重视程度最高，说明 X 省中部地区在该类工具的执行和重视程度上应该加大力度。

（2）查处"两非"

X 省出生人口性别比治理中查处"两非"等行为约束类工具还有较大的开发空间。与其他几类工具相比，工作人员比较认可"单位对查处'两非'的重视程度"，并认为该类工具执行的困难程度不高，但是对其执行有效程度的认可程度却较差。以最为典型的 X 省北部地区为例，认为单位"很重视"查处"两非"类治理工具的工作人员高达 80.95%，但认同其执行有效程度的仅有 47.95%。这一方面说明 X 省在进行出生人口性别比治理时并不依赖于查处"两非"类工具，另一方面说明工作人员不认可该类工具的执行有效程度的深层原因值得思考，也许治理中遵从的柔性治理理念是其主要原因。

（3）X省特色的立体化人口计生利益导向政策

在国家计划生育奖励扶助的制度框架下，X省也进一步创新、拓展，实行了具有X省特色的立体化人口计生利益导向政策，并具体表现在2009年5月出台的《X省人口与计划生育条例》中。主要内容包括：①提高奖扶标准。将独生子女健保费提高到每人每月10元；放弃二胎生育的父母给予不低于4000元的奖励。②提前兑现奖扶。将农村独生女父母享受奖励扶助的年龄提前到55周岁。③利益分配倾斜。农村集体经济组织再分配集体资产收益和财务时，独生子女户增加一人份额；双女户增加半人份额；参加农村新型合作医疗的，减免父母和子女个人缴纳部分的费用，提高单病种报销比例。

在此次调查中同样发现，对于计生户家庭的奖励扶助金发放这一政策的有效程度达到了75%，重视程度相对于其他治理工具在全省范围内最高。其中，X省北部地区和南部地区该类工具的执行效果和重视程度要高于中部地区。

（4）二胎全程管理服务制度

针对X省人口数量控制形势仍然严峻、计划外出生人口性别比严重偏高这一问题，在Z县试点的基础上，X省人口计生委在全省推开"二胎优质全程跟踪服务"工作，以杜绝胎儿性别鉴定和性别选择性的二胎生育。很多县区在二胎管理方面有了自己的创新，比如HZ市的YX，在二胎生育证管理方面，实行一证管一胎，一证管一年。严格执行"照顾安排生育二孩只给一次机会"的规定；在二胎全程服务方面，通过为群众提供优质的孕产期保健服务，对二胎孕情进行重点监控，防止孕情突然消失、溺弃女婴等现象发生。

调查表明X省人口计生部门的工作人员比较认同对全程服务类工具的重视程度和执行的有效程度，但对该问题的认识在省内不同地区之间存在较大差异。北部地区对该类工具的重视程度最高，南部地区次之，同时两个地区对其执行的有效程度认可度也比较高。中部地区则不认同当地对该类治理工具的重视程度及其执行有效程度。对于全程服务这项治理工具，全省的重视程度达到了68%，而且，该项工具在北部地区的重视程度最高。

（5）以维护妇女权益为特色的宣传倡导

X省在实施"关爱女孩行动"以来，注重资源整合，以省妇联为依托在维护女性权益方面开展了多项宣传行动。"春蕾行动"、"春蕾计划"致力于女童教育事业的发展，承担着"关注儿童、发展教育、扶贫济困、促进性别平等"诸多公益责任，产生了良好的社会影响。"春蕾计划"对项目实施地区，尤其是项目比较集中的贫困地区的女童教育事业具有明显的促进作用，在相当程度上改变了这些地区重男轻女的落后观念，提高了各级政府和社会各界对女童教育的重视程度；"红凤工程"主要资助贫困女大学生。以妇联为依托的此类行动达到了对关爱女孩的宣传效果。同时，妇联的许多宣传工作还包括关心女性健康，宣传性别平等意识，促进妇女发展，维护女性权益等。

通过对工作人员进行调查，对于宣传类工具，全省的执行有效程度达到了60%，重视程度达到了64%。但是中部地区与北部、南部地区相比稍有差距。

六 治理绩效评价

X省出生人口性别比治理工作在出生实名登记、二胎全程优质服务管理、立体化利益导向三大制度体系下，各治理工具的实施取得了积极成效，群众生育观念逐步转变。

1. 利益导向方面

X省在国家计划生育奖励扶助的制度框架下，进行了有实质性的突破和创新，逐步完善计划生育奖励优惠政策体系。将人口计生优惠政策纳入全省"八大民生"工程，在2009年出台的《X省人口与计划生育条例》中体现出鲜明的计划生育家庭倾斜政策，X省特色的立体化人口计生利益导向制度正在不断达到预期成效。

"农村放弃生育二孩家庭奖励4000元"、"将农村独女户夫妇享受奖励扶助的年龄由60周岁提前到55周岁"、"农村独生子女、双女户夫妇及子女参加新型农村合作医疗个人负担费用由政府负担"等政策的集中出台将在未来一段时间内产生可以预见的积极影响。目前，全省共发放奖励扶助金2.15亿元，全省约有260万人享受到了计划生育奖励扶助。M县实现全民养老保险，将双女户家庭个人缴付的费用由财政承担。

在生产帮扶方面，X省实施"家庭创业工程"，以求持续发挥利益导向的作用。由省人口计生委拿出专项资金，三年统一购买品质优良的莎能奶山羊母羊10000头，免费发放给3000户计生贫困户，扶持他们发展家庭养殖业，帮助他们脱贫致富奔小康。2010年已在FP县进行了试点，购买母羊2000只，扶持计生贫困家庭600户。

此外，在以免费住院分娩为依托的出生实名登记制度中，对于0～5岁的女孩看病免除挂号费等倾斜措施也将伴随着出生实名登记制度的进一步实施发挥其应有的作用。

在此次调查中同样发现，对于计生户家庭的奖励扶助金发放这一项政策的有效程度达到了93%，重视程度相对于其他治理工具在全省范围内最高。可见，在注重利益导向、转变生育观念的"柔性"治理理念指导下，利益导向机制已成为治理的重要手段和根本途径。

2. 优质服务方面

X省计划生育优质服务工作在多项切实有效的制度和措施下，取得了良好的治理效果。免费住院分娩制度的实施，明显提高了产科服务质量，带动了妇幼卫生整体工作，保障了广大母婴身体健康和生命安全。二胎全程优质服务管理制度，一方面有效约束了二胎生育行为，另一方面对宣传母婴保健、提高新生婴幼儿素质起到了相应的促进作用。同时，X省实施的"母亲健康工程"和"优生促进"工程，进一步完善了优质服务机制。

作为出生实名登记制度的一项重要措施，免费住院分娩起到了很好的治理效果。2009年，X省住院分娩率98.84%，孕产妇和婴幼儿死亡率持续下降，危重孕产妇抢救成功率达99%，农村孕产妇剖宫产率平均控制在25%以下，过度医疗消费得到有效遏制，产科服务质量明显提高，带动了妇幼卫生整体工作，保障了广大母婴身体健康和生命安全。据不完全统计，截至2010年12月底，已有19.6万孕产妇家庭获益，使用资金1.4亿多元，人均补助779元。这一惠民工程，得到了广大群众的普遍欢迎和社会各界的广泛赞誉。

二胎全程优质服务管理制度，二胎生育只给一次机会，一证管一年、一证管一胎。同时该管理制度对搞好遗传与优生、孕期保健知识讲座和宣传工作，落实定点分娩医院，确保全程优质服务对于母婴安全都起着良好的监管作用。

X省在完善优质服务机制方面，一是实施"母亲健康工程"，在全省107个县组织开展育龄妇女健康检查和治疗行动，由省财政按照每人20元的标准设立专项资金，对农村已婚育龄妇女免费进行了健康检查，体检中查出患有一般性疾病的由计划生育技术服务机构及时予以治疗，对重症患者建议到卫生医疗机构治疗，协调相关部门通过新合疗、大病救助、医疗救助等渠道解决住院费用。全省已投入 1.065 亿元，对 522.5 万名妇女进行了检查，187 万名育龄妇女得到了及时治疗。二是积极开展"优生促进"工程。在 30 个县进行出生缺陷一级预防工作试点，推行孕情监测和孕期全程服务制度，开展孕期保健服务和经常性上门服务，积极引导孕妇定期到医疗保健和计划生育技术服务机构定期产检，提高出生人口素质。

在计划生育优质服务先进县的创建方面，2009 年 X 省已有 9 个县（区）通过了国家人口计生委创建全国计划生育优质服务先进县的验收，12 个县通过了省级优质服务县（区）的验收。

3. 宣传倡导方面

X 省在实施"关爱女孩行动"以来，注重资源整合，以省妇联为依托在维护女性权益方面开展了多项宣传行动，取得了积极的社会效益。致力于女童教育事业发展的"春蕾计划"、以资助贫困女大学生为主的"红凤工程"，以及妇联组织开展的多项以维护妇女权益、关心女性健康、宣传性别平等意识为主题的宣传倡导活动，为女孩的出生、成长创造了良好的社会氛围。

"春蕾计划"承担着"关注儿童、发展教育、扶贫济困、促进性别平等"诸多公益责任，对项目实施地区，尤其是项目比较集中的贫困地区的女童教育事业具有明显的促进作用，在相当程度上改变了这些地区重男轻女的落后观念，提高了各级政府和社会各界对女童教育的重视程度。近十年来，全省先后开办"春蕾女童班"和"春蕾高中班"16 个，兴建"春蕾学校"14 所，争取春蕾助学资金 2100 多万元，1 万余名失辍学女童重返校园。"春蕾计划"的实施辐射全省 12 个市 33 个县，覆盖面为 75%。X 省"红凤工程"在 15 年间共资助了 2000 多名贫困女大学生。在全省开展的"关爱女孩三秦行"活动中，由 WN 市和 SN 县创作并演出的反映关爱女孩、树立婚育新风的地方戏《居水桥畔》和《女儿沟》等在全省进行了 80 多场演出，受到群众的一致好评。

在对工作人员进行的调查中，对于宣传类工具，全省的执行有效程度达到了 89%，重视程度高达到 88%。中部地区与北部、南部地区相比，略有差距。

4. 行为约束方面

与安徽等省份严厉查处"两非"的氛围相比有所不同的是，X省以二胎生育全程服务制度及出生实名登记制度为软约束手段，与查处"两非"双管齐下，有效控制了二胎生育行为，体现了X省更加注重服务关怀的"柔性"治理理念。

在针对计生工作人员进行的调查中，工作人员对"定点分娩、引产和孕检制度"这类治理工具的执行有效程度评价较高，各地区单位重视程度都在50%以上。二胎生育全程服务和出生实名登记这两大制度将在后续的实践中发挥更为重要而积极的作用。

同时在打击"两非"方面，根据X省2009年的治理情况，全省共查处"两非"案件14起，涉及"两非"案件的医务人员26名，查处非法购置、使用B超机3台，查处非法销售、使用终止妊娠药品的单位4家，查处溺弃女婴案件6例。此外，根据我们的调查，2009年度，98.51%的县区开展了打击性别鉴定及终止妊娠的专项行动。在该专项活动中，各县取消（医师、药师等）执业证书的平均数为0.40人次，吊销（医疗机构、私人诊所、药店等）许可证的户数平均为0.82户，停业整顿（医疗机构、私人诊所、药店等）户数平均为2.28户，罚没资金数额平均为12957.14元，移送公安机关的平均人数为0.21人次，移送检察机关的案件平均有0.15件。虽与其他几类治理工具相比，工作人员对其执行有效程度的认可程度整体上较低，中部、北部、南部地区略有差异，但上述治理行动无疑已震慑了不少不法分子。

5. 群众思想观念和生育意愿方面

从总体上来看，随着全省出生人口性别比偏高治理工作的广泛开展，群众的性别观念已经呈现很好的理性和平等趋势。

群众认为"不管几个孩子只要有男孩"的观点整体比例较低，可以认为X省总体上的群众生育性别偏好出现好转，但地区间差异较为明显。在对生育子女的看法上，三个地区出现了较为明显的不同，北部地区认为"应该要有儿子"的比例高于其他两个地区，其次是中部地区，最后是南部地区，这与南部地区男孩偏好相对而言较为轻微的现状相符合；在关于"应该有女儿"的看法上，北部地区群众明显不同于其他两地，持不同意态度的比例大大高于南部和中部地区；在质性访谈数据中，M县一位村支书在被问及村里重男轻女的观念情况时讲道："北部地区观念改变不了。"这反映出北部地区依然拥有极强的男孩偏好和轻视女孩的传统观念。

6. 群众对于治理工作的反馈方面

群众对于治理工作的评价通过两个方面来测量，包括"群众对于出生人口性别比治理政策的知晓度"和"群众对于人口计生工作的满意度评价"。在治理政策的知晓度方面，群众对行为约束类政策的知晓度高于宣传倡导类、利益导向类政策，高达91%以上。可见，行为约束类政策在群众当中已产生相当的影响效果；而利益导向类政策知晓度为70%，做好计生家庭利益导向的宣传工作将更好地为出生人口性别比治理工作服务。在满意度评价中，群众整体上对人口计生部门的工作表示满意，充分肯定了人口计生部门的工作和成效。

（1）群众对于出生人口性别比治理政策的知晓度

在出生人口性别比治理政策中，行为约束类政策最为直接和有效，其约束对象包括采取"两非"行为的群众和医疗机构等。整体而言，群众对于行为约束类政策的知晓度达到91%以上。可见，打击"两非"所产生的震慑力已深入人心。同时，二胎全程优质服务管理工作从宣传到落实，在育龄群众当中已产生良好的效果。

X省全省对于农村女孩户家庭的政策优惠措施进行了良好的开展和落实，三个地区的知晓度都基本达到了7成，但相对于其他两类政策较低。X省在不断完善的利益导向政策上应继续加大宣传力度，并切实将具体政策落到实处，使广大女孩户家庭得到实惠，以利于从根本上改变育龄群众的生育观念。在关于农村老人扶助金政策条款上，中部地区的知晓度与其他两地的差距较为明显，折射出该政策在中部地区的推行还需要时间和力度。

另外，在访谈中还了解到，关于女孩户的优惠政策，一些男孩户家庭颇有微词，认为这些优惠从一定程度上冲击了男孩户家庭的公平，反而成为另一种性别不平等。如何兼顾各方利益，在政策扶持优惠中达到男女平等，是需要政策部门密切关注和研究的。

总体而言，群众对于宣传倡导类政策的知晓度均达到77%以上，说明X省在宣传倡导政策的落实和实施方面已取得了较好的效果，地区间差异不甚明显，可见全省基础工作扎实到位。

（2）群众对于人口计生工作的满意度

群众整体上对人口计生部门的工作表示满意，愿意配合工作的群众比例高达85%，对人口计生部门的信任程度也较高，充分肯定了人口计生部门的工作和成效。地区差异上，中部地区的整体满意度比其他两个地区略低，工作上存在改进的空间。

计生工作的满意度调查体现在两个主要方面。首先是综合评价，包括整体评价，即针对群众最直观的满意程度进行调查，还包括群众对计生部门的主观评价，包括对计生部门办公条件的感知、是否愿意与计生部门配合工作等。其次是群众对于计生部门的能力信任程度，包括能力信任和行为信任。其中，能力信任主要是关于群众对于计生部门管理水平的认可程度以及对于计生部门政策实施和开展能力的认可程度；而行为信任主要关注群众是否信任计生部门公布的信息、是否认可计生部门对群众意见的及时反馈等，这也是计生部门工作互动性的反映，是针对计生部门与群众密切联系、合作开展工作的调查。

（3）群众对人口计生部门的整体评价

在整体评价中，认为满意的群众比例占到了绝大多数，充分肯定了计生部门的工作及其成效；而认为满意程度为一般的群众占到一定比例，这对于改进计生部门的工作、改善已有工作是一个很好的激励，印证了部门工作和服务还有很大的改进和提升空间；不满意的群众比例较低，但也说明了计生工作存在一些不足和改进之处。在地区差异上，南部地区的群众整体满意度很高，达到了75%以上，其次是北部地区，而中部地区的整体满意度相比而言最低；在感觉一般的群众比例中，北部和中部地区占有一定比例，说明两个地区的计生工作还有明显的改进空间。因此，在满意度提升方面，中部地区可借鉴南部地区的工作经验和做法，提高群众满意度。

群众的主观评价对于计生部门的督促同样有助于其提高工作质量，改善办公条件，也有助于计生部门了解群众对于计生部门工作的态度。群众对X省计生部门的办公环境建设和服务设施都表现出一定程度的不满意，这对于计生部门的硬件设施和环境改善工作提出了新要求。在群众对部门工作的配合程度上，全省范围内认可并愿意配合工作的群众比例非常高，印证了全省广大群众积极认可计生工作，这有助于出生人口性别比治理工作的进一步开展，有助于政策的推行和实施。但中部地区对于人口计生部门办公环境建设没有表达出满意意愿的群众占有近半数比例，提醒中部地区人口计生部门应该在硬件设施环节倾注人力、物力及资金，提高公众对其外在办公环境的认可。

总之，全省整体满意度比例接近 7 成，群众表现出积极的认可，充分肯定了 X 省计生工作部门的工作效能。南部地区人口计生部门的群众整体满意度较高，北部地区凭借优越的经济条件完善各方面硬件设施，群众满意度也很高，中部地区略低一些。其中三个地区认为服务质量一般的群众也占有相当比例，因此提高工作水平和加强工作力度是人口计生部门持续的工作改进方向。在对服务设施和办公环境的感知等主观评价中，全省在硬件设施环境建设上还应该继续投入精力，改善办公环境条件，提升群众办事的舒适度和便捷度。可以看到的是，人口计生部门的已有工作成效显著，群众的配合意愿积极，尤其是南部地区更为突出，这为继续执行政策提供了有利的条件。

（4）群众对人口计生部门的信任程度

群众对人口计生部门的能力信任，更多的是凭借自身接受计生服务时所感知的服务态度、服务质量和管理水平来评价的。在能力信任上，全省总体上呈现群众较为理想的信任程度，计生工作部门的能力建设在群众层面上达到了很好的认可程度。在人口计生部门管理能力和计生工作人员工作能力上，北部地区群众认可其管理能力的比例最高，其次是南部和中部地区，这在实地调研和基层访谈中也得到了验证，无论是计生业务工作水平还是机构内部管理协调上，北部地区人口计生部门的工作水平都较高，这除了与当地政府和部门的领导和重视有关，也与其工作意识息息相关，并且北部地区近年来得益于资源优势，在部门资金方面有着充足的保障。另外，从政策落实和贯彻上，北部和南部地区都较为有力，而中部地区相比而言要弱一些，综合反映出中部地区在计生工作中还有相应不足需要弥补和完善。除了在基础资金投入上下工夫以外，计生工作人员的工作能力提升、积极的工作意识培养也是值得重点关注的改进途径。

在行为认识上，全省范围内的群众认可比例都较高，认可人口计生部门信息真实度和人口计生部门及时接受反馈以及改善政策的群众比例都超过了70%，总体上说明了 X 省人口计生部门在群众沟通和意见反馈工作中的成效，群众对于计生信息也表现出很高的信任，这非常有助于计生工作的顺利开展。在地区区别上，在信息的可信度上，北部和南部地区群众对于人口计生部门公布的信息信任度较高。而在人口计生部门与群众的沟通渠道建设上，三个地区的群众满意程度比较接近；但是对人口计生部门针对群众反馈而改进工作的满意度上，虽然总体上三地区均达到了70%以上，但中部地区仍然较其他两地区显得略低，折射出不同地区在提供计生服务时的意见与反馈接受程度和改进工作的积极性存在一些差别。中部地区的信息真实度和根据反馈意见改善政策的积极性没有在群众的感受中获得与其他两地区相似的反映，需要进一步督促中部地区的计生工作部门和工作人员在工作上进行完善。

总之，在信任程度调查中，X省人口计生部门贯彻国家政策的实效显著，群众认可政策贯彻能力的比例非常高，肯定了人口计生部门在这一环节的已有成绩。但是在人口计生部门内部管理能力感知和计生工作人员办事能力感知上，还有相当比例的群众没有表达出满意态度，从而将部门内部管理能力和员工能力建设摆在了突出的位置。X省人口计生部门在信息公开和政策的反馈及其改善工作中，成效显著，整体上的满意度比例达到了四分之三以上。其中，中部地区的信息公开工作应该进一步改进和完善，对于根据群众意见改进已有工作的积极性还应该进一步提高；北部地区的群众沟通工作需要持续加强，继续拓宽人口计生部门和群众的沟通渠道。

第四节　结论与启示

一　主要发现和结论

1. X省在出生人口性别比治理方面的特色和优势

基于"柔性"治理，X省在出生人口性别比治理方面形成了如下特色。

（1）在治理理念上，形成了以周秦文化为依托的"柔性"治理理念，各级政府和人口计生部门对出生人口性别比治理高度重视。

X省目前已形成适合于自身的"柔性"治理理念，其内涵是：重视"防微杜渐"，强调"关口前移"，倾向于对生育过程特别是二胎生育过程的控制，而非对已经发生的"两非"行为进行严厉打击；倾向于更为柔性的利益和观念引导，而非强制性的规范约束，有效规避与群众的正面冲突。

同时，各级政府和人口计生部门均对出生人口性别比问题的实质、严重性形成了比较准确全面的认识，对出生人口性别比治理也给予了高度关注，从而有效促进了 X 省出生人口性别比治理工作的开展。

（2）在治理目标上，将出生人口性别比治理作为重要目标，纳入人口计生工作内容。

X 省人口计生部门在出生人口性别比治理方面制定了非常明确的目标，即降低出生人口性别比并使之逐步达到正常水平，同时也将这一目标作为人口计生工作的重要内容之一。

（3）在治理结构上，已经形成人口计生部门为主，其他部门参与的权力结构。

X 省在出生人口性别比治理方面已经形成以人口计生部门为主，其他相关部门参与的权力结构，且越到基层，这一治理结构的权力配置也更为合理，人口计生部门在其中越能凸显其协调组织作用。

（4）治理机制上，已经形成了良好的部门内部沟通机制、部门间的合作机制。

X 省在出生人口性别比治理当中，部门内部沟通机制比较通畅，越到基层，部门间的合作机制越为高效和紧密。

（5）治理工具上，已经形成了以免费住院分娩为依托的出生实名登记制度、完善的二胎全程优质服务制度，以及具有 X 省特色的立体化利益导向政策体系，取得了良好的治理绩效。

2008 年以来，X 省通过实施《农村孕产妇免费住院分娩》政策，与出生实名登记制度、新生儿免费接种实名制度等相结合，不仅确保了出生人口性别比数字的相对准确和真实，也实现了人口计生、卫生等部门之间的信息交流和资源共享，取得了良好的效果。

在二胎生育证管理方面，实行一证管一胎，一证管一年。严格执行"照顾安排生育二孩只给一次机会"的规定；在二胎全程优质服务方面，通过为群众提供优质的孕产期保健服务，对二胎孕情进行重点监控，防止孕情突然消失、溺弃女婴等现象发生。

在国家计划生育奖励扶助的制度框架下，X 省也进一步创新、拓展，实行了具有 X 省特色的立体化人口计生利益导向政策，并具体表现在 2009 年5 月出台的《X 省人口与计划生育条例》中。主要内容包括：①提高奖扶标准。将独生子女健保费提高到每人每月 10 元；放弃二胎生育的父母给予不低于 4000 元的奖励。②提前兑现奖扶。将农村独生女父母享受奖励扶助的年龄提前到 55 周岁。③利益分配倾斜。农村集体经济组织再分配集体资产收益和财务时，独生子女户增加一人份额；双女户增加半人份额；参加农村新型合作医疗的，减免父母和子女个人缴纳部分的费用，提高单病种报销比例。

（6）治理绩效上，自 2005 年以来，出生人口性别比出现了明显下降。X 省人口计生部门的统计数字显示，经过一段时间的治理，X 省出生人口性别比偏高水平已经有了较大幅度的下降，但其出生人口性别比的准确数字、下降幅度等，需要由第六次人口普查资料证实。

2. X 省在出生人口性别比治理方面的进步空间

目前 X 省出生人口性别比治理方面仍存在进步和发展的空间，主要表现在以下几方面。

（1）出生人口性别比形势依然严峻，地区间发展态势不平衡

X 省出生人口性别比在全国仍旧属于上升幅度最大的三个重点省份之一，经过一段时间的治理，目前虽然已有明显下降，但形势依然严峻；全省 107 个县区中，76 个县区出生人口性别比超过 107 这个正常水平的上线，而且大部分县区集中在北部和中部地区。出生人口性别比在地区间发展态势的不平衡，给 X 省出生人口性别比的治理带来了一定的难度。

（2）公民社会参与程度不够深入

X 省境内教育科研资源雄厚，但在出生人口性别比治理方面利用尚不足，特别缺乏与一些国际组织的合作，如玛丽斯特普国际组织、国际计划等。

（3）查处"两非"的力度需要进一步加大

与河南、安徽两省相比，X 省在查处"两非"力度方面尚存在较大差距。X 省偏高的二胎出生人口性别比，说明了确实存在非医学需要的胎儿性别鉴定和性别选择性的人工流产行为，但由于立法方面的缺陷，"两非"案例方面的突破尚不足。

（4）绩效考核和激励机制有待进一步完善

在出生人口性别比治理方面，各地都或多或少存在"一考就假"的现象。出生人口性别比的数字一般是以县区为单位进行考核，但乡镇和村一

级在出生人口数较少情况下应如何考核是个难题，迄今尚未解决。

虽然 X 省各级治理部门做了大量的工作，但目前却有部分工作人员满足于现状，缺乏"敢为天下先"的胆略和气魄，不能有意识地为国家在出生人口性别比治理以及其他相关的人口计生工作开展前瞻性探索和创新。

（5）地区间合作机制有待进一步建立

X 省与 8 个省市接壤，为出生人口性别比的治理带来了复杂性和难度，但迄今为止 X 省在地区合作方面没有太大的进展。

（6）部门间合作机制仍然存在瓶颈

X 省通过实行出生实名登记制，已经实现了人口计生和卫生部门之间的良好合作。但人口计生部门目前正在开展的信息化建设仅以本部门为主，与卫生部门之间缺乏信息对接，两部门之间的信息交流多通过手工完成，无形中加大了工作量，也使得两个关键部门之间的合作仍然存在瓶颈。

（7）稳定的、适度倾斜的资金保障机制尚未完全建立

X 省经济基础相对薄弱，但出生人口性别比治理需要雄厚稳定的资金支持，特别是一些经济基础较差但计生工作基础较好的地区，如南部，其兑现计划生育利益导向政策的压力更大。

（8）治理工作的品牌意识需要进一步加强

虽然目前 X 省各级治理部门在长期的治理实践中，逐渐形成了一些特色和做法，但对这些做法的总结提炼和上升不足，缺乏统筹意识和品牌意识，不能有意识地打造 X 省自身的人口计生品牌。

3. X 省在出生人口性别比治理方面面临的机遇

（1）文化底蕴深厚，民风淳朴，为出生人口性别比的治理创造了良好的文化和政策环境

X 省地方文化以历史悠久的周秦文化为代表，民风淳朴，群众普遍比较顺从，政府在实施各项政策时较少遇到阻力和障碍，从而为出生人口性别比的治理创造了良好的文化和政策环境。

（2）计生基础工作扎实，为出生人口性别比的治理创造了良好的人口环境

从 X 省南部的 YX 县和中部的 QS 县看，计划生育率均保持在 95% 以上；QS 县就有 400 多名群众放弃了二胎生育指标，表明群众的生育意愿已经发生了一些积极的改变，想多生的愿望已经不太强烈，从而为出生人口

性别比的治理创造了良好的人口环境。

（3）与八省接壤的地理位置的优越性

由于X省拥有承东启西、连接南北的优越地理位置，在国家强调统筹解决人口问题的大背景下，X省作为西北发展的中心，如何以出生人口性别比治理为契机，实现人口、经济、资源、环境的协调和长期可持续发展？

（4）区域经济发展的契机

X省政府致力于打造"关中－天水经济区"和"西咸一体化"的未来地区性战略格局，为X省人口计生部门准确定位其在整个人口和社会发展中的角色和位置提供了契机。

4. X省在出生人口性别比治理方面面临的挑战

（1）X省整体经济发展水平的制约

X省经济总量居全国第20位左右，城乡居民收入分别处于全国第25位和第28位，人民生活水平仍然较低。已有研究表明，较低的经济发展水平会强化文化和制度中的男孩偏好，使得出生人口性别比治理面临较大的挑战。

（2）X省分地区的地理和文化差异

北部和南部地区在X省是两种不同文化的典型代表地区。从访谈调查结果来看，北部的群众的思想观念落后，重男轻女的思想仍占据主导地位。相反，HZ市的Y县有1.8万户男到女家落户，近几年也有918户。全县有216名好女婿担任了县、乡、村干部，还有20多名好女婿担任了科级领导。整个HZ市的社会氛围和婚育观念较好。北部和南部地区具有不同的文化传统，而秦岭造成了生育文化传播的天然屏障。如何针对文化差异进行治理，引导正确生育观念的传播将是另一大挑战。

二　启示和建议

在上述战略分析的基础上，本报告形成了如下的战略设计和政策建议。

1. 战略目标

X省在出生人口性别比治理方面的总体目标是：2011～2020年的10年间，出生人口性别比从目前的120左右的高水平逐渐下降到110以下，力争达到并保持在107的正常水平。

将所有地区按照出生人口性别比水平划分为五类。第一类为正常水平地区，出生人口性别比为103～107；第二类为接近正常水平地区，出生人口性别比为 108 ~ 110；第三类为偏高水平地区，出生人口性别比为 111 ~ 115；第四类为较高水平地区，出生人口性别比为 116 ~ 119；第五类为高水平地区，出生人口性别比在 120 以上。

根据上述划分原则和现状，X 省出生人口性别比治理的具体目标是：

（1）所有市的出生人口性别比均逐步控制在 120 以下，杜绝第五类地区的出现。

（2）确保第四类地区向第三类地区、第三类地区向第二类地区、第二类地区向第一类地区的逐步稳定转化。

（3）力争第四类地区向第二类地区、第三类地区向第一类地区的跨越式发展。

2. 实施阶段

为了实现上述战略目标，X 省在出生人口性别比治理方面应通过两个阶段实施。

第一个阶段是下降阶段，时间是 2011 ~ 2015 年。此一阶段应确保 X 省的出生人口性别比从目前的 120 左右下降到 115 以下；每年下降 1 ~ 2 个百分点。

第二个阶段是稳定阶段，时间是 2016 ~ 2020 年。此一阶段应力争 X 省的出生人口性别比从 115 下降到 110，并逐步稳定在正常水平。

3. 战略选择

为了实现上述目标，按照两个阶段的实施方案，X 省应结合不同时期国家人口与社会发展情况、X 省社会宏观环境的变化，在重大战略选择上实现突破，主要包括以下几方面。

（1）开展战略化思考

X 省各级治理部门的同志应结合自身的具体工作，开展战略化思考，将出生人口性别比治理纳入"统筹解决人口问题"这一大的框架下思考问题和解决问题，而不能局限于单一的具体工作本身。

（2）X 省人口发展的战略定位

中国的人口转型早于经济转型，社会转型又滞后于经济转型，目前正处于人口、经济、社会的全面快速转型之中。早期的人口发展服从于经济和社会发展，但在经济和社会发展取得巨大成就的今天，应使得经济和社会发展更加适应于人口发展。建议 X 省政府立足于本身快速发展的经济和社会条件，依托区域经济发展的契机，以出生人口性别比治理为切入点，遵循以人为本、促进人的全面发展这一科学发展观的指导思想，逐步以人口发展统筹经济和社会发展，以统筹和协调的手段解决人口、经济和社会转型中所面临的重大问题。

（3）X省在出生人口性别比治理方面的战略定位

作为西部中心省之一，出生人口性别比问题不仅仅是人口问题，更是社会发展和权利保护问题。当社会经济发展到一定程度时，政府部门更应承担起促进性别平等、构建和谐社会的责任。建议X省人口计生部门开展出生人口性别比治理方面的前瞻性探索创新，总结、提炼成功的治理案例，打造具有X省特色的出生人口性别比治理模式，为西部地区以及全国其他地区的出生人口性别比治理提供参考和借鉴。

4．工作建议

为了实现上述目标，建议X省政府未来5年内着力解决五件大事。

第一，成立全省统一的出生人口性别比治理的高规格领导小组。目前XA市和XY市都成立了出生人口性别比治理的专项机构，极大地推动了"关爱女孩行动"及出生人口性别比治理工作的开展。建议省政府和省委牵头，在各级地区成立以政府部门或党委负责人为组长、各相关部门参加的出生人口性别比治理的专项机构，为出生人口性别比治理提供组织和人员保障，确保治理工作的贯彻实施。

第二，强化部门合作机制。目前X省通过出生实名登记制的推行，人口计生部门和卫生部门之间已经形成了较好的合作关系；同时人口计生部门也正在积极推进人口信息化建设。但人口计生和卫生部门之间尚未建立起良好的信息对接，相互之间的信息交流仍然主要通过手工，无形中加大了工作量。建议X省政府从工作实际出发，逐步解决人口计生与卫生部门之间的信息对接，提高工作效率。

第三，构建全省统一的出生人口性别比治理的协调和问责机制。建议X省政府赋予X省人口计生部门监测和协调各相关部门参与出生人口性别比治理过程、评估出生人口性别比治理绩效等责任和相应的权力，在省级层面构建出生人口性别比治理的统一协调和问责机制。

第四，建立全省统一的出生人口性别比治理的专项资金保障机制。建议以财政拨款为主，通过多种渠道筹集资金，建立出生人口性别比治理的专项资金，以确保相关治理措施和利益导向政策的顺利实施。

第五，总结、提炼、优化"二胎全程优质服务"工作模式并在全省推广，同时提供专项财政资金支持。二胎全程优质服务已被证明是由 X 省 Z 县独创的、行之有效的治理措施，目前已经在 XA 全市进行了推广，每年 XA 市政府增拨 220 万元财政经费以保障其实行，取得了良好的治理绩效。建议 X 省政府在全省范围内总结、提炼、优化"二胎全程优质服务"工作模式，并提供相应的财政资金支持。

针对 X 省人口和计划生育委员会的工作建议：打造"X 省特色的出生人口性别比治理模式"。该治理模式可表述为"刚柔相济，重心前移；免费分娩，实名登记；宣传倡导，综合治理"。其具体含义为：继续完善以周秦文化为内涵的柔性治理，通过提供二胎全程优质服务、实施立体化的利益导向政策引导群众生育性别偏好的转变；同时完善立法，加大"两非"查处力度，对医疗机构、工作人员及群众的"两非"行为进行刚性约束；为农村地区群众提供免费住院分娩服务，开展实名登记制度，完善出生人口性别比的监测统计；与 X 省大力打造文化产业相结合，以群众喜闻乐见的形式开展性别平等文化及理念的宣传，以实现出生人口性别比的综合治理。其具体做法包括如下几点：

建议 1，打造品牌，加强宣传，推广模式和经验。

X 省在出生人口性别比治理方面已经做了大量的工作，但是宣传力度依旧不够，很多计生部门的工作仅仅是完成本职工作而忽略了对自身工作和形象的宣传。建议 X 省人口计生部门依托境内的高校和科研资源，开展工作研究，对于已经做的工作进行总结和提升，形成真正的 X 省治理模式，打造具有 X 省特色的人口计生工作品牌；同时总结好的特色模式和经验，通过召开省内经验交流会、参加其他省和国家举办的工作研讨会等形式进行推广。目前 X 省在出生人口性别比治理方面的特色和亮点主要包括：以免费住院分娩制度为依托的出生实名登记制、二胎全程优质服务制度、X 省特色的立体化利益导向政策体系等。

建议 2，完善立法，加大"两非"查处力度。

建议 X 省人口计生部门会同相关的法律部门深入研究，借鉴河南、J 省等省的经验，将"两非"案件的立法提上重要的议事日程；争取典型案件的突破，为国家在"两非"立法方面提供实践经验。

建议3，进行文化宣传。建议X省人口计生部门以X省大力发展文化产业为契机，与曲江管委会、浐灞管委会等积极合作，争取在各种文化产业的构建中融入性别平等理念，宣传性别平等文化，引导传统的、男孩偏好的生育观念的转变。

建议4，开展高层倡导。

建议X省人口计生部门通过提交政策要报、提请政府部门主要领导批示、培训、专家讲座、专家授课等形式，对各级政府和党委的高层决策人员进行倡导，使他们充分认识到经济和社会发展中人口计生工作的重要性，认识到在社会转型期治理偏高的出生人口性别比的紧迫性和重要性，促进人口计生工作成为X省人口和社会发展的主流。

建议5，根据地区特色确定治理重点。

由于文化和历史的影响，X省形成了三个独具特色的地区：北部、中部和南部地区，其出生人口性别比态势、原因及治理工作均存在显著差异。因此，建议X省人口计生部门针对三个地区的特色确定不同的治理重点，采取不同的治理手段。例如，对北部地区，应注重对塞外文化中男孩偏好的削弱和瓦解，通过集体利益分配手段引导重男轻女观念的改变；对中部地区，应注重宣传周秦文化中的精华部分，通过性别平等理念倡导进行民俗文化创新，以性别平等理念审视和清理村规民约，引导村民生育观念和行为的改变；对南部地区，应注重对现有招赘婚姻文化的包装和宣传，使得招赘婚姻文化不仅可以实现代际的纵向传播，也可以实现不同地区间的横向扩散。

建议6，与国家正在构建和完善的各项社会发展制度相结合，继续加大利益导向力度。

目前，国家正在大力构建和完善各项社会发展制度以促进社会公正，如社会保障体系、新型农村合作医疗、新农村建设等。建议X省人口计生部门在原有利益导向政策体系的基础上，注重普惠政策与优惠政策的集合，兼顾横向公平和纵向公平，加大利益导向政策的力度和投入，有效引导人们男孩偏好生育观念的转变。

建议7，构建区域合作机制。

X省地处中原，与八省接壤，但目前尚未建立起与其他省之间的合作互动机制。建议X省人口计生部门与全国流动人口管理和服务"三年三步走，全国一盘棋"的规划相结合，主动出击，与周边各省区开展区域合作，建立区域合作机制，并大造声势，对非法进行胎儿性别选择的各行为主体产生有效威慑，同时也打造 X 省在出生人口性别比治理方面的良好形象。

建议 8，引进智力资源，实现资源整合，加强治理创新。

建议 X 省人口计生部门充分利用省内的高校和科研院所的智力资源，为 X 省人口计生部门、为出生人口性别比治理所用；同时与 X 省妇联、玛丽斯特普国际组织、国际计划等开展合作，引进先进的治理理念，同时传播 X 省在出生人口性别比治理方面的经验，在国际社会中塑造良好的政府形象。

建议 9，构建合理的考核机制和激励机制。

建议 X 省人口计生部门从基层的工作实践出发，设计合理的绩效考核机制和激励机制。在出生人口性别比治理绩效考核方面，应与目前正在实行的二胎全程优质服务制度、住院免费分娩制度相结合，在乡镇和村一级更多地考核有无计划外出生、人口统计准确率等指标；在激励机制方面，应将个人的提拔任用与出生人口性别比治理工作绩效结合起来，鼓励各相关部门及其工作人员在工作上大胆创新、讲求实效。

第八章　Z市治理模式总结

最近几次人口普查和抽样调查的数据显示，不仅农村地区、欠发达的中西部地区出生人口性别比持续上升，城市地区、经济发达的东部地区也存在出生人口性别比持续偏高的问题。城市地区的性别失衡除了受到传统文化观念的影响外，还可能受到经济发展的双重影响。一方面经济发展为性别失衡治理创造了一个良好的外在环境，另一方面在存在较为强烈的男孩偏好观念的前提下，经济发展可能会加剧性别失衡的严重性。与此同时，在城乡一体化背景下，大规模的人口流动不仅直接导致了出生人口性别比持续偏高，而且增加了性别失衡治理的复杂性和艰巨性。这些问题不仅影响了城市地区"关爱女孩行动"综合治理出生人口性别比的效果，也阻碍了我国政府构建和谐社会的政治承诺在人口与社会发展领域的实现。

作为一个兼具社会经济发达与受传统文化影响较深的双重特色，以及流动人口规模庞大的城市，Z市快速的经济发展和人口转型使得出生人口性别比经历了先快速上升、后快速下降的阶段，目前仍在高于正常水平的范围内徘徊。2008年底，西安交通大学人口与发展研究所接受Z市人口发展战略研究领导小组及Z市人口计生局的委托，对Z市出生人口性别比偏高问题的态势、原因和机制，治理的影响因素及治理对策进行研究，旨在为制定Z市人口发展战略、治理偏高的出生人口性别比提供政策建议。省级治理主要解决的是宏观的制度供给、资源保障和管理评估等问题，而市级治理包括部分制度供给、资源保障和管理评估的内容，市一级也是性别比治理的主要推动和执行主体。因此，总结Z市出生人口性别比治理模式，不仅可以深化对市级治理模式的认识，为优化市级治理模式提供政策建议，还能为其他城市地区的出生人口性别比治理提供经验借鉴。

第一节　研究设计

一　调查与数据

此次研究分别在 Z 市的中心城区、近郊区和远郊区各抽取了一个典型区（县）作为深入的研究对象。抽样地点分别为 X 区、H 区和 C 市（县级市）。其中，X 区代表典型的城市地区，H 区代表典型的流动人口聚集地区，C 市代表典型的农村地区。

调查数据收集方面包括了定量数据和定性数据。

1. 定量数据

通过问卷的形式在 C 市、X 区和 H 区，县/区级计生委相关部门、"关爱女孩"办公室（核心部门——人口战略办公室）以及县/区下属的部分街道和街道下属的部分社区分别收集数据，具体包括如下几类。

（1）机构问卷

机构层面现场调查共收回有效问卷 164 份，其中，X 区有效问卷 53 份，C 市有效问卷 58 份（加入 C 市县/区机构问卷 1 份），H 区有效问卷 54 份。另有自行填答的县/区层面问卷 8 份，分别涉及 B 区、P 区、A 区、D 区、F 区、L 区、M 市、N 区。

（2）工作人员问卷

上述机构的工作人员按照机构层面以一定比例随机抽取，最终获取有效问卷 419 份。其中，X 区有效问卷 144 份，C 市有效问卷 137 份，H 区有效问卷 138 份。

（3）群众问卷

按照地区，每个调查地区按照街道下属村（居委）以一定比例随机抽取。最终获取有效问卷 757 份。其中，X 区有效问卷 300 份，C 市有效问卷 215 份，H 区有效问卷 242 份。

2. 定性数据

采取访谈的形式，通过与出生人口性别比偏高问题治理相关工作人员、每个地区的群众的访谈及政府层面的座谈会来收集数据，具体包括如下几类。

（1）机构组访

座谈会：Z市高层倡导会议

组访：Z市教育局、统计局、公安局、计生局、出租屋管理办公室、民政局、妇联、卫生局组访。

（2）工作人员访谈

组访：Z市X区妇联、民政局、劳动与社会保障局、Z市副食品集团、Z市电影公司、X区计生局、统计局、卫生局、公安局、教育局组访；Z市X区O街街道计生工作人员组访；Z市C市公安局、工商局、民政局、教育局、卫生局、妇联、外经贸局、社保局、统计局、计生局组访；Z市C市J街街道计生办工作人员组访；Z市H区部分街道办事处主任和计生专干组访；H区计生局局长、服务站工作人员、计生局工作人员、管理B超的工作人员、负责宣教的工作人员组访。

个访：Z市市级计生委处长个访；Z市X区人口计生局副局长乎局个访；Z市X区W街人口计生办计生专干个访；Z市X区O街街道计生工作人员个访；Z市C市计生委主任个访；Z市C市J街街道办事处副主任个访；Z市C市J街计生办村/居干部个访；Z市C市L镇村/居干部个访；Z市C市ZA社区居委会书记、主任个访；Z市C市CJ街计生专干个访。

（3）群众访谈

组访：Z市X区O街群众独女户、独子户、双女户家庭组访；Z市C市J街群众独女户、独子户、双女户家庭组访。

个访：Z市X区O街大龄未婚男性个访；Z市X区SS村已婚妇女个访；Z市X区MH村街未婚男性个访；Z市X区MH村街已婚男性个访；Z市H区已婚妇女个访；Z市C市J街已婚妇女个访；Z市C市L镇已婚妇女个访；Z市C市L镇大龄未婚男性个访；Z市C市J街大龄未婚男性个访。

二　分析策略

国外关于公共治理的研究主要集中在地方治理模式的识别、改进和不同层次治理的指标体系构建上，且基于指标体系开展了一些实证研究，分析善治与社会发展、社会公正之间的关系。公共治理分析框架具体包括：

①治理目标指的是公共治理的具体指向，通常应包括人、事或某种状态。②治理理念指的是公共治理所遵循的价值取向。③治理结构指的是治理主体的构成，通常应包含政府和公民社会。④治理机制指的是确保各项治理工具实施和运行的外在环境建设，主要包含两个层次：第一，组织机制，即在组织、机构和人员建设上确保治理过程的进行；第二，投入机制，即在资金来源上确保治理过程的运行。⑤治理工具指的是实施治理的各项具体手段，从形式上可划分为各项制度、政策和社会行动；从功能上可划分为约束型工具、保障型工具、激励型工具和引导型工具等；两种分类之间既有重合，也存在相互补充。⑥治理绩效指的是治理的效果，根据时间不同可划分为长期绩效和短期绩效，根据绩效考核指标的不同可划分为直接绩效和间接绩效。

本文首先从公共管理的角度，采用公共治理的基本理论和框架对 Z 市出生人口性别比治理工作进行深入分析，并在此基础上提出政策建议。

第二节　态势分析

Z 市出生人口性别比先升后降，现仍在稍高于正常值的范围内徘徊，二孩、多孩以及政策外生育的出生人口性别比明显较高。就常住人口来说，中心城区的出生人口性别比低于其他地区，城市地区低于农村地区；就流动人口来说，出生人口性别比偏高依旧十分严重，是造成目前 Z 市整体偏高的主要原因之一。

一　20 世纪 90 年代以来 Z 市出生人口性别比先上升后下降，近年来下降幅度较大，但仍处于偏高水平，且时有波动

从 1991 年至 2008 年，Z 市出生人口性别比先升高后回落（图8－1）。将 Z 市出生人口性别比的发展态势分为四个阶段（由于数据的统计口径不同，数据值有所不同，但并不妨碍对其变化趋势的判断和分析）。

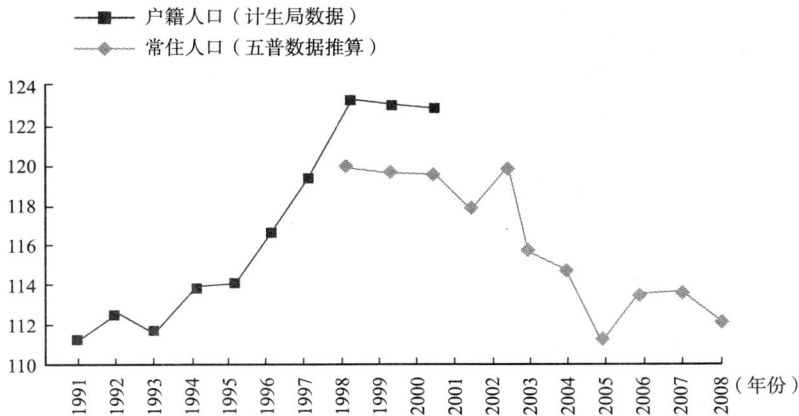

图 8-1　Z 市历年出生人口性别比

资料来源：Z市人口计生局。

第一阶段，1991~1998 年 Z 市常住人口性别比从 111.4 上升至 123.2，平均每年上升 1.5 个单位，上升幅度大，速度快；第二阶段，1999~2001 年，Z 市的户籍人口出生人口性别比一直在高位徘徊，有下降的趋势；第三阶段，2002~2005 年，Z 市户籍人口性别比从 119.9 下降至 111.5，年均下降 1.2 个单位，显出下降幅度大、速度较快的特点；第四阶段，2006~2008 年，这三年来出生人口性别比基本稳定在 113.2 左右，虽然较前两个阶段有明显的下降，但仍然比出生人口性别比正常水平（102~107）偏高。

二　分区域出生人口性别比差异明显，中心区域低于其他区域

从 Z 市各个行政区域 1998~2008 年的出生人口性别比平均值看，除个别年份外，各区域历年均高出正常水平，见图8-2。

从地图上观察（见图 8-3），按照出生人口性别比水平，将各区域划分为五类。第一类为正常水平地区，出生人口性别比为 103~107；第二类为接近正常水平地区，出生人口性别比为 108~110；第三类为偏高水平地区，出生人口性别比为 111~115；第四类为较高水平地区，出生人口性别比为 116~119；第五类为高水平地区，出生人口性别比在 120 以上。从这 11 年来的平均值看，D、C、M、L 属于第五类地区，占总出生人口的 31.9%；B、N 属于第四类地区，占总出生人口的 13.3%；LW、F、H、P 属于第三

类地区，占总出生人口的 33.3%；X、A 属于第二类地区，占总出生人口的 21.5%。从近三年的情况看，D、C、M、L 由第五类地区转变为第四类地区，占总出生人口的 32.3%；H、A 属于第三类地区，占总出生人口的 20.3%；X、LW、F、B、P、N 属于第二类地区，占总出生人口的 47.4%。

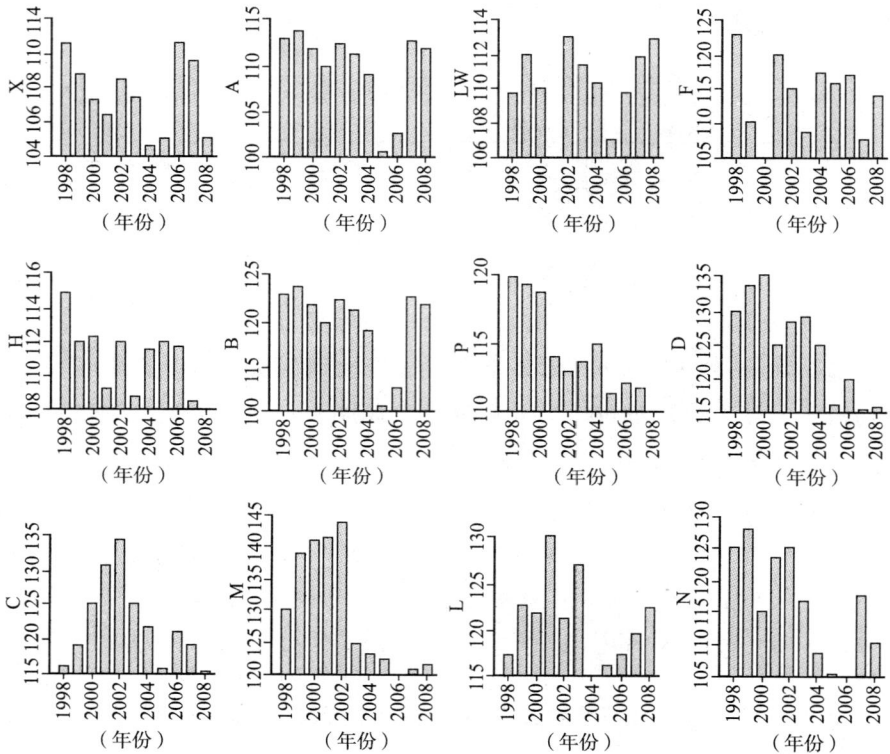

图 8－2　Z 市历年分区域出生人口性别比

资料来源：Z 市人口计生局。

从图 8－2 可以看出，中心区域的出生人口性别比一直以来较其他区域低，特别是近年来，重度、较重度失衡地区向中度失衡转变，中度失衡地区则向轻度失衡转变。由于邻近区域有着更为接近的文化和历史渊源，这种邻近区域的同步转变，在综合治理出生人口性别比问题时应予以特别注意。

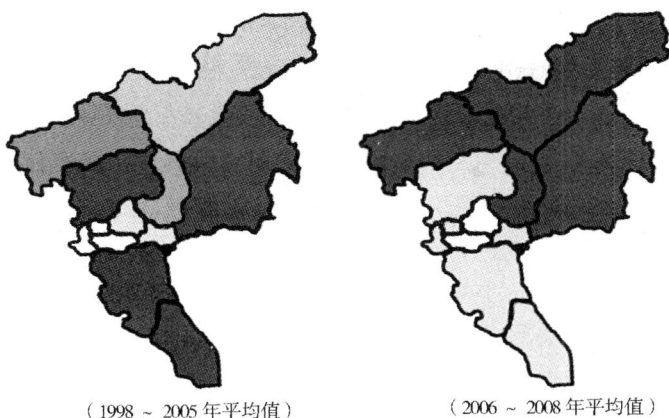

（1998～2005年平均值）　（2006～2008年平均值）

图8-3 Z市分区域出生人口性别比状况

资料来源：Z市人口计生局。

但是如果按照传统的区域划分，农村地区出生人口性别比一直高于城区，是综合治理的重点和难点。城区出生人口性别比接近甚至有部分达到正常值，但农村地区的出生人口性别比则偏高较多，下降幅度不大，有些还在继续攀升。2008年X、H区出生人口性别比分别只有105.95、108.03，而L区、D区、M市、C市等农村地区性别比普遍高于111，其中M市达到119.54。

三　流动人口的出生人口性别比大大高于户籍人口，推动了全市出生人口性别比持续升高

Z市流动人口的出生人口性别比严重偏高（见表8-1），流动人口的出生人口是户籍出生人口的2～3倍，2005、2006、2007年三年Z市流动人口出生数分别为19.3万、18.3万、14.6万人，出生人口性别比为128.5、124.6、122；户籍出生人口为6.9万、6.7万、7.5万人，出生人口性别比为111.5、113.6、113.8。如果将流动人口也统计在Z市的出生人口性别比中，2005、2006、2007年三年的出生人口性别比将是123.7、121.4、119.1。同时，流动人口的计划生育率基本维持在80%～90%，大大低于户籍人口的计划生育率。

表 8-1　Z市流动人口的出生人口性别比

地区	2000 年	2001 年	2002 年	2003 年	2004 年	2005 年	2006 年	2007 年
X 区	142.4	150.5	133.3	137.2	127.8	135.9	126.9	138.7
A 区	137.7	135.6	135.9	123.4	127.6	127.4	122.1	122.5
LW 区	140.5	138.7	133.4	131.9	124.7	122.4	126.6	127.2
F 区	131.7	141.7	143.8	138.9	133.9	125.9	120.8	127.0
H 区	134.3	131.2	131.4	127.8	124.7	121.7	121.0	120.1
B 区	132.6	133.6	134.0	128.1	133.5	127.8	127.7	119.8
P 区	141.1	139.1	137.5	136.8	136.8	129.4	123.2	121.0
D 区	134.4	140.9	146.1	143.3	135.3	130.7	123.0	124.5
C 市	136.9	135.4	136.3	139.5	134.8	142.9	128.0	138.5
M 市	148.9	147.2	143.9	146.7	135.8	134.7	127.6	125.4
L 区	146.4	134.8	146.8	131.3	131.4	133.1	128.3	121.7
N 区	138.6	145.6	136.0	141.6	132.9	128.5	123.9	113.2
平均	138.7	138.2	137.2	133.5	132.7	128.5	124.4	122.0

资料来源：Z市人口计生局。

有关学者关于 G 省出生人口性别比的研究中，在分析第五次人口普查数据的基础上，发现 G 省户籍人口出生人口性别比反而高于外来流动人口的出生人口性别比。因此认为外来流动人口并不是造成 G 省出生人口性别比严重偏高的主要原因。本书在对 Z 市数据进行分析后得出与之相反的结论，其主要原因在于 Z 市作为 G 省的省会城市，经济发展水平及城市化率高于 G 省的平均水平，而社会经济发展与人口的生育水平有着直接的关系，这包括生育的数量和结构，其中生育结构在指标上的反映就是出生人口性别比，因此这一不同结论的得出有其实际的现实背景。

四　二孩和多孩出生人口性别比严重偏高，政策外出生人口性别比远高于政策内出生人口性别比

1998~2008 年 Z 市分孩次出生人口性别比中，一孩出生人口性别比均值为 109.5，二孩为 143，三孩及以上为 195.8。1998~2008 年，Z 市一孩与二孩、多孩的出生人口性别比变化趋势略有差异，一孩从 110.6 下降至 107.6，二孩从 136.2 上升至 142.7，三孩及以上从 157.9 上升至 173。变化趋势见图 8-4。

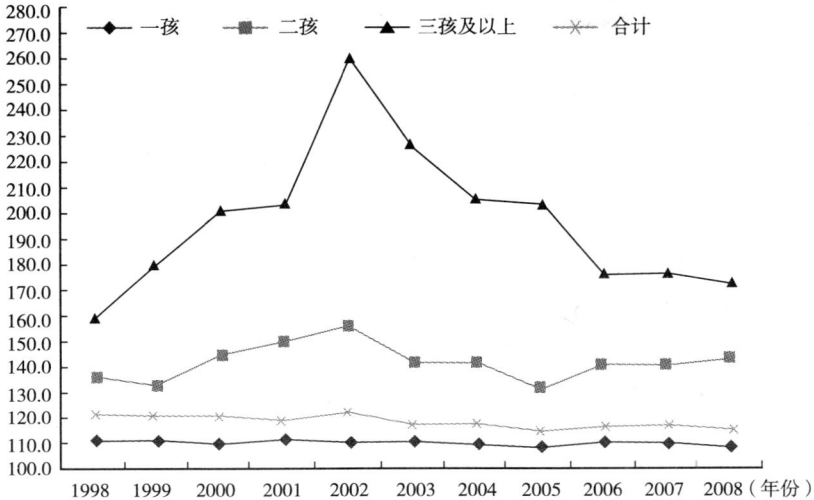

图8-4　Z市历年分孩次出生人口性别比

资料来源：Z市人口计生局。

其中，由于一孩的出生基数大，虽然其下降的幅度并不大，但对出生人口性别比总体水平的下降产生了较大影响，但2002年以前二孩和多孩出生人口性别比的上升对总体水平偏高产生了不可忽视的影响。2002年以后二孩、多孩出生人口性别比呈现一定程度的下降，说明加强了综合治理出生人口性别比工作的力度，开始取得初步成效。但是，二孩和多孩的出生人口性别比仍然处于严重偏高状态，需要进一步采取有力措施，促其大幅下降。

从1998年至2008年，Z市政策外户籍出生人口性别比一直高于政策内出生人口性别比，以近几年来尤为显著（见表8-2）。最近三年，Z市政策外户籍出生人口数分别为3137、3225、2915人，占当年出生人口数的4.7%、4.3%、3.6%，但其出生人口性别比平均高于170，较政策内高60多个百分点。因此，计划外出生人口性别比应该成为未来综合治理出生人口性别比工作的重点和突破口。

表 8 - 2   Z 市计划内和计划外出生人口性别比

地区	2006 年		2007 年		2008 年	
	计划内	计划外	计划内	计划外	计划内	计划外
X 区	111.9	151.2	111.5	117.8	104.6	193.8
A 区	102.2	138.1	111.0	163.9	110.6	157.8
LW 区	108.9	160.0	111.2	155.0	112.2	175.8
F 区	115.5	130.0	105.0	335.7	112.3	235.3
H 区	108.9	194.0	106.7	153.8	106.5	161.0
B 区	109.1	221.3	111.8	180.8	109.5	149.8
P 区	109.6	171.0	108.9	219.1	107.1	202.1
D 区	118.3	168.1	113.2	172.5	113.6	170.1
C 市	116.7	210.2	114.8	221.6	113.9	144.4
M 市	115.8	170.2	116.6	166.7	117.4	167.6
L 区	114.1	162.9	118.3	143.1	119.7	229.6
N 区	103.4	140.0	116.6	161.5	110.8	170.0
平均	111.2	179.3	111.7	173.8	110.6	167.7

资料来源：Z 市人口计生局。

五 女婴死亡率偏高，学龄儿童性别比严重失衡

由于缺乏相应数据，仅以 2000 年第五次人口普查数据作为分析数据。2000 年 Z 市出生婴儿死亡率分别为：男婴死亡率 6.55‰，女婴死亡率 10.20‰，这一数值的绝对水平比较低，远低于全国水平（男婴死亡率 28.14‰，女婴死亡率 35.51‰），反映出 Z 市较强的综合实力。但在通常情况下，婴幼儿死亡水平是生物医学和环境因素共同作用的结果。在没有性别歧视的人口中，生物学因素是决定男女死亡性别差异的最主要因素，男性婴幼儿死亡水平应该高于女性婴幼儿的死亡水平，这反映了儿童死亡水平的自然性别差异。因此，这一因素也是 Z 市出生人口性别比偏高不可忽视的原因之一。

作为出生人口性别比失衡的后果之一，Z 市近年来的小学入学人口性别比严重失衡（见表 8 - 3）。

表8-3　Z市小学入学人口数和性别比

地区	2006 年		2007 年		2008 年	
	总人数（人）	性别比	总人数（人）	性别比	总人数（人）	性别比
X 区	10145	112.4	10054	115.2	9009	114.1
A 区	14249	122.9	13841	126.6	13018	126.8
LW 区	8166	119.7	8352	113.3	7599	126.2
F 区	5011	116.3	5297	130.5	5158	117.8
H 区	17374	123.7	17941	122.1	16766	120.1
B 区	25754	125.1	25178	127.3	24564	127.5
P 区	21010	128.7	20808	128.5	21138	125.7
D 区	13087	126.2	12741	136.5	12861	128.3
C 市	8971	121.8	8097	125.3	6018	127.4
M 市	14691	133.5	13660	142.4	11408	140.9
L 区	3296	131.3	2732	122.8	2723	125.6
N 区	2333	128.5	2240	110.7	2076	128.4
平均	144087	124.5	140941	126.7	132338	125.9

资料来源：Z市教育局。

　　由于我国已经在城市和农村普及小学义务和免费教育，因此，教育部门统计的学龄儿童性别比这一指标已经逐步作为出生人口性别比指标的重要核实依据，它能够反映入学人口队列6~7年前的出生队列的出生人口性别比，如8-3为2006、2007、2008年的入学人口和性别比，按照平均6岁入学，可以根据该数据回推出2000、2001、2002年的出生人口性别比。根据Z市计生委提供的数据，2000、2001、2002年的出生人口性别比分别为119.4、117.7、119.9，相比2006、2007、2008年的入学人口性别比偏低。因为教育部门对Z市入学人口的统计口径为在Z入学的实际人口，其中还包含非Z户籍的常住人口，而计生部门统计的人口为户籍人口，因此教育数据并不能作为核实计生数据的依据。但入学人口性别比的严重失衡，需要各部门综合治理出生人口性别比，统筹解决这一问题已经刻不容缓。

第三节　治理模式总结

一　出生人口性别比偏高问题的治理阶段回顾

Z市出生人口性别比偏高问题的治理可以用 5 个标志性的文件来总结，这 5 个文件的出台动因和实施时间又与 Z 市出生人口性别比态势、《G 省人口条例》的 5 次修正，以及国家宏观的人口与计划生育政策环境相呼应。因此，根据这 5 个标志性的文件，我们可以将 Z 市的出生人口性别比治理划分为 5 个不同的阶段。

第一阶段，1986 ~ 1992 年，《关于实施〈G 省计划生育条例〉若干具体意见》。这一时期，Z 市出生人口性别比呈现缓慢升高的态势。禁止"两非"行为的政策条款缺失使得这一时期的治理并未出现明显效果。

第二阶段，1993 ~ 2000 年，《实施〈G 省计划生育条例〉办法》。这一时期，Z 市出生人口性别比急剧升高；与此相对的是，G 省在条例中明确提出了查处"两非"行为的具体条款，但可能是因为政策效果的滞后性以及具体实施过程中的一些问题，Z 市的出生人口性别比数字并未显示出明确的政策效果。

第三阶段，2001 ~ 2005 年，《Z 市实施〈G 省计划生育条例〉办法》。这一时期，出生人口性别比缓慢下降；1992 年《G 省计划生育条例》中的查处"两非"行为条款，特别是 2001 年《Z 市实施〈G 省计划条例〉办法》当中力度较大的奖励保障措施等均在发生作用，治理效果正在逐渐显现。

第四阶段，2005 ~ 2009 年，《Z 市人口与计划生育管理办法》。这一时期，出生人口性别比在稍高于正常值的范围内波动。2002 年的《G 省人口与计划生育条例》中加大了对于"两非"行为的处罚力度，2005 年《Z 市人口与计划生育管理办法》中又进一步制定了可操作化的查处"两非"的办法，同时加大了奖励保障力度，这些措施都发挥了积极的作用；但由于男孩偏好文化和观念的刚性作用，使得出生人口性别比在一个较低的水平上呈现胶着状态。

第五阶段：2009 年以后，《关于解决 Z 市城镇独生子女父母计划生育奖励问题的若干规定的通知》。由于时间较短，无法准确判断政策实施效果及出生人口性别比态势。

二 出生人口性别比偏高问题的治理现状

1. 治理目标

Z市在出生人口性别比治理方面制定了明确的目标，并将其体现在人口与计划生育管理责任制考核体系中。

根据Z市2009年最新出台的《人口与计划生育管理责任制考评办法》，Z市明确提出：在稳定低生育率水平的前提下，"出生人口性别比趋向正常或比上年度明显下降"，且要求各区（县级市）、街（镇）计生部门"推动计划生育利益导向机制和流动人口计划生育管理服务机制的建立完善，综合治理出生人口性别比偏高问题"。对Z市人口计生部门下属各机构和工作人员的调查也进一步证明了这一点。县/区层面机构的出生人口性别比治理目标较为明确，更具结果导向性，注重降低出生人口性别比数字；街/镇和村/居层面机构的治理目标，更具过程导向性，强调各项具体工作的实施和开展。

Z市大部分县/区级计生部门在出生人口性别比治理方面，都能够制定明确的短期和中长期治理目标。由于出生人口性别比数字并不适合在街/镇和村/居一级进行考核，因此乡镇和村/居的治理目标更加重视过程而非结果。问卷调查表明，80%以上的机构有关于出生人口性别比治理的目标和计划。其中，10个县/区级人口计生部门中，8个有短期目标（M市和C市没有），10个有中期目标，9个有长期目标（M市没有）。因此10个县/区治理机构中8个同时有短期、中期、长期性别比治理工作目标/计划。61.29%的街/镇层面的机构同时有短期、中期、长期目标，社区层面机构则以中短期目标为主，但仍有超过20%的村/居层面机构三类性别比治理目标/计划均无。

县/区级计生部门最为重视的治理工作依次为"降低性别比数字"、"保证查处'两非'的案例数"和"推行并提高全程服务质量，保证孕产期监控"，街/镇和村/居层面机构重视的目标依次为"进行性别平等、查处'两非'行为的宣传"、"降低出生人口性别比数字"、"推行促进性别平等的政策，如促进女性就业、参政、教育等"。这说明计生部门的机构层级越高，其性别比治理目标的结果导向性越强，而级别较低的治理机构更加重视过程性和根源性的治理目标，这与出生人口性别比治理问题的特点也是相符的。

2. 治理理念

经济的高速发展、人口流动和社会的全面发展使得 Z 市的政府管理更具人性化理念，更加关注民生。这一特征也体现在出生人口性别比治理工作中，注重保护群众的生育权利，尊重群众的生育意愿，并强调将出生人口性别比治理纳入机构日常工作中。同时大部分相关部门工作人员对出生人口性别比问题及其治理都有比较深刻的认识，也较具有性别平等理念。

调查结果显示，超过 50% 的人口计生机构将出生人口性别比治理工作纳入日常工作中，部分单位甚至将出生人口性别比治理工作作为核心工作来抓，但仍有 16.31% 的机构将其作为附加工作。

工作人员对出生人口性别比偏高问题的根本原因认识较为清晰，但对直接原因的认识有待进一步提高。超过 87% 的工作人员认识到重男轻女的传统观念造成了"出生人口性别比偏高"，但也有超过 32% 的工作人员认为 B 超技术的普及与"出生人口性别比偏高"没有直接关系。

工作人员性别平等意识较强。总体上，只有 10% 左右的工作人员性别平等意识较为薄弱；大多数工作人员认为在父母养老方面，男孩与女孩的作用是一样的；在发展前景方面，有不少工作人员认为男人的发展前景要好于女人。在访谈中，大部分工作人员都表示自己不会有重男轻女的思想，这说明，Z 市的治理队伍的思想观念和基本素质还是具有一定保障的。

3. 治理结构

Z 市目前在出生人口性别比治理方面仍然采取了较为传统的层级网络式治理结构。纵向以人口计生部门为主，包括市、县/区、街/镇和村/居四级人口计生机构；横向主要是人口计生部门与其他部门如妇联（或残联）、卫生局（药监局）、公安、辖区内学校等合作与互动，且主要体现在县/区和街/镇这一层次，公民社会和非政府组织的参与十分缺乏。

在出生人口性别比治理中，Z 市人口计生部门的纵向合作基本是比较畅通的，但由于金字塔式的行政管理网络，较高层次的人口计生部门向下合作更多，但较低层次的人口计生部门向上合作相对较少。县/区级人口计生部门与下属街/镇和村/居分别有合作；而 93.55% 的街/镇级人口计生部门与下属村/居级有合作，87.10%的街/镇级人口计生部门与所属县/区有合作；85.61%的村/居人口计生部门与所属街/镇有合作，75.76%的村/居人口计生部门与县/区级人口计生局有合作。

在出生人口性别比治理当中，Z市人口计生部门的横向合作主要涉及卫生、妇联、药监等部门。与区人口计生部门有合作的部门包括卫生、政府、党委、妇联等。其中，与区级人口计生部门有合作的部门包括卫生、政府、党委和教育部门，与街/镇级人口计生部门有合作的部门包括卫生、药监、公检法、残联、妇联等，与村/居人口计生部门有合作的部门包括妇联、卫生、药监等。

4. 治理机制

目前Z市在出生人口性别比治理方面尚未形成强有力的组织领导和沟通机制，这与Z市出生人口性别比态势得到基本控制有关。出生人口性别比治理的资金保障机制运行良好，特别表现在街/镇和村/居层面，资金拨付方式较为灵活，可以在保障日常办公的基础上根据工作需要自行申请；考核体系以"两无"考核（街/镇无政策外多孩生育、村/居无政策外人口出生）为特色，不断完善，增加了对出生人口性别比指标与群众满意度的考核，但在一些具体的考核内容和方式上还需要改进。

（1）组织领导和沟通机制

Z市的出生人口性别比的治理是以计划生育综合治理办公室为依托，并没有设置治理出生人口性别比的专门机构，缺乏像HN省YC区等试点的"关爱女孩行动"领导办公室这样的常设机构，在组织领导上相对弱化。同时，部门之间的沟通合作机制不够畅通，机构层级越低，沟通存在障碍的现象越严重；部门内部的沟通也存在一些障碍。

在性别比治理过程中，两区一市的工作人员都遇到其他单位不配合的情况。而且单位级别越低，单位之间不配合的可能性就越高。这种不配合状况的存在可能影响到单位之间的信息与资源的分享，以及治理的绩效。

部门内部工作人员之间良好的沟通与合作是治理绩效的重要保证。部门内部工作人员也存在少量沟通不畅的现象，但要好于部门间沟通。

（2）资金保障机制

由于经济发达、财力雄厚，Z市人口计划生育部门用于开展各项活动的资金都是比较有保障的，其中也包括出生人口性别比治理所需资金。

访谈中发现，由于财务制度控制较严格，Z 市在开展出生人口性别比治理时，必须提出合理的活动预算才能获得拨款；但拨款一般都是很有保障的。县/区级所需资金通常由市级财政划拨至县/区级层面，然后委托银行落实到计生户、劳保户等；街/镇经费由区里统一划拨，不分街/镇大小经费一样，虽然没有有关性别比治理方面的专项经费，但是活动资金还是具有较强的保障性，只是街/镇对村/居层面经费的使用有审批权。但是，街道层面也反映，提高村/居一级工作人员的素质或者进行宣传教育，甚至在村/居开展免费"三查"等的费用全部来自街道，增大了街道计生部门在这一块的资金投入。同时，举报"查处两非"奖励金虽然是在街道层面向下发放，但是这项经费是由区计生局起草，经卫生部门预算的，这一方面的资金机制不够清晰。

村/居层次的资金保障机制基本相同。访谈中发现，C 市村/居层面居委会由街道给予 250 元/月的日常办公费用，另外还有民政部门给的"星光老人"专项经费，除此之外没有别的收入和经费来源。X 区的村/居委每年会有 7000 元的办公经费，用于日常工作和办公用品购买。若需要举办稍微大型一点的专项活动，如"关爱女孩宣传会"等均需向街道申请经费。调查表明，村委会相比居委会在资金保障方面更好一些，因为会有一部分集体收入纳入日常办公经费。

（3）考核机制

考核方式多样化，动静结合，相对合理。县/区层面的考核，由 G 省和 Z 市两级共同进行。G 省人口计生委制订针对县/区的考核方案，人口考核办设在计生局。X 区考核街道的性别比指标有年终检、半年检、专项检查，例如流动人口、出生人口性别比检查，同时也在酝酿查处"两非"加分制度。从 C 市的街道对居委会还有半年检、流动人口检等其他形式的考核，通常是采取抽样上门检查的形式进行考核。

考核内容在不断完善，同时也重视性别比治理的目标考核机制，但具体细节和落实情况有待改进。Z 市各层面基本都有关于出生人口性别比治理的考核，但是村级与出生人口性别比相关的考核指标偏少。县/区层面比较重视出生人口性别比数字和查处"两非"的结果考核。街道层面的出生人口性别比治理考核，原则上没有性别比数字的量化指标要求，主要对档案资料和一些宣传服务的执行情况进行考核。但 C 市对街道层面有出生人口性别比数字的考核，规定标准值为低于107，超出该值就会在考核中扣分。然而街道层面出生人口数太少，性别比波动较大，考核其出生人口性别比数字其实是不太合理的。村/居层面的考核中缺少出生人口性别比相关的考核内容。访谈中获悉，Z市村/居层面的考核并没有明确的指标，但有"两无"加分制度（街/镇无政策外多孩生育、村/居无政策外人口出生）作为引导。村委会的具体考核内容为"无早婚早育，无违法抱养，无政策外生育"，并不涉及出生人口性别比相关内容的考核。X区则对居委会实行居委会主任签署月包干责任书，主要是"三栏"信息的更新，要求更新进度在10％~20％。

考核力度需在保证考核内容科学的基础上继续加大加强。Z市自2003年起，开始用出生人口性别比指标考核区一级的计生工作，超过120就要扣分，并没有采取一票否决制。C市街道对居委会实行年终考核，采取一票否决制，就是计生工作与升迁奖励挂钩，计划外生育不达标则无奖金。C市的街道对村/居考核后有奖励，表现为优秀、良好、达标三级奖励，其中"优秀"有2000元的奖金。X区考核村/居后会按照综合评议的结果进行奖励，奖励分三等：一等奖、二等奖、三等奖，无奖是指群众有效投诉两次以上的取消评定资格。

5. 治理工具

总体来说，Z市目前以行为约束型治理工具为主，主要开展的治理工具是"查处两非"，只是规范卫生和服务市场，威慑力不够突出。以宣传倡导类治理工具为辅，互动宣传较少。利益导向类治理工具在农村地区实施力度不大。中心城区和郊区治理工具的实施差异较大。

本书主要是从治理工具的有无、必要性、执行困难程度、执行有效程度和对于治理工具的重视程度来进行分析的。共分为三个大类：行为约束类治理工具、利益导向类治理工具和宣传倡导类治理工具。主要涉及的政策治理工具包括：B超的管理监管制度；定点分娩、引产和孕检制度；女婴死亡管理制度；打击"两非"行动已经在地方立法；计生女儿户家庭老人的社会化养老保障；实行农村计划生育女孩户家庭医疗保障（新农合免费入保）；实行对于计划生育女孩户家庭技术、信息扶持优先，减免科技培训费的政策；困难女童和失学女童的救助；计划生育的独女户和双女户家庭女学生升初、高中加分；对计划生育家庭户发放奖励扶助金；对计划生育女儿户优先发放小额信用贷款；通过对村规民约的修订，使得其更有利于女儿户家庭（如土地分配，集体经济分红）；在培养入党、评先评优、招工招干、推选代表时对女儿户和妇女优先照顾；通过发放文图等宣传品，向群众传播关爱女孩行动理念和知识；通过举办培训班等方式开展"关爱女孩行动"理念的倡导与培训；提倡女性参与祭祀、社事等民俗活动；在重要场所通过各种方式（广告牌、漫画墙等）开展"关爱女孩行动"的环境宣传。

我们将调查中把"比较有必要"和"非常有必要"作为对政策工具必要性的衡量指标，把"比较重视"和"非常重视"作为对政策工具重视程度的衡量指标，通过比较发现，行为约束类治理工具在 Z 市的实施是最为普及的。在访谈中我们也发现，对 B 超的管理制度、对死亡女婴监管等工作已经是最为基本的治理方式之一。同时，对于打击"两非"行动已经在地方立法这项工具，已有83%的地区在自己的管辖范围内有所制定。其次，宣传倡导类治理工具的实施范围也比较普及，达到了80%以上。相对缺乏的就是利益导向类治理工具，仅有61.5%的地区有所体现。另外，在政策治理工具的必要性方面，行为约束类治理工具是比较重要的一类治理工具。在治理机构当中，对于此类工具的重视程度相对也是最高的。但是，对宣传倡导类治理工具的重视程度最低，治理主体对于该类政策的认识还不到位。

通过对17项治理工具在三个调查县/区治理现状的对比，根据数据的显著性发现：

从三项政策治理工具的开展情况来看，三个区的开展情况是有显著性区别的。行为约束类和利益导向类治理工具在 C 市开展得最为广泛，宣传倡导类治理工具在 H 区开展得最为广泛。这也与三个区所面临的出生人口性别比态势相联系。

而从政策治理工具的必要性方面来看，三个区的差异也是具有显著性的。C 市有60%以上的工作人员都认为行为约束类治理工具是很必要的；相比之下，X 区的工作人员认为该类工具的必要性最低。另外，对于利益导向类治理工具，X 区认为该类工具的必要性最高。对于宣传倡导类治理工具，C 市和 H 区认为此类工具的必要性较高。

从三个区对于三类政策治理工具的重视程度来看，它们之间存在的差异性依旧十分显著。对于行为约束类治理工具，C 市最为重视；而利益导向类治理工具，在 H 区得到了很大的重视。这一点也在我们访谈中体现了，X 区对于此类工具不是十分重视，主要因为中心城区群众的收入普遍都比较高。宣传倡导类治理工具还是在流动人口较多的 H 区得到了比较大的重视，因为流动人口众多，宣传教育的工作相对就比较重要。

6. 治理绩效评价

出生人口性别比较 2000 年之前有所下降，治理工具的实施取得了一定的效果，群众生育观念已经逐步改变，群众对于治理机构的满意度得到了提升。

从 2003 年"关爱女孩行动"在 Z 市开展以来，这项行动为促进出生人口性别比的平衡，积极应对老龄人口、流动人口、就业人口增加带来的问题，为全面建设小康社会创造了良好的人口环境。同时，Z 市自身在出生人口性别比治理方面进行了大量实践和努力，倡导男女平等，消除性别歧视，维护女童的合法权益，建立有利于女孩生活、发展的社会环境和保障制度，Z 市的 D 区作为 G 省"关爱女孩行动"的试点单位，B 区作为 Z 市自身的试点单位，已经取得了一定的成绩。具体表现在以下几个方面：第一，有针对性的宣传教育等活动已经转变了育龄群众的婚育观念。传统的早婚早育、多子多福和重男轻女等观念逐渐被晚婚晚育、少生优生、生男生女都一样等科学、文明、进步的观念所取代，越来越多的人自觉实行计划生育。第二，Z 市目前出生人口性别比持续升高的势头已经初步得到了遏制，近年来 Z 市出生人口性别比的数值在 110 左右，虽然仍旧高于正常水平，但是比之前已经有所下降。

（1）治理绩效的现状

①群众的思想观念和生育意愿

群众的生育观念是出生人口性别比治理绩效的一个主要方面，此次调查从三个方面对群众目前的生育观念进行了调查。本次调研将 Z 市群众分为三类群体，即农村人口、城市人口和流动人口。其中，流动人口指的是现居于 Z 市地区但户籍仍属于外省或本省 Z 市以外地区的人口。

a）生育性别偏好

群众的生育观念首先可以从群众对于子女性别的看法入手。从群众对子女性别的看法来看，主要有表 8-4 中的几类。

表 8 - 4　群众的子女性别观念

群众类型	不管几个孩子，有儿子即可			LR 检验
	同意	不同意	样本	
农村群众	25.60%	74.40%	168	
城镇群众	11.11%	88.89%	387	＊＊＊
流动群众	23.42%	76.58%	111	
总体	16.77%	83.23%	666	

注：＊＊＊p＜0.001，＊＊p＜0.01，＊p＜0.05

从表中可以看到，一定要儿子的群众比例已经很低，最多不超过三成，其中，城镇居民教育素质、经济条件较好，观念改变明显，该比例最低；农村略高一些，但改变程度也很明显；而流动人口较之农村人口也有下降，说明流动人口在流入城镇后开始渐渐接受城镇人口生育观，男孩偏好开始出现改观趋势。

b）生育数量和性别偏好

对于子女理想数目的看法，可以反映群众在生育时具体的数量和性别考量，例如重在性别还是数量；同时，也可以反映出在现阶段计划生育政策条件下，生育子女时的数量和性别是否有替代效果。从子女生育数量的选项中，可以看到在农村居民中，一儿一女或者是儿女双全的观念是绝大多数群众所持有的（67.71%）；而城镇居民中，多数人或者选择一儿一女（40.09%），或者认为不管男女，生育一个就好（41.00%）；流动人口中，多数人选择一儿一女（52.89%），这一比例比农村群众下降明显，同时只生育一个的观念比例也较之农村居民有显著提高（27.27%），再次印证了城市居民对于流动人口生育观念的影响力。

②群众对于治理工作的满意度评价

62.2%的机构认为，"近三年来，本机构在民众心目中的形象变化"为"比以前好很多"。其中，X区计生局反映"近三年来，本机构在民众心目中的形象变化"为"比以前好了很多"；街镇层面的机构中这个比例为70.97%；村/居层面的机构这个比例为59.85%。

满意度评价主要是对于政策或措施的实施效果进行评估。从群众问卷中可以看到，较高的知晓度往往伴随着较高的满意度，说明这些宣传效应较好的政策在实施效果上也较为明显。这其中，农村群众满意度（选择"很满意"或"满意"）比例接近50%或达到50%以上的政策主要有图8-5中几项。

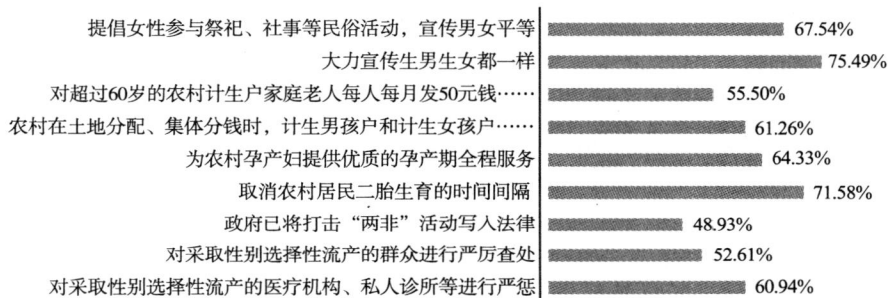

提倡女性参与祭祀、社事等民俗活动，宣传男女平等　　67.54%
大力宣传生男生女都一样　　75.49%
对超过60岁的农村计生户家庭老人每人每月发50元钱……　　55.50%
农村在土地分配、集体分钱时，计生男孩户和计生女孩户……　　61.26%
为农村孕产妇提供优质的孕产期全程服务　　64.33%
取消农村居民二胎生育的时间间隔　　71.58%
政府已将打击"两非"活动写入法律　　48.93%
对采取性别选择性流产的群众进行严厉查处　　52.61%
对采取性别选择性流产的医疗机构、私人诊所等进行严惩　　60.94%

图8-5　群众对于政策工具的满意度评价

在政策或措施知晓度和好坏评价的调查中，城镇群众和流动群众因为切身体会政策的人数比例不高，所以此处满意度的调查未包含这两类人群的百分比。不过，对于主要在农村实施的政策来说，上述政策达到的满意度也说明在基层农村群众中这些政策措施为群众提供了较为理想的服务效果。

第四节　结论与启示

一　主要结论

结论一，Z市的出生人口性别比经历了先快速上升，后缓慢下降的过程；目前仍然在略高于正常值的范围内波动，并呈现农村地区高于中心城区、流动人口高于户籍人口、计划外出生人口高于计划内出生人口的特点。

结论二，Z市目前的儿童死亡率已经远远低于全国水平，但与之相对的却是偏高的女孩死亡水平，儿童死亡率性别比大约在0.64，远低于1.2~1.3的正常水平，表明男孩偏好不仅存在于出生前，也存在于出生后。

结论三，造成Z市出生人口性别比偏高的根源性原因是重男轻女的传统文化，不仅体现在家庭和婚姻制度中，也体现在人们的生育观念和心理预期中，其具体表现形式为岭南文化、潮汕文化以及渔家文化中对男性劳动力的强烈需求。

结论四，造成 Z 市出生人口性别比偏高的条件性原因是生育政策变迁、城市化进程中的流动人口和"新市民"身份认同障碍、较高的经济发展水平下重男轻女的集体经济分配制度。1997 年 G 省生育政策有过一次调整，农村地区由普遍二孩政策变为一孩半政策。因此 1998～2002 年，Z 市的出生人口性别比也达到了峰值，表明生育政策对于出生人口性别比的影响。随着 Z 市城市化进程的加快和经济发展水平的提高，流动人口和由农村人口转变成的"新市民"大量出现。流动人口管理难，新市民身份的改变并没有同时伴随着生育观念的改变，这些因素都促使出生人口性别比进一步升高。同时，Z 市较高的经济发展程度也并没有必然带来人们生育观念的转变，集体经济分配中仍然大量存在性别歧视的现象，这些都进一步加剧了 Z 市人口性别比问题的恶化。

结论五，造成 Z 市出生人口性别比偏高的直接原因仍然是区域内更为隐蔽的非医学需要的胎儿性别鉴定和非法的性别选择性人工流产。地下诊所、私人诊所甚至某些公立医院都成为"两非"行为发生的场所，还有跨区域流动的非医学需要的胎儿性别鉴定和非法的性别选择性人工流产。

结论六，与全国出生人口性别比不断升高的趋势相比较，Z 市的出生人口性别比不仅没有升高，反而自 2002 年以后明显下降，目前主要在 113 左右的范围内波动，表明 Z 市在出生人口性别比治理方面取得了一定成效。对于群众生育意愿的调查也进一步显示了 Z 市在治理偏高的出生人口性别比、转变人们的生育观念方面所取得的成绩。

结论七，Z 市出生人口性别比快速下降部分是由于 Z 市较高的社会经济发展水平。作为 G 省的政治、经济和文化中心，Z 市的社会经济发展水平居于全国前列。在社会经济发展到一定水平的情况下，人们的生育意愿会由于养育成本的升高而受到抑制，生育性别偏好也会得到一定程度的削弱，但这种作用是非常有限的。在资源紧缺造成强烈的男孩偏好消失之后，文化中的男孩偏好却具有"刚性"特质，很难由于社会经济发展水平的提高而完全消失。

结论八，Z 市出生人口性别比快速下降大部分得益于 Z 市采取的有效治理措施：一是抓住有利时机、及时治理。2000 年前后，在大部分地区尚未完全认识到出生人口性别比偏高问题的严重性的时候，Z 市就对出生人口性别比展开了治理，因而取得了较好的效果。二是通过出台相关的法律和政策措施建立约束机制。三是重视部门内部和部门间的合作，构建高效合理的治理结构。四是加大力度，通过普惠型的计划生育户奖励保障政策逐步引导人们转变重男轻女的生育偏好。2009 年 Z 市出台了针对城镇独生子女父母的奖励优惠政策，引起了社会高度关注和公众的良好反响。

结论九，Z 市出生人口性别比治理目前面临的主要挑战是：在治理理念上，不能有意识地将性别平等理念纳入具体的治理工作和实践中；在治理结构上，缺乏公民社会的广泛参与；在治理机制上，缺乏强有力的组织领导，部门内部合作及部门间也在某种程度上存在沟通不畅现象，缺乏合理的出生人口性别比治理的考核体系和考核指标，如出生人口性别比只能在县区级进行考核，镇/街和村/居一级由于出生人口数较少，并不适合考核出生人口性别比数字，但村/居和镇/街的出生人口性别又会影响到县/区的出生人口性别比水平，在治理工具上，缺乏性别公平的利益导向政策。

二　战略设计和政策建议

1. 战略目标

Z 市在出生人口性别比治理方面的总体目标是：2011～2020 年 10 年间，出生人口性别比从目前的 113 左右逐渐下降并保持在正常水平。

将所有地区按照出生人口性别比水平划分为五类。第一类为正常水平地区，出生人口性别比为 103～107；第二类为接近正常水平地区，出生人口性别比为 108～110；第三类为偏高水平地区，出生人口性别比为 111～115；第四类为较高水平地区，出生人口性别比为 116～119；第五类为高水平地区，出生人口性别比在 120 以上。目前 Z 市 D、C、M、L 为第四类地区，占总出生人口的 32.3%；H、A 属于第三类地区，占总出生人口的 20.3%；X、LW、F、B、P、N 属于第二类地区，占总出生人口的 47.4%。

根据上述划分原则和现状，Z 市出生人口性别比治理的具体目标是：

（1）所有县区的出生人口性别比均逐步控制在 115 以下，杜绝第四类地区的出现。

（2）确保第四类地区向第三类地区、第三类地区向第二类地区、第二类地区向第一类地区的逐步稳定转化。

（3）力争第四类地区向第二类和第一类地区、第三类地区向第一类地区的跨越式发展。

2. 实施阶段

为了实现上述战略目标，Z 市在出生人口性别比治理方面应通过两个阶段实施。

第一个阶段是下降阶段，时间是 2011～2015 年。这一阶段应确保 Z 市的出生人口性别比从目前的 113 下降到 110 以下，每年下降 0.5～1 个百分点。

第二个阶段是稳定阶段，时间是 2016～2020 年。这一阶段应力争 Z 市的出生人口性别比从 110 下降到 107，并逐步稳定在正常范围。

3. 战略选择

为了实现上述目标，按照两个阶段的实施方案，Z 市应结合不同时期国家人口与社会发展情况、Z 市社会宏观环境的变化，在重大战略选择上实现突破，主要包括以下几方面。

（1）Z 市人口发展的战略定位

中国的人口转型早于经济转型，社会转型又滞后于经济转型，目前正处于人口、经济、社会的全面快速转型之中。早期的人口发展服从于经济和社会发展，但在经济和社会发展取得巨大成就的今天，应使得经济和社会发展更加适应于人口发展。建议 Z 市政府应立足于本身较为发达的经济和社会条件，以出生人口性别比治理为切入点，遵循以人为本、促进人的全面发展这一科学发展观的指导思想，逐步以人口发展统筹经济和社会发展，以统筹和协调的手段解决人口、经济和社会转型中所面临的重大问题。

（2）Z 市在出生人口性别比治理方面的战略定位

作为经济、社会和人口形态复杂多样的全国五大中心城市之一，建议 Z 市政府和 Z 市人口计生部门开展出生人口性别比治理方面的前瞻性探索创新，总结、提炼成功的治理案例，为全国其他地区的出生人口性别比治理提供参考和借鉴。

（3）Z 市人口计生部门在出生人口性别比治理方面的战略定位

出生人口性别比问题不仅仅是人口问题，更是社会发展和权利保护问题。当社会经济发展到一定程度时，政府部门更应承担起促进性别平等、构建和谐社会的责任。建议Z市政府赋予人口计生部门监测和协调各相关部门参与出生人口性别比治理过程、评估出生人口性别比治理绩效等责任和相应的权力，在市级层面构建出生人口性别比治理的统一协调和问责机制。

（4）生育政策的适度调整

建议国家相关部门立即进行适度调整并逐步放宽生育政策。建议遵循整体稳定、适度微调、因地制宜、分类指导的原则，适度调整生育政策。当社会经济发展到一定阶段，生育成本增加，人们的生育意愿会受到抑制，稳定低生育水平的体制性障碍将基本消除。在这一前提下，采取"双独子女夫妻"→"单独子女夫妻"、"农村→城市"等原则逐步放宽生育政策，以改善未来人口年龄构成和出生人口性别比。

（5）就业政策的性别平等促进

建议国家及Z市相关部门制定政策促进就业领域的性别平等，通过减免税收、广告宣传、丈夫带薪产假、企业形象评选等形式，制定更为操作化的促进妇女就业、保护女性员工同工同酬等方面的实施细则。

（6）"两非"立法的突破

建议国家及Z市人口计生委及相关部门利用十二届人民代表大会召开的契机，收集查处"两非"方面的典型案例，力争在针对"两非"行为的立法上取得突破，如针对从事非法堕胎、利用羊水穿刺技术诊断胎儿性别等的医疗机构和个人，在刑法中增加相应的处罚条款。

（7）"关爱女孩行动"宣传倡导创新

建议国家及Z市相关部门在构建新型生育文化、倡导性别平等中，注重调整宣传倡导的方向。在过去刻板的、几十年如一日的宣传内容中，纳入新的理念和信息，以满足群众的心理和文化需求；同时采取多样化的手段，向各级政府部门决策者进行倡导，在有影响力的主流媒体宣传性别平等理念等。

（8）计划生育女孩户奖扶政策力度加大

建议国家和Z市相关部门以目前正在进行的国家社会制度变革为契机，在国家社会保障制度框架下，设计更切合实际、更具有激励效应的奖励扶助政策，向计划生育女孩户家庭及女孩倾斜。

4. 具体工作建议

建议1，确定重点治理对象。将流动人口、农村人口和计划外出生人口作为重点治理对象，进一步完善二孩审批和二胎孕情监测工作。

建议2，确定重点管理和服务对象。将0~4岁女婴作为重点管理和服务的对象，为女婴及其母亲提供优质的产后服务，如针对女婴的父母双方进行随访探视，向女婴父母传授科学的育儿知识，建立具有性别视角的随访和产后服务制度，改善女孩生活环境，降低女婴死亡率。

建议3，建立稳定的跨区域合作机制。与国家流动人口管理和服务"三年三步走、全国一盘棋"的规划相结合，确定流动到Z市的5个人口流出大省，分别与这些省市建立跨区域的查处"两非"合作机制，进行典型案件的突破；针对这些案件利用新闻媒体开展声势浩大的社会舆论宣传，加大查处"两非"案件的威慑力。

建议4，构建和完善性别公平的利益导向机制。学习浙江温州的经验，政府部门有意识地引导和指导村民在制定村规民约时凸显社会性别公平视角，使得社会舆论和集体利益分配向计划生育家庭户倾斜，特别是向女孩户倾斜；充分动员企业资源和力量，制定保障性别公平的就业政策和制度，促进妇女就业。

建议5，构建依托于基层社区的文化干预制度。仿效安徽巢湖的"婆婆座谈会"、福建安溪的"民俗文化"创新、河南登封县周山村的"村规民约"调整等经验，在基层开展深入人心的社会性别平等理念的倡导与宣传活动，并以村居计生室为阵地，形成长期的、潜移默化的文化干预制度，从根本上逐步转变人们重男轻女的思想观念。

建议6，建立强有力的组织领导机制，在县区一级进行出生人口性别比治理工作的跨部门合作治理探索。出生人口性别比偏高有其复杂的社会文化因素，因此将出生人口性别比治理仅作为人口计生部门的职责加以考核，并不能抓住其主要矛盾。相对于市级、省级和国家级部门间的合作机制难以很快建立而言，县区级部门间有效合作更易实现。因此，可以在县区级尝试建立由县区政府统一协调和领导的出生人口性别比治理机制，根据其产生原因和涉及部门将治理工作的职责重新划分。例如，人口出生统计由卫生、人口、公安等部门配合统计部门负责，B超规范管理和人工流产手术规范管理由卫生部门负责，药物规范管理由药监部门负责，查处"两非"

案件由公安部门负责，其他利益导向型的社会政策由教育、民政、人口计生等相关部门负责，等等。

建议7，引导和鼓励企业和公民社会广泛参与出生人口性别比治理。政府部门应出台相关文件和相关的政策措施，鼓励企业和公民社会参与到出生人口性别比治理中。例如，建立贫困女童助学渠道，鼓励企业和公民社会捐款、捐物；建立"关爱女孩行动"专项基金，吸纳企业和公民社会的捐款，取之于民，用之于民；制定减免税等优惠政策，鼓励企业提高女性就业率等；引导村民自治，要求在村规民约中体现性别公平，在经济利益分配和舆论导向中，注重向弱势的女孩户倾斜。

第九章 Y 区治理模式总结

2006 年，在国家人口计生委的组织下，西安交通大学人口与发展研究所和中国人民大学社会与人口学院共同承担了"中国社会政策协调与社会性别平等促进"项目，旨在通过提高社会政策系统的协调性来促进社会性别平等和社会发展，试图从根本上解决出生人口性别比的治理问题。作为项目的主要内容之一，西安交通大学人口与发展研究所基于社会性别公平视角，选择 N 省 L 市 Y 区进行微观层次的社会政策协调干预实验。

Y 区隶属 N 省 L 市，地处 N 省中南部，属淮河流域大沙河中游平原地区。Y 区面积 413.1 平方公里，总人口 47.4 万人。

Y 区历史上就具有强烈的男孩偏好，是国家"关爱女孩行动"一期和二期试点县之一，在治理性别比失衡方面形成了良好的工作基础。

第一节 研究设计

本研究包括两个阶段。第一阶段是 Y 区社会政策系统协调性分析。即采用系统协调性分析框架，对 Y 区在出生人口性别比治理、"关爱女孩行动"方面的相关社会政策进行分析，为 Y 区的社会政策干预提供基础。

这里的社会政策特指与出生性别比治理相关的各种利益导向政策，涉及就业、就学、奖励救助和养老保障、就医、维权、土地等方面。

数据来源包括四部分。第一部分数据来源于 2006 年 11 月中旬～2007年 1 月间，由 Y 区计生部门配合提供的 Y 区相关数据资料，包括各项环境数据和目前正在实行的社会政策数据，其中 Y 区出生性别比治理相关的社会政策共计 33 项，具体内容见表 1。第二部分数据来源于国家人口计生委宣教司 2005 年对"关爱女孩行动"试点县的评估及总结数据。第三部分数据来源于国家"关爱女孩行动"办公室 2006 年 5 月前后对试点县进行的需求调查数据。第四部分数据来源于西安交通大学人口与发展研究所 2007 年 5 月在 Y 区进行调查获取的数据。

表 9 - 1　Y 区社会政策内容列表

政策	项数（项）
生产生活	11
就学	6
就业	5
就医	4
维权	4
养老	3
合计	33

其中，针对系统内部协调性分析，主要基于第一部分数据采用了政策文本分析方法；针对系统外部协调性分析，主要基于第二、第三和第四部分数据采用了文献研究和质性访谈相结合的方法。

第二阶段是 Y 区基于社会政策协调项目的模式总结。即在第一阶段政策分析的基础上，提出具有针对性的干预策略，具体表现为"七保政策"体系和相应的保障机制，以促进 Y 区的社会政策系统协调性。这一阶段主要采取了政策实验的方法。

第二节　治理政策分析

一　系统内部协调性分析

1. 主体子系统内部协调性分析

以社会性别公平理念审视政策主体，要求在政策制定、执行以及监测评估中体现多部门合作以及代表妇女利益的组织或其他公民社会组织的作用。

政策制定主体。从分析结果看，Y 区正在实施的 33 项社会政策中，由国家或省级出台的政策共 7 项，约占 21%；由县区单一部门出台的政策共 12 项，约占 36%；由县区两个部门以上联合出台的政策 14 项，约占总数的 42%。其中，妇联参与制定的政策共 2 条，主要集中于维权方面；除了妇联之外，其他公民社会组织参与制定的政策为 0。这说明，Y 区社会政策制定中，尚有大部分社会政策是由单一部门制定的，政策制定的多部门合作机制尚未建立；同时，妇联等代表妇女利益的组织在政策制定中尚存在话语权的缺失，公民社会参与程度普遍较低。具体见表 9－2。

表 9－2　政策制定主体分析

项目		生产生活（11 项）	就学（6 项）	就业（5 项）	就医（4 项）	维权（4 项）	养老（3 项）	合计（33 项）
国家或省级或市层次	项数	2	1	0	1	0	3	7
	%	18	17	0	25	0	100	21
县区单一部门	项数	1	4	5	0	2	0	12
	%	9	67	100	0	50	0	36
县区两个以上部门联合	项数	8	1	0	3	2	0	14
	%	73	17	0	75	50	0	42
主体不明确	项数	0	0	0	0	0	0	0
	%	0	0	0	0	0	0	0
妇联参与程度	项数	0	0	0	0	(2)	0	(2)
	%	0	0	0	0	(50)	0	(6)
其他公民社会组织参与程度	项数	0	0	0	0	0	0	0
	%	0	0	0	0	0	0	0

政策执行主体。从分析结果看，Y 区正在实行的 33 条政策当中，由县区单一部门执行的政策共 8 项，约占 24%；由两个以上县区部门联合执行的政策共 25 项约占 76%。其中，由妇联参与执行的政策只有两项，约占 6%；其他公民社会组织参与执行的政策为 0。这说明，Y 区社会政策执行中，大部分政策都是由两个以上部门共同执行的，政策执行中的合作机制已经建立；但妇联等代表妇女利益的团体以及公民社会组织在政策执行中的作用仍然缺失（见表 9－3）。

表 9 - 3　政策执行主体分析

项目		生产生活 （11 项）	就学 （6 项）	就业 （5 项）	就医 （4 项）	维权 （4 项）	养老 （3 项）	合计 （33 项）
县区单一部门	项数	6	0	0	1	0	1	8
	%	18	17	0	25	0	100	24
县区两个以上部门联合	项数	5	6	5	3	4	2	25
	%	45	100	100	75	100	67	76
主体不明确	项数	0	0	0	0	0	0	0
	%	0	0	0	0	0	0	0
妇联参与程度	项数	0	0	0	0	（2）	0	（2）
	%	0	0	0	0	（50）	0	（6）
其他公民社会组织参与程度	项数	0	0	0	0	0	0	0
	%	0	0	0	0	0	0	0

政策监测评估主体。从分析结果看，Y 区正在实行的 33 条政策已经建立起相对完善的监测评估体系，其主体均为 Y 区"关爱女孩行动"小组办公室，是由各个相关部门抽调人员组成的。其中，妇联作为相关成员单位之一，也参加了几乎所有政策的监测评估；但除了妇联之外，其他公民社会组织参与政策监测评估的程度还相当低（见表 9 - 4）。

表 9 - 4　政策监测评估主体分析

项目		生产生活 （11 项）	就学 （6 项）	就业 （5 项）	就医 （4 项）	维权 （4 项）	养老 （3 项）	合计 （33 项）
县区单一部门	项数	0	0	0	0	0	0	0
	%	0	0	0	0	0	0	0
县区两个以上部门联合	项数	11	6	5	4	4	3	33
	%	100	100	100	100	100	100	100

项目		生产生活 （11 项）	就学 （6 项）	就业 （5 项）	就医 （4 项）	维权 （4 项）	养老 （3 项）	合计 （33 项）
主体不明确	项数	11	6	5	4	4	3	33
	%	0	0	0	0	0	0	0
妇联参与程度	项数	11	6	5	4	4	3	33
	%	100	100	100	100	100	100	100
公民社会参与程度	项数	0	0	0	0	0	0	0
	%	0	0	0	0	0	0	0

2. 客体子系统内部协调性分析

以社会性别公平理念审视政策客体，首先要求政策执行对象的安排在利益的划分上既能体现两性之间在基本权利上的平等（即所谓的横向公平），又能体现对处于弱势地位的性别群体的倾斜和保护（即所谓的纵向公平）；其次要求政策条款比较完整，不存在明显的缺失；再次政策条款的表述清晰明确，具有较高的操作化程度。

政策执行对象。对 Y 区的各项社会政策进行深入分析发现，Y 区 "关爱女孩行动" 相关的社会政策系统的执行对象基本上都可以划分为两类：其一是针对计划生育家庭户的，独女户和计生双女户都包含在内，可以视为横向公平政策；其二是专门指向妇女和女孩户家庭的，可以视为纵向公平政策，具体见表 9 - 5。目前 Y 区实行的 33 条政策当中，除了维权方面缺乏横向公平政策之外，养老方面也缺乏纵向公平政策。某些政策缺乏社会性别公平视角，例如在就学方面，独生子女户的孩子升学时可以加 10 分，计生双女户升学时只能加 5 分，违反了横向公平原则；还有一些政策已经随着时代的发展转变为普惠性政策，如义务教育阶段的 "两免一补"，目前已经针对所有学龄儿童全面实行，从而失去了政策应有的激励效应。

表9－5 Y区关爱女孩行动的社会政策类型

政策类型	针对计生户家庭	仅针对妇女、女童和女儿户家庭
生产生活（11 项）	10 项	1 项
就学（6 项）	1 项	5 项
就业（5 项）	1 项	4 项
就医（4 项）	1 项	3 项
维权（4 项）	0 项	4 项
养老（3 项）	3 项	0 项

政策条款。首先是政策条款存在表述不清及缺失的问题。Y区的养老政策规定，年满60岁以上的计生户老人无劳动能力、无生活来源或者法定赡养、抚养、扶养义务人无赡养、抚养、扶养能力的，可享受农村五保供养待遇，入住阳光之家或温暖小区。阳光之家是乡一级的养老机构，主要针对丧失基本生活自理能力的老人；温暖小区是村一级的养老机构，主要针对生活能自理的老人。该条款实际上存在两层含义：其一是享受国家计生户奖励扶助金的老人可依据其自身条件选择进入阳光小区或温暖之家享受五保供养，其奖励扶助金600元需要缴纳到老人所在的供养机构作为管理费用；其二是选择居家养老的老人仍然可享受每年600元的奖励扶助金。但是该政策条款一方面表述不清，另一方面对于奖励扶助金的处理也缺乏相应的政策条款加以规定。

其次是政策条款的操作化问题。部分社会政策中明确包含"计生户或双女户优先"的内容，但在实际执行当中，优先的尺度却很难把握。很多计生干部和群众都表示，所谓的"优先"政策实际上并不能给优惠对象带来任何实惠，而仅限于口头承诺。包含"优先"条款的政策项数见表9－6。

表9－6 Y区关爱女孩行动的社会政策中包含"优先"条款的项数

政策内容	包含优先条款的项数	政策内容	包含优先条款的项数
生产生活（11 项）	9 项	就医（4 项）	0 项
就学（6 项）	2 项	维权（4 项）	0 项
就业（5 项）	0 项	养老（3 项）	0 项

3. 主体与客体子系统之间的协调性分析

以社会性别视角审视，主体与客体子系统之间的协调性主要体现在政策执行过程和效果两个方面。首先是政策执行过程中是否建立了完善的监督机制，政策执行主体的行为能否得到有效约束，是否有畅通的渠道供政策执行对象进行民意表达；其次是针对政策效果是否建立了完善的监测评估机制，是否能够比较完整地反映政策执行对象的需求，是否能够反映代表妇女利益的团体或组织（如妇联）以及公民社会组织对于政策执行效果的外部评价。

监督机制。从分析结果看，Y 区的社会政策系统已经基本上建立了相对完善的监督机制，承担监督职能的主要是区"关爱女孩行动"办公室及其相关的职能部门，通常采取督导检查、热线电话以及回访的形式进行，说明政策执行对象对于政策执行过程的民意表达渠道是比较畅通的，同时政策执行主体的行为也能够得到有效约束。具体见表 9 - 7。

表 9 - 7　Y 区社会政策系统监督机制分析

政策内容	是否建立了监督机制	由哪些部门进行监督	如何监督
生产生活（11 项）	是	区关爱办、组织部	组织人员定期或不定期对执行单位进行督导检查，并对享受就业优惠政策的人员进行回访
就业（6 项）	是	区关爱办、组织部	组织人员定期或不定期对执行单位进行督导检查，并对享受就业优惠政策的人员进行回访
就学（5 项）	是	区关爱办、乡镇人民政府	对享受政策人员进行资格认定，严格把关，并进行全程监督；回访符合政策的对象享受优惠的情况；设立热线电话；组织部门把实行科级干部结对帮扶救助纳入年终个人考核和单位综合考评
就医（4 项）	是	区关爱办	设立热线电话；对计生户家庭进行走访；对落实优惠政策的对象进行走访；定期到相关部门查阅有关优惠政策落实执行情况
维权（4 项）	是	区人大	定期对相关部门所承担的职能进行督导，对不能履行职能的责令其限期纠正落实
养老（3 项）	是	区监察局，区关爱办	定期对落实情况进行回访，设立热线电话；对符合条件的对象逐人调查询问；组织人员到相关单位查阅有关资料

监测评估机制。目前 Y 区实行的各项政策均有配套的监测评估体系，以确保政策顺利运行。但是这些监测评估指标均是从政策执行方进行评估，既缺乏能够反映政策执行对象需求的指标，也缺乏能够反映代表妇女利益的机构和其他公民社会组织对于政策的外部评价指标。具体见表 9 - 8。

表 9 - 8　Y 区社会政策系统监测与评估机制分析

政策内容	是否有监测评估指标	是否包括政策执行对象需求评估的指标	是否包括妇联及公民社会组织的外部评价指标
生产生活（11 项）	有。政策执行情况及享受政策人数	不包括	不包括
就业（6 项）	有。政策执行情况及享受政策人数	不包括	不包括
就学（5 项）	有。享受政策户数和人数、费用支出	不包括	不包括
就医（4 项）	有。费用支出、政策执行情况、享受政策人数	不包括	不包括
维权（4 项）	有，不完善。执行情况及享受政策户数和人数	不包括	不包括
养老（3 项）	有。政策执行情况，享受政策户数和人数	不包括	不包括

二　系统外部协调性分析

政策系统的外部协调性分析主要包括两部分内容。其一是本政策系统与其他政策系统之间的协调性分析；其二是本政策系统与环境之间的协调性分析。其中，本政策系统特指 Y 区目前正在实施的 33 条政策。

1. 本社会政策系统与其他政策之间的协调性

主要体现在政策内容方面。

首先是本政策系统中的养老政策与现行的土地政策存在冲突。Y 区的养老政策规定，年满 60 岁以上的计生户老人可视其经济状况和身体状况入住阳光之家或温暖小区。但由于土地法规定土地承包 30 年不变，计生户老人入住阳光之家或温暖小区之后，已经没有必要也没有能力进行土地耕种，其名下土地应如何处理，缺乏相关的政策依据。同时阳光之家或温暖小区缺乏稳定的资金来源，又没有政策依据充分利用这部分闲置土地，从而造成土地资源的浪费。

其次是本政策系统中的生产生活政策与现行的土地政策之间的冲突。Y 区生产生活政策规定，独生子女父母每人可分配到 2 人份责任田，与国家规定"土地承包 30 年不变"的原则相违背。因此在实际中，基层不得不动用村中的机动土地或者干脆放弃实施该政策。

2. 本社会政策系统与环境之间的协调性

主要体现在经济环境和文化环境方面。

首先是本社会政策系统与经济环境之间的冲突。在生产生活方面，Y 区的政策规定，"优先为农村独生子女户、计内双女户办理大型农机购置补贴，并免费提供新技术培训"。但实际上真正需要补贴的计生户大都十分贫困，根本无力支付或购买大型农机具，因此不具备政策扶持的条件，从而导致政策落实困难。在养老方面，Y 区的政策规定，年满 60 岁以上的计生户老人可视其经济状况和身体状况入住阳光之家或温暖小区，但是阳光之家或温暖小区缺乏稳定的筹资渠道和资本运作机制，尽管目前为止尚能勉力支撑，但也到了难以为继的关头。此外，大部分优惠政策都依赖于乡镇一级的财政状况，部分偏远、经济发展落后的乡镇往往很难确保各种奖励优惠政策的兑现。

其次是本社会政策系统与文化环境之间的冲突。在养老方面，目前的政策规定比较单一，不能满足部分群众希望能够自己承担部分资金、享受更高水平的养老服务的要求。此外，由于传统文化观念的影响，有些群众仍然不能完全摆脱"养儿防老"的思想，限制了该政策的落实。目前实行的就业制度、土地分配中仍然存在大量的女性歧视问题，使得妇女遭受就业歧视，也使得出嫁妇女、离异妇女等的土地权益受到侵害，从而较大程度上抵消了本社会政策系统的效果。

三　政策分析小结

根据上述分析，中国县区级社会政策系统存在不协调，主要包括以下方面。

（1）政策主体子系统内部存在部分不协调。在政策制定主体上，多部门合作和参与的机制尚未建立，代表妇女利益的组织以及公民社会组织的参与程度较低；在政策执行主体上，尽管多部门合作机制已经初步建立，但代表妇女利益的组织以及公民社会组织的参与程度仍然偏低；在政策监测评估主体上，尽管充分发挥了妇联组织的作用，妇女的话语权得到一定程度的保障，但妇联之外的其他公民社会组织的参与程度较低。

（2）政策客体子系统内部存在部分不协调。在政策执行对象上，维权方面缺乏针对计生户家庭的横向公平政策，而养老方面则缺乏专门针对妇女和女孩户家庭的纵向公平政策；在政策条款上，尽管已经初步建立起"关爱女孩行动"的社会政策体系，涉及生产生活、就业、就学、就医、维权和养老等诸多方面，但仍存在部分条款缺失和表述不清的问题，以及"优先"条款带来的操作化问题。

（3）政策主体与客体子系统之间存在部分不协调。尽管已经初步建立起有助于"关爱女孩行动"的社会政策体系顺利有效运行的监督机制和监测评估机制，但在监测评估机制方面比较局限于针对主体子系统的指标，而缺乏基于客体子系统角度的指标，如政策执行对象的需求，以及妇联等代表妇女利益的团体和其他公民社会组织对于政策的外部评价指标。

（4）本社会政策系统与其他政策之间存在部分不协调。本社会政策系统中的养老政策以及生产生活政策与现行的土地政策之间均存在冲突。

（5）本社会政策系统与环境之间存在部分不协调。主要表现在本社会政策系统中生产生活政策、养老政策以及其他一些以乡镇财政为支撑的政策与经济环境之间的冲突，养老政策与文化环境之间的冲突，以及文化环境对于本政策系统效果的抵消作用等。

第三节　治理模式总结

在西安交通大学人口与发展研究所对Y区社会政策协调分析的基础上，

Y 区政府结合其自主调查的结果，提出了"养老保优、有病保医、生活保质、就学保助、就业保酬、生产保扶、平等保权"的"七保政策"体系。该政策体系既满足了计生女孩户家庭的需求，又涵盖了人的整个生命历程。为了促进"七保政策"的有力落实，Y 区还结合当地的社会经济与制度环境制定了四大保障机制。

一 七保政策的主要经验与做法

1. 养老保优

以国家计划生育奖励扶助制度和五保供养体制为依托，一是兴建计生老年公寓，专门接收农村 60 岁以上计生女孩户老人免费入住，并保留其原有宅基地和责任田；二是对有意集中养老而又不愿离开故土到计生老年公寓的，可以就近入住乡村的"中心温暖小区"，享受与入住计生老年公寓同样的优惠政策；三是对居家养老的，区政府每人每月再发放 50 元的养老补助金。目前，区政府筹措资金 120 万元，在交通便利的 Y 区郊区征地 20 亩，已建成了全区第一座吃、住、乐、医四位一体，硬化、绿化、美化同步达标的标准化、花园式、休闲型计划生育老年公寓。全区 172 名农村计生女孩户老人中，42 人已入住计生老年公寓，17 人住在中心温暖小区，5 人签订协议自行居家养老，发放计生养老补助金 3.5 万元。

案例 1：刘张纪的幸福晚年

72 岁的刘张纪老人属于独女户家庭老人，从 2005 年开始入住 L 镇阳光之家。采访中，刘张纪老人风趣地对记者说："你看，俺住在这里多好，小平房里住着，床上被子铺得像弹簧，还有专人做饭，冬棉夏单，发鞋发袜，连手纸都给发，每月还有 50 块钱的养老补助金，日子没法比这再好了。回老家时，连俺亲兄弟都羡慕得不得了。"

老人说以前自己在家生活时，一顿饭不开火就吃不上饭，自己还患有高血压，经常会晕倒，可是身边没有人，生活简直没法过。来到敬老院后，有人做伴了，做饭也不用自己动手，没事的时候看看电视，下下棋。"你看，你看，我现在吃得红光满面，和以前相比简直是两个人。"刘张纪拍拍自己的脸，笑着说。

"谁说没有儿子就过不好，看我现在过得比俺村里哪个老人都强。"

刘张纪老人感慨万千，觉得自己生了个女儿掉进了"福窝"里。

据了解，仅龙城镇阳光之家的70位老人中，有8位是计生女孩家庭的老人。

2. 有病保医

与国家农村新型合作医疗保障制度结合，区政府首先把所有农村计生女孩家庭纳入新型农村合作医疗，并减免参合费用；其次，对农村计生女孩家庭成员每年免费体检一次；三是农村计生女孩家庭成员住院就医的，除享受新农合报销政策外，区政府对住院费用按5000元以下的增报10%、5000～10000元的增报15%、1万元以上的增报20%的比例增报，就医单位减免车辆接诊费、床位费、手术费、医药费等。目前，区政府已免费办理农村计生女孩家庭新型合作医疗保险6146人份，免费为313名奖扶对象和6700名女童体检，为农村计生女孩户减免医疗费8.4万元。

案例2：关爱让她重获新生

2月22日，在Y区卫生局，手捧一沓百元现金的张倩倩和母亲王凤仙激动得泪流满面："这钱虽然不多，但对孩子来说，却是很大的帮助和支持。"

17岁的张倩倩是Y区D镇M村人。6岁的时候她被检查出来患有先天性心脏病，由于当时孩子病情较轻，加上家里实在拿不出钱给孩子动手术，倩倩一直没有做手术。10多年来，倩倩的父母一直带着倩倩四处求医，家里的钱全都花在了孩子身上。2007年底，张倩倩突然晕倒。父母立即把她送往医院，医院要求必须做手术，因为倩倩的病情已经越来越严重了。就在倩倩的父母为手术费急得团团转时，Y区计生委的工作人员来到张倩倩家里。原来，根据有关政策，张倩倩家属于独女户，在农村新型合作医疗报销部分费用的基础上，还可享受到二次增补医疗费用的优惠。

22日上午，张倩倩从Y区卫生局领到了二次增补的医疗费3000多元，加上农村新型合作医疗报销的5000多元，张倩倩花了1.6万多元的医疗费共报销了8900多元。

3. 生活保质

与新农村建设普惠政策有机结合，一是把所有贫困计生女孩家庭全部纳入农村低保范围；二是对建沼气池的，除国家优惠政策外，区财政再补贴200元；三是在农村安全饮水工程中，计生女孩家庭全部免除入户配套费；四是在小城镇规划区内建房的，计生女孩家庭减免20%的基础设施配套费。目前，88家计生女孩贫困户已纳入了低保，减免232个农村计生女孩户安全饮水工程配套费，发放农村计生女孩家庭沼气建设补助费3.4万元。

4. 就学保助

整合教育"两免一补、春蕾行动、希望工程、扶残助学"等各项救助资源，向农村计生女孩家庭倾斜。对贫困家庭及失去单亲的女孩，各种费用全免；在辖区内普通高中和职业中专招生时对农村计生家庭女孩加10分录取；考入本科院校的除享受助学贷款政策外，再给予2000元奖励，激励其学业有成。目前，已有97人享受到中招加分政策，减免择校费50余万元，财政出资13.6万元帮助34名贫困计生户女孩圆了大学梦。

5. 就业保酬

与国家扩大就业政策结合，首先整合区农业、劳动、教育等培训资源，免费进行定期、集中、专题性职业技术培训，提升劳动技能，增强致富能力。其次，对招用农村计生女孩家庭劳动适龄人员并与其签订一年以上用工合同的区属民营企业，按照每人每年500~1000元的标准进行奖励，鼓励和引导区属民营企业积极招用农村计生女孩家庭劳动适龄人员。目前，已对全区2307名农村计生女孩家庭务工人员进行了职业技能培训，优先输出了1586名；乐天澳的利、恒达食品、金星啤酒等民营企业安置了453名农村计生女孩家庭的女孩就业。

案例3：能挣钱在家地位高

30岁的姚会丽怎么也没有想到，自己能到工厂去上班，而且工资比一些单位职工还多。

姚会丽是Y区L镇Z村人，8岁的女儿上小学二年级。由于家里没有其他收入来源，靠爱人在外打工生活，日子过得紧巴巴的。一个偶然的机会，在Y区计生委的帮助下，姚会丽到聚源纸业公司上班。月收入达1200元左右，如果碰上加班，工资会更高。

"以前爱人总说我和女儿花他挣的钱，两人总是因为经济原因吵架，现在我比爱人挣的钱都多，日子过好了，我在家里的地位也高了。"姚会丽自豪地说。

6. 生产保扶

与国家促进农业发展和农民增收政策相结合，一方面围绕高效农业种植、规模养殖和农产品加工等方面的需要，对农村计生女孩家庭优先支持、优先提供技术和信息服务，帮助283户贫困家庭实现了脱贫，66户计生女孩家庭成了村里的富裕户；另一方面，筹集社会资金600多万元，建立了妇女发展基金，成立了金鑫信用担保公司，先后为28户计生女孩户发放小额贷款50万元，扶持其上了致富项目。

案例4：俺家沾了闺女的光

2月22日下午，当记者来到Y区M镇G村时，刘红杰正在猪场里照顾小猪，放假在家的女儿刘林林乖巧地跑来跑去，给爸爸帮忙。

"我是沾了俺闺女的光，才建起这个猪场。"疼爱地看着坐在身边的女儿，刘红杰对记者说。2005年以前，刘红杰和爱人靠打小工，勉强维持着家里的生活。后来，在对农村计生女孩家庭情况的一次调查中，计生部门了解到刘红杰家的情况，就鼓励他自己创业。

于是，刘红杰选择了办养猪场。村里为刘红杰在村外无偿提供场地后，镇里又为他提供了2万元的无息小额贷款。刘红杰的养猪场终于建起来了，但是由于市场波动，第一年就赔了1万多元。包村的计生干部立即来到他家，帮他分析原因，鼓励他不要灰心。看到这么多人关心自己，刘红杰坚持把养猪场办了下来。当年春节前，他的养猪场一下子就收入了四五万元。如今，刘红杰养猪场的总资产已达10多万元，他满怀信心，准备进一步扩大养猪场的规模。

7. 平等保权

与保护妇女儿童合法权益相结合，首先认真执行B超使用和人工终止妊娠手术制度，与周边县市合作，严打"两非"行为，切实保护女婴的生存权。其次，在推选"两会"代表中，提高计生女孩家庭占有比例；三是在村组队伍建设、发展入党积极分子时，重点培养计生女性和先进典范；四是在公检法系统实行计生女孩家庭警民联系卡制度时，对侵害她们合法权益的案件，优先立案，并免费提供司法援助，保障计生女孩家庭的合法权益不受侵犯。

二　政策实施的保障机制

为了确保"七保政策"的顺利实施，Y区政府结合当地的社会经济环境制订了"七保政策"四大保障机制：

1. 党政领导问责制

Y成立了区委书记任组长、区长任常务副组长的高规格项目工作领导小组，成员单位由原来的24个增加到28个；从计生、卫生、农业、民政、公安等相关部门抽调64名得力干部，组成精干、高效的"项目办"，与区"关爱办"合署办公，分管人口计生工作的副区长任办公室主任，在原有宣传组、执法组、督导组的基础上，增设社会政策研究组；赋予项目办年终考核一票否决、干部优先提拔使用等多项实实在在的权力，集中协调、合力解决项目推进中遇到的各种困难和问题。2007年，对项目工作认识不到位的2名乡镇主管领导被诫勉谈话、调离工作岗位；对项目工作成效明显的13个单位的21名干部予以提拔重用。

2. 资金投入保障制

Y区政府出台了《关爱女孩社会政策协调项目经费保障实施办法》。区财政设立关爱女孩社会政策协调项目经费专门账户，把项目经费列入年度财政预算，足额按时拨付到位，并以每年10%的比例递增；临时性项目工作经费纳入预算外资金，及时拨付到位。审计、监察、计生、财政等部门联合，定期或不定期对关爱女孩社会政策协调项目经费使用情况进行审计监督，防止挪用截留，确保政策及时兑现。2008年区财政已拨付76万元，主要用于宣传教育和优惠政策落实，有效保证了项目工作正常开展。

3. 项目过程评估制

制定项目评估考核办法，定期开展问卷调查和个案调查座谈、开展抽样调查和考核评估活动，查看宣传教育和"七保政策"执行情况，了解群众需求的变化，从不同侧面、不同角度实时监控"七保政策"执行全过程。定期召开部门联席会，并邀请人大代表、政协委员、部分企业负责同志和群众代表，参与社会政策运行评估、完善和修订。行政村显著位置设立关爱优惠政策公开栏，公开优惠政策内容、享受对象及政策落实情况和监督举报电话，广泛接受群众监督。

4. 社会性别审视制

梳理Y区原有社会政策并进行社会性别审视，对有碍性别平等的条款修订完善或废止，如把"对农村计划内生育一个子女或两个女孩且采取女扎措施的夫妻，奖励500元"中的"女扎"修订为"绝育"，使关爱政策更能体现男女平等，凸显人性化特点；区委、政府及综合协调部门、区直各单位拟定出台的重大决策性文件，必须交由区项目办逐条逐项进行社会性别审视，对有碍性别平等的条款提出修改意见，并提出针对性的建议，否则将禁止发文执行，严防再度出现社会性别歧视政策。

目前，全国各地出生婴儿男女性别比都相对偏高。在许多农村地区，生育男孩是重体力劳动和传统生活方式的需要。同时，农村一些地方的社会养老保障体制尚不健全，农民有后顾之忧，这是产生男孩偏好的经济基础；传统观念中养儿防老、男尊女卑、只有男孩才能传宗接代等传统生育观念一直延续并影响着人们选择生育男女孩子的行为；社会性别不平等的种种现象在现实社会中刺激人们产生男孩偏好。因此，女童的生存和发展，已经成为一个严重的社会问题。和谐社会的构建，需要和谐的家庭作为细胞；和谐家庭的构建，必须以男女比例的适当为前提。

三 "七保政策"的执行效果和评价

Y区的"七保政策"体系产生了积极的社会影响。

（1）女孩的生存生活环境有了明显改善。通过实施"七保政策"，有效改善了计生女孩家庭在生产生活上的弱势地位；同时配合使用"查处两非"等约束型手段，共处理案件56起，有效保护了女婴的生存权。

（2）Y区干部的社会性别意识、对法律政策等的认知、对计生技术服务的评价等，都有了一定幅度的提高。通过实施"七保政策"，区干部对女孩生存环境现状的认识更加清晰，对政策的认识与理解度有显著提高，社会化性别意识也有较大幅度的提高。

（3）群众的生育观念有了明显变化。通过强大的社会宣传和有效的政策利导，目前，广大农村男尊女卑、养儿防老、传宗接代的思想观念逐步淡化，"生男生女都一样、女儿也是传后人"的婚育新风逐渐兴起。2008年，全区晚婚率已提高到71%，独生子女领证率提高到10.5%。

（4）妇女的社会地位有了明显提高。通过对计生女孩家庭的关爱和扶持，为广大女性搭建了施展才能的平台，增强了妇女发展经济的本领，一大批农村女性成了致富能手。目前，全区已有236户计生家庭妇女走上了村组干部岗位，15人当选为区党代表、人大代表和政协委员，妇女就业率已达80%。

第四节　结论与启示

从Y区治理模式的成功经验中可以得到以下重要结论。

（1）"七保政策"经验可以在出生人口性别比较高、经济发展程度中等及以上地区进行推广。Y区是传统的农业县，整体经济处于中等水平，当地农民存在较强的男孩偏好。"七保政策"在Y区的成功实施表明，利益导向的社会政策并非只能在经济发达地区实行，在类似Y区这样的男孩偏好较强且经济发展水平中等的地区也同样可以实施并取得较好效果（Y区2009年地区生产总值110亿元，地方财政一般预算收入1.3亿元）。因此，Y区的关爱女孩治理出生人口性别比的经验和做法在类似地区是可以进行推广的。

（2）"关爱女孩行动"应以县区为主体进行探索创新，以弥补宏观制度和政策的缺位。Y区的"七保政策"实践表明，制度、政策和法律在宏观层面的缺位可以首先在县区的微观治理层面加以弥补。各级人口计生部门应鼓励、支持县区政府在"关爱女孩行动"、治理出生人口性别比领域进行制度和政策创新，弥补宏观制度、政策和法律的缺位。

（3）"七保政策"的提出和实施可以深化"关爱女孩行动"。"关爱女孩行动"国家实施方案纲要指出，未来15年内的"关爱女孩行动"将开展三个阶段、三个机制、三个模块及三个层次的活动。其中三个阶段分别是遏制、下降和稳定；三个机制分别是行为约束、利益导向和制度创新；三个模块分别是推广、深化和探索；三个层次分别是8个探索县、国家级试点县以及全国所有县区。Y区的"七保政策"是在深入开展推广模块的6大工作领域（查处"两非"、全程服务、利益导向、宣传倡导、管理评估和组织领导）的活动的基础上，进一步开展深化和探索模块工作所取得的阶段性成果，不仅表明基层县区正在积极落实"关爱女孩行动"的战略规划，也表明该战略规划对于"关爱女孩行动"开展的指导意义和实践意义。

（4）"七保政策"的提出与实施对于人口与计划生育在新的历史背景下新的转变和探索的意义。在理念上，以性别平等为目标，以"七保政策"为具体内容，全方位地满足人们的多层次和多元化需要，贯穿人的整个生命历程，通过社会政策协调建立利益导向机制，改善女孩生存与发展的环境；在战略思想上，实现人口计生工作逐步从以人口数量控制为主向统筹解决人口问题转变的有益探索；在机制上，以领导负责、资金保障、政策运行等机制建设为手段，注重政策落实和评估，使"七保政策"落实为政府的行动和民众的实惠；在政府职能上，逐步引导政府从控制向管理以及服务转变；在部门合作上，以社会变革为契机，强调与国家重建社会发展进程中的社会制度相结合，实现不同部门间的资源整合（如计划生育奖励扶助政策、新农村建设、新型农村合作医疗），逐步建立起各部门之间相互合作的机制，并特别重视公民社会组织的参与；在具体策略上，以"做法→政策→模式→制度创新和探索"为发展路径，实现人口与计划生育工作的创新。

（5）该政策的提出与实施对于基层政府转型的意义。"七保政策"以性别平等和关注民生为目标，通过社会政策协调建立利益导向机制，全方位地满足人们的多层次和多元化需要，贯穿人的整个生命历程；以领导负责、资金保障、政策运行等机制建设为手段，通过考核评估等手段，将"七保政策"纳入各职能部门的职责中，使得"关注民生"这一理念转化为政府部门切实有效的行动，实现基层公共事务的善治。建立区政府领导下的各部门合作和问责机制，同时鼓励公民社会和企业的全程参与，形成合理的治理结构，在基层实现控制型和管理型政府向服务型政府的转变。

基于Y区的成功经验，得到如下的政策启示。

第一，鼓励县区政府在"关爱女孩行动"、治理出生人口性别比领域进行制度和政策创新，弥补宏观制度、政策和法律的缺位。N省Y区的"七保"政策实践表明，制度、政策和法律在宏观层面的缺位可以首先在县区的微观治理层面加以弥补。

第二，将基层的成功经验进行深化、总结和提炼，上升到国家的制度和政策层面，为"关爱女孩行动"提供借鉴和参考。Y 区的"七保政策"实践对国家的"关爱女孩行动"的启示主要表现在以下两个方面。

（1）在中国政府正大刀阔斧地构建和完善社会发展领域的各项制度之际，应将性别平等理念纳入社会制度构建之中，完善普惠型社会政策的同时，也要出台相应的向弱势群体倾斜的"优惠型"政策，真正实现社会政策领域的社会性别主流化。

（2）以性别平等视角，重新审视社会发展领域的各项制度和政策，消除目前政策、制度和法律之间的不协调，通过机构建设、资金保障、考核评估等手段，确保各项有利于实现性别平等、治理出生人口性别比的社会制度和政策的顺利有效实施。

第四部分

性别失衡公共治理

第十章　中国性别失衡治理的总体评价

关爱女孩行动，作为性别失衡背景下综合治理性别失衡问题的一项重要举措，是顺应公共管理变革以及人口管理理念革新的一项有益的管理实践，是人口计划生育工作落实的有效载体和重要落脚点。作为解决性别失衡问题的专项战略性行动，中国政府在自主探索阶段建立了"巢湖改善女孩生活环境实验区"，通过各种宣传倡导、生育健康培训和社区发展活动，采取直接和间接干预的措施进行治理；随后，以点带面将巢湖试验区经验模式在全国 24 个县进行试点，从而进入国家试点阶段，主要围绕利益导向、宣传倡导、全程服务、查处"两非"、管理评估、组织领导 6 个方面开展工作；在 24 个县的试点取得初步成效后，在总结经验和效果的基础上进一步深化，进入面向全国实施"关爱女孩行动"战略的扩展深化阶段。在国家全面推动和地方积极探索下，中国的"关爱女孩行动"已经成为解决性别失衡的核心战略，活动成果也日益得到国内和国际的认可。"关爱女孩行动"推行近 20 年来，已经初步取得进展，对于遏制中国出生人口性别比的高度失衡发挥了积极的作用，但是同时，由于文化、管理理念以及治理方式等方面的原因，目前以"关爱女孩行动"为载体的综合治理行动仍然存在一系列的问题和困境。

第一节　总体进展与成效

一　形成了"纵到底，横到边"的综合治理格局

自中国出现偏高的出生人口性别比水平以来，国家人口计生委就联合

各部委进行了大量的工作，各地也进行了积极的探索，但是，从 21 世纪初全国的情况来看，我国的出生人口性别比仍然在比较高的水平上徘徊。治理实践证明，出生人口性别比治理所依托的法律、法规和政策必须有一个有效的载体和途径才得以贯彻和实施。"关爱女孩行动"即此背景和需求的产物，其旨在动员社会力量，营造关爱女孩的社会舆论，建立有利于女孩和计划生育女孩户的利益导向机制，加强孕产期保健服务，严肃查处"两非"行为，是综合治理出生人口性别比偏高问题的一项社会系统工程。实践证明，"关爱女孩行动"是贯彻和落实有关法律法规比较好的切入点，可以广泛动员社会各界、各有关部门形成齐抓共管的格局，把国家的法律法规落实到实处，实现出生人口性别比的自然平衡。在"关爱女孩行动"的全面推动下，通过有效整合社会资源和各部门力量，形成了目前以人口计生部门为主体，各部门积极配合，社会组织广泛参与的"纵向到底，横向到边"的出生人口性别比问题综合治理格局。在此格局下，出生人口性别比治理实现了真正的综合治理，政府内部、党政部门和主管部门的责任得以强化和明确，政府外部的社会力量也得以有效整合，在"关爱女孩行动"中的各个领域发挥了积极作用。因此，国家推动"关爱女孩行动"的过程同时也是综合治理出生人口性别比问题的管理格局的形成过程，对于性别失衡乃至人口计划生育工作的全面推进有积极作用和重要意义。

二 建立了趋于完善的组织保障机制

现有综合治理格局下，"关爱女孩行动"得以实施的组织保障机制正在趋于健全。一是加强组织领导。全国各级已将广泛开展"关爱女孩行动"、综合治理出生人口性别比偏高问题列入重要议事日程，加强领导，明确职责，并坚持一把手亲自抓、负总责，建立由政府主要领导牵头、有关部门参加的领导小组，并在人口计生部门设立了出生人口性别比治理综合办公室，负责日常工作，并加强了对资金的管理和监督。二是加强考核力度。首先，国家人口计生委已经将性别失衡治理提高到与稳定低生育水平同等重要的位置上来。国家人口计生委在关于综合治理出生人口性别比的"十二五"规划中不仅明确了 5 年内出生人口性别比降至 115 的具体目标，而且强调要将综合治理出生人口性别比工作纳入人口发展目标考核体系中，加大其在目标责任考核中的分值和权重。其次，部分地区积极进行考核机制创新，将出生人口性别比治理工作列入人口计生工作"一票否决"内容或者单项"一票否决"范围；还有部分地区围绕出生人口性别比治理的重点和难点工作进行重点突破，例如将"两非"列入单项否决范围。通过对考核力度的加强，进一步明确了部门责任，相应地规范了综合治理格局。三是加强新机制建设。在新机制建设方面，突出以体制机制的创新落实综合治理出生人口性别比的长效工作机制，突出源头性管理，将转变婚育观念、查处"两非"等主要任务，体现到日常的基础工作中去。

三　形成了逐步完备的法律、政策体系

在国家层面，出生人口性别比综合治理开展以来，中央政府以及相关各部委都在法律、规章、政策方面进行了相关规定（见表10-1）。国务院、中央政府、卫生部、财政部、国家人口计生委都参与了法律、规章的制定，分别从妇女和女童保护、禁止"两非"、利益导向政策等方面进行了规定和说明。一些法律已提高到全国人大立法的高度，以法律、规章的形式考核地方及各部委工作，有利于综合治理工作的全面推进。

表 10-1　国家层面相关法律、政策

法律名称	法律属性	出台部门	出台时间	相关规定
《关于不得任意进行胎儿性别预测的通知》	部门法令	北京市计划生育委员会、卫生局制定，卫生部、国家计划生育委员会联合转发	1986年9月19日转发	不得任意进行胎儿性别鉴定
《关于严禁用医疗技术鉴别胎儿性别和滥用人工授精技术的紧急通知》	部门法令	卫生部	1989年5月发布	严禁用医疗技术鉴别胎儿性别和滥用人工授精技术

续表

法律名称	法律属性	出台部门	出台时间	相关规定
《中华人民共和国未成年人保护法》	部门法	全国人民代表大会常务委员会	1991 年 9 月 4 日第七届全国人民代表大会常务委员会第二十一次会议通过，2006 年 12 月 29 日第十届全国人民代表大会常务委员会第二十五次会议修订	严禁溺弃女婴
《中华人民共和国妇女权益保障法》	主席令	全国人民代表大会	1992 年 4 月 3 日制定，2005 年 2 月 28 日修订，2005 年 12 月 1 日施行	禁止溺、弃、残害女婴；禁止歧视、虐待生育女婴的妇女和不育的妇女
《重申严禁进行胎儿性别预测的通知》	部门法令	卫生部、国家人口和计划生育委员会	1993 年 4 月 15 日发布	严禁进行胎儿性别预测
《中华人民共和国母婴保健法》	主席令	全国人民代表大会	1994 年 10 月 27 日第八届全国人民代表大会常务委员会第十次会议通过，自 1995 年 6 月 1 日起施行	严禁采用技术手段对胎儿进行性别鉴定
《关于加强人口与计划生育工作稳定低生育水平的决定》	国务院令	中共中央、国务院	2000 年 3 月 2 日发布	将出生婴儿性别比正常作为未来 10 年人口与计划生育工作目标，标志着中国进入女孩生存问题的国家治理阶段
《人类辅助生殖技术管理办法》	部门法令	卫生部	2001 年 2 月 20 日	开展人类辅助生殖技术的医疗机构不得擅自进行性别选择

续表

法律名称	法律属性	出台部门	出台时间	相关规定
《中华人民共和国人口和计划生育法》	部门法	全国人民代表大会	2001年12月29日第九届全国人民代表大会常务委员会第二十五次会议通过，2001年12月29日中华人民共和国主席令第六十三号公布	严禁非医学需要的胎儿性别鉴定和非法进行终止妊娠手术
《计划生育技术服务管理条例》	国务院令	国务院	2001年6月13日	任何机构和个人不得进行非医学需要的胎儿性别鉴定或者选择性别的人工终止妊娠
《计划生育技术服务管理条例实施细则》	部门法令	国家人口和计划生育委员会	2001年6月13日中华人民共和国国务院令第309号公布，根据2004年12月10日《国务院关于修改〈计划生育技术服务管理条例〉的决定》修订	从事计划生育技术服务的机构及其计划生育技术服务人员，不得进行非医学需要的胎儿性别鉴定或者选择性别的人工终止妊娠
《中华人民共和国母婴保健法实施办法》	国务院令	国务院	2001年6月20日颁布并实施	严禁采用技术手段对胎儿进行性别鉴定
《产前诊断技术管理办法》	部门法令	卫生部	2002年9月24日经卫生部部务会讨论通过，自2003年5月1日起施行	开展产前诊断技术的医疗保健机构不得擅自进行胎儿的性别鉴定
《关于禁止非医学需要的胎儿性别鉴定和选择性别的人工终止妊娠的规定》	部门法令	国家计划生育委员会委务会议、卫生部部务会议和国家药品监督管理局联合发布	2002年9月24日经卫生部部务会讨论通过，自2003年5月1日起施行	严禁利用超声技术和其他技术手段为他人进行非医学需要的胎儿性别鉴定或者选择性别的人工终止妊娠

法律名称	法律属性	出台部门	出台时间	相关规定
《国务院办公厅转发人口计生委、财政部关于开展对农村部分计划生育家庭实行奖励扶助制度试点工作意见的通知》	法规文件	国务院办公厅	2004年2月27日发布并施行	在各地现行计划生育奖励优惠政策基础上，针对农村只有一个子女或两个女孩的计划生育家庭安排专项资金进行奖励
《国家人口计生委、财政部关于印发全国农村部分计划生育家庭奖励扶助制度管理规范的通知》	部门规章	国家人口计生委、财政部	2006年10月9日发布并施行	针对农村只有一个子女或两个女孩的计划生育家庭安排专项资金进行奖励

随着国家法律体系的不断完善，地方相关部门的法律、政策体系也在趋于完备。首先，除西藏外的30个省份都对原有的人口与计划生育条例进行了修订，在新修订的人口与计划生育条例中突出体现了出生人口性别比治理的相关内容和要求。各省修订的新条例分别从关注女孩和妇女权益、查处"两非"行为和利益导向方面对出生人口性别比工作进行了相关规定。其次，安徽、福建等14个省市还出台了针对"两非"查处的专门规章和办法，从立法的角度进一步规定了"两非"行为的界定和实施后果，明确了"两非"行为适用的法律依据和执行依据，有利于推进查处"两非"工作。值得一提的是，除制定查处"两非"专门条例和规章外，湖南、河南、福建等4省区还专门制定了防治出生人口性别比偏高的专门办法和条例，对出生人口性别比工作进行了全面规定和要求。

四 总结和推广了成功的治理模式和经验

在全国"关爱女孩行动"广泛开展的背景下，我国的政府和科研机构开展了大量关于出生人口性别比失衡治理问题的学术研究、政策分析和社区实践活动，研究总结发现中国的"关爱女孩行动"以相关政府部门为依托，围绕不同的理念、结构、机制、手段和绩效等，已经形成了不同层次的治理模式。目前，典型省县区已经总结出一系列宏观与微观治理模式，这些模式的总结和提炼，为其他省县区的治理提供了有益的借鉴，对于全国的出生人口性别比治理具有推广和参考价值。

五　初步展开了对性别失衡问题公共治理的探索

出生人口性别比问题的综合治理模式是传统管理模式向公共治理模式过渡和发展的中间过程。从治理理念上，它淡化了管理的行政化色彩，对参与、服务等理念进行吸纳和实践；从治理机制、手段和工具上，初步实现了以政府部门为主导，公民社会积极参与，刚性与柔性管理相结合的管理变革，实现了社会资源的初步整合。因此，综合治理格局是性别失衡问题公共治理实现的前提和基础，现有的部门合作、社会和民间组织的参与都是实现出生人口性别比问题公共治理的有益实践和经验积累，对于公共治理的深化是必不可少的前提条件。

在"关爱女孩行动"专项战略行动的推动下，我国的出生人口性别比综合治理工作初步取得成效，出生人口性别比升高的势头基本得到遏制。2009 年我国的出生人口性别比较前一年下降 1.11 个百分点，这是"十一五"以来首次出现的下降。2000～2009 年期间，除个别省份外，14 个重点省的出生人口性别比均呈现明显的下降趋势，个别省下降幅度比较大。第六次全国人口普查数据表明 2010 年中国的出生人口性别比为 117.94。出生人口性别比下降的拐点已经初步显现，证明了国家以"关爱女孩行动"为载体的综合治理行动取得的效果，出生人口性别比正逐步处于下降通道，为性别失衡治理的进一步推进奠定了良好的基础。

第二节　国家层面的治理模式总结

从 2003 年开始，国家人口和计划生育委员会牵头、各相关部门共同参与，开展"关爱女孩行动"试点，综合治理出生人口性别比偏高的问题。2005 年，国务院办公厅发布了《贯彻落实国务院办公厅转发人口计生委等部门关于广泛开展关爱女孩行动综合治理人口出生人口性别比偏高问题行动计划的通知》（国办发 ［2005］ 59 号，以下简称 59 号文件），并于 2006 年 7 月 11 日全面启动"关爱女孩行动"，旨在通过全国性的专项行动，遏制出生性别比上升势头，并在 15 年时间内使其下降并趋于稳定。在出生人口性别比的 15 年规划中，国家级层次是一个"3 个阶段 + 3 个模块 + 3 个机制"的治理模式。该治理模式以中国经济、社会发展的不同阶段为出发点，将"关爱女孩行动"的目标确定为一个横跨 15 年的长期行动。在长期的实践探索中，我国的"关爱女孩行动"以相关政府部门为依托，已经成为出生人口性别比治理的战略平台。它围绕不同的理念、结构、机制、工具和绩效等，在国家层次形成了新的出生人口性别比治理模式——三轮驱动治理模式（如图 10 - 1 所示）。

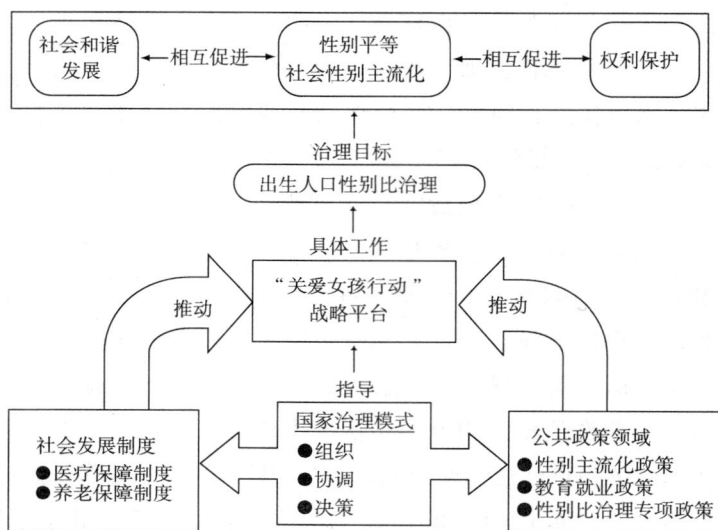

图 10 - 1　国家出生性别失衡"三轮驱动"治理模式

在社会发展制度领域：我国的出生人口性别比偏高的治理与我国的社会性别主流化进程和社会发展制度完善是相互影响和相互促进的。我国正处在社会转型的重要时期，出生人口性别比偏高的治理，在统筹解决人口问题的基础上，可以促进经济社会发展，从而能够促进社会转型的实现。第一，出生人口性别比偏高的治理对推动妇女发展、维护妇女儿童权益、促进社会性别平等起到了关键的作用。1995 年联合国第四次世界妇女大会通过的《北京宣言》和《行动纲领》中，我国是承诺社会性别意识主流化的 49 个国家之一；同年，我国把男女平等作为促进社会发展的五项基本国策之一；2001 年，我国将妇女发展的目标任务纳入国民经济和社会发展的总体规划。第二，我国的社会发展制度为出生人口性别比偏高的治理提供了支持和保障。针对农村地区，2002 年建立和 2003 年开始试点的新型农村合作医疗制度为计生户家庭的优惠政策做好了铺垫工作；2007 年针对农村居民制定的《农村居民最低生活保障条例》已经将我国的保障对象扩大到重点的农村地区；新型农村社会养老保险是个人缴费、集体补助、政府补贴相结合；社会统筹与个人账户相结合；我国的城乡一体化促进城乡居民生产方式、生活方式和居住方式变化的过程，改变城乡二元经济结构；上述政策的实质在于承认和保障农村居民享受与城市居民同等的发展权。针对城市地区，1998 年我国开始建立城镇职工基本医疗保险制度，从 2007 年起开展城镇居民基本医疗保险试点；2009 年普遍建立养老保险省级统筹制度；2010 年《中共中央国务院关于加大统筹城乡发展力度，进一步夯实农业农村发展基础的若干意见》将农民工纳入城镇职工基本医疗保险范围。

在公共政策领域：从 1980 年开始我国的出生性别比开始缓慢升高，那时该问题并没有得到政府的充分重视。1990～1995 年，政府开始认识到问题的存在，出台了一系列的文件和治理措施，如 1994 年的《母婴保健法》等。从 1996 开始，政府、学术界、公民社会合作开始进行改善女孩生存环境的行动，我国政府结合当时的低生育率背景采取了一系列积极的政策与法律措施。2001 年第九届全国人民代表大会常务委员会第二十五次会议通过了《中华人民共和国人口与计划生育法》，2002 年修订的《人口与计划生育法》明确规定任何机构和个人均不得进行非医学需要的胎儿性别鉴定或者选择性别的人工终止妊娠，并联合中共中央宣传部等 11 部委出台了《关于综合治理出生人口性别比升高问题的意见》。2002 年起各省陆续开始修订省级人口与计划生育条例，截至 2010 年底，已有 30 个省（市、自治区）完成修订。在综合治理出生人口性别比的专门条例方面，施行省份有 8 个，施行综合治理出生人口性别比部门规章的省份有 10 个，有 15 个省实行"出生登记实名制"，通过农村计划生育家庭奖励扶助制度、"少生快富"工程、计划生育家庭特别扶助制度，统筹国家的"三项制度"思想，遏制出生性别比上升势头。到 2005 年，全国已有 29 个省（市、自治区）的人口与计划生育条例对非医学需要的胎儿性别鉴定和选择性别的人工终止妊娠作出了禁止规定。2005 年底，国务院办公厅转发了国家人口和计划生育委员会等部门《关于广泛开展关爱女孩行动　综合治理出生人口性别比偏高问题的行动计划》，明确了"关爱女孩行动"的指导思想、工作原则、工作目标、行动措施、各部门主要职责，使综合治理出生人口性别比偏高问题在全国范围内广泛展开。

出生性别比的治理是一个复杂的系统工程，只靠单个部门的力量或者只在某个领域发力都无法达到遏制并使其下降、稳定的目标。因此各个领域之间工作机制的相辅相成、每项工作机制从制定到监督的贯彻、各个部门联合发挥的作用都是非常重要的。在工作机制的分析过程中，不能忽略此点。结合"三大制度和五项行动"，我国在国家层面形成了"5+1"的工作机制（如图 10-2 所示）。同时，在国家层面的六大工作机制也相应地具有不同的治理属性。

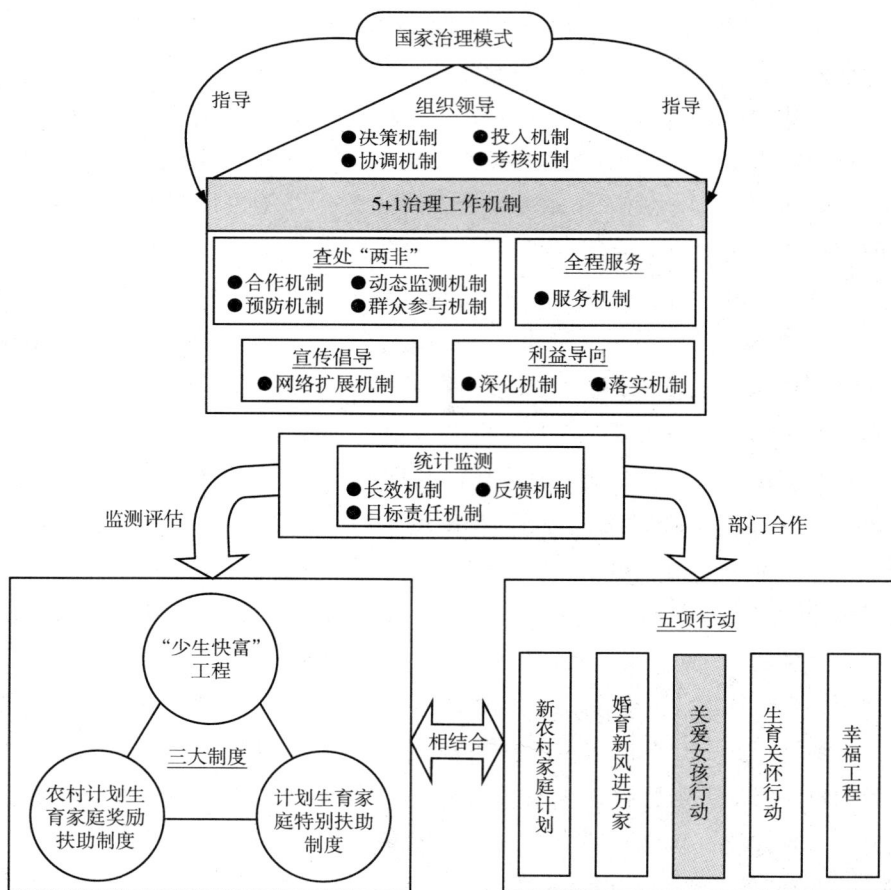

图 10-2　国家层面治理的工作机制

（1）组织领导

组织领导领域的工作是进行出生人口性别比治理的基础，是"5＋1"工作机制中的"1"，治理属性是组织保障，充分体现了国家层面的统筹和决策功能，向全国组织和推广了"三项制度和五大行动"。第一，决策机制。成立了"关爱女孩行动"专家小组，具体负责出生性别比综合治理工作中的指导和监督工作。各级领导重视出生人口性别比工作的开展，每年都对我国的重点省份进行督导。各级政府将出生人口性别比治理工作列入年度工作计划，并纳入党委政府工作主要议事日程；党委政府定期召开常务会议，研究有关问题；积极出台出生人口性别比治理文件，指导基层各项工作；党政有关领导结合有关工作，经常到基层对出生人口性别比进行调查研究；建立了出生人口性别比各级政府联系点，各级领导经常到点上指导工作，对调查研究中发现的问题，及时采取有效措施予以解决；党政主要负责人参加出生人口性别比重要活动并讲话，定期听取有关情况汇报，具体指导有关工作。第二，协调机制。从国家层面倡导开展部门配合，齐抓共管。通过"三项制度和五大行动"的推广，要求各部门参与性别比的治理工作，建立由相关部门组成的联席会议制度，定期研讨出生人口性别比治理工作；党委宣传部门、广电部门、文化部门指导大众传媒做好"关爱女孩行动"宣传工作；组织、人事、纪检部门严肃查处"两非"行为；公安、司法、检察部门严厉查处"两非"、溺弃女婴、虐待妇女案件；卫生、人口计生、食品药品监督部门加强对B超、染色体检查、引产手术的管理，严肃查处违纪卫生、计生人员，加强计划生育技术服务工作；工会、共青团、妇联、计生协等群团组织协助做好转变群众生育观念的工作等。第三，投入机制。国家层面为出生人口性别比综合治理提供必要的经费投入和人员队伍保障。在政府工作预算中，有关出生人口性别比的经费单独列支，并对经费的使用情况实时监控。定期总结出生人口性别比的治理经验并及时加以推广。在这样的工作机制下，出生性别比综合治理工作近年来在正确的领导和各种保障之下，将最终实现既定目标。第四，考核机制。该机制通过"关爱女孩行动"领导小组的考核评估工作使管理评估落到实处。最终目标是使出生人口性别比治理的各项工作顺利开展，并且形成具有连续性的长效机制，与此同时，不断地总结经验，及时推广。总结经验和工作的顺利开展有力互动，不断促进计划制定、实施和考核评估方向的调整。

（2）查处"两非"

查处"两非"近年来已经达到了一定的效果，能够落实的重要保障是各部门协调的合作机制，即国家各个职能部门在区域内和区域间的有效合作。该工作机制中的预防机制，主要是指建立规章制度，加强管理，建立B超检查和引产手术管理制度，同时也要注重对B超从业人员和医疗人员进行法制意识和职业道德培训，对"两非"案件发生起到预防作用。动态监测机制是指定期开展专项治理，或不定期的明察暗访对"两非"案件实施动态的监测。群众参与机制是指建立有奖举报制度，让更广大的群众参与到打击"两非"的工作中来。

（3）全程服务

该工作机制是以人口计生部门和卫生部门做好相关的制度建设为基础，各级计划生育服务网络及各级人口学校的宣传教育和培训工作对全程服务的效果进行推广。该工作机制的最终目标是使计划生育服务的质量和水平得到提高、母婴安全得到保证，这个目标达到的结果又可以形成反馈，不断促进相关制度建设和重点服务方向的调整。该工作机制中的服务机制，主要是指人口计生和卫生部门形成相关制度，将全程服务所涉及的各个具体环节和做法都制度化，然后做好"三查"、孕产期保健服务以及孕情监测等重点服务项目，并进行随访，做好跟踪服务。该工作机制的治理属性是通过行为约束机制割断男孩偏好的实现路径。五项行动中的"生育关怀行动"作为全程服务的体现，为群众的生殖健康和女孩的健康成长提供保障。

（4）利益导向

该工作机制的治理属性是通过完善经济社会制度和发展政策来调节计生女孩户的生活环境。该工作机制的最终目标是使计生女孩户的生产生活、就学、就业、就医、维权、养老等各方面状况得到改善，这个目标达到的结果又可以形成反馈，不断促进各部门间的协调和相关政策的调整。利益导向政策重在落实，我国的执行机制主要是通过各相关部门发行文件，制定切实有利于计生女孩户的各方面优惠政策之后，通过各种途径进行宣传，体现落实机制和深化机制，同时做好对奖励扶助对象的资格审查和信息化个案管理工作，确保信息的准确性以及公开性；国家的三大制度中的"农村计划生育奖励扶助制度"和"计划生育家庭特别奖励扶助制度"充分体现了利益导向的工作机制，正是这样的制度使得利益导向机制得到了较好的落实。五项行动中的"生育关怀"让实行计划生育的家庭经济上有实惠，生活上有保障；"幸福工程"以救助贫困母亲为主题，主要以贫困地区计划生育家庭的贫困母亲为救助对象，体现了利益导向的核心机制。

（5）宣传倡导

该工作机制的治理属性是通过观念引导来提倡男女平等。"婚育新风进万家"和"关爱女孩行动"成为计划生育宣教领域中的两项重要活动。"婚育新风进万家"活动在于转变人们传统生育观念，促进人们少生、优生、优育和形成科学、文明、进步的新型婚育行为；"关爱女孩行动"的目的是权利促进、性别平等和促进社会和谐。我国已经通过计划、组织、开展宣传活动的组织，结合良好的人口计生网络建立了相应的宣传网络机制。农村民俗文化的创新将对宣传倡导的效果和群众的接受程度起到很大的推动作用。该工作机制的最终目标是营造一个全社会"关爱女孩"的良好环境氛围，使得"男女平等"、"关爱女孩"的理念深入人心。宣传组织根据目标制定出相应的宣传计划，进而开展各种各样的宣传活动。这其中包括环境宣传、媒介宣传、文艺宣传、主题宣传、发放宣传品、典型宣传等。在理念倡导和培训工作方面也已经开始落实，如在各级人口学校举办各种培训班；注重进行农村的民俗文化创新，将一些歧视女性的封建思想逐渐取缔，例如提倡女性参与祭祀、社事等民俗活动。在各种宣传倡导活动的作用下，最终达到形成"关爱女孩"良好环境氛围的目标，构建一个真正适合女孩生存和发展的环境。

（6）统计监测

通过监督调查机制，主要人口计生部门开展专项调查，充分了解了出生人口性别比治理工作的现状，找出根源，为及时解决问题打好基础；执行机制是签订目标责任书，将出生人口性别比治理工作纳入人口目标责任制，实施"一票否决"制度，使各部门充分重视该项工作；长效机制是通过"关爱女孩行动"领导小组建立起的一套科学、合理的评估体系，定期或不定期地对各项具体工作的实施情况进行考核、评估，并对评估结果进行相应处置；反馈机制是指各级医疗机构和计生服务站要及时进行信息反馈，将性别统计监测情况上报。在这些机制的共同作用下，最终达到预定目标。

通过上述总结，得出了近年来国家、省市以及县区的实践工作经验，形成以国家层面的出生人口性别比统筹治理为依托，以省级的治理工作机制为支撑，以县区层面的治理创新为突破的全方位、立体化的治理工作机制。为了最终达到出生人口性别比的平衡，建立性别平等的和谐的新型社会，国家统筹治理模式以国家的组织领导机制为保障，通过省级的决策功能，将出生人口性别比治理的"5＋1"工作机制及"三大制度和五项行动"有机地结合起来，并在县级的执行和落实层面进行创新。具体如图 10－3 所示。

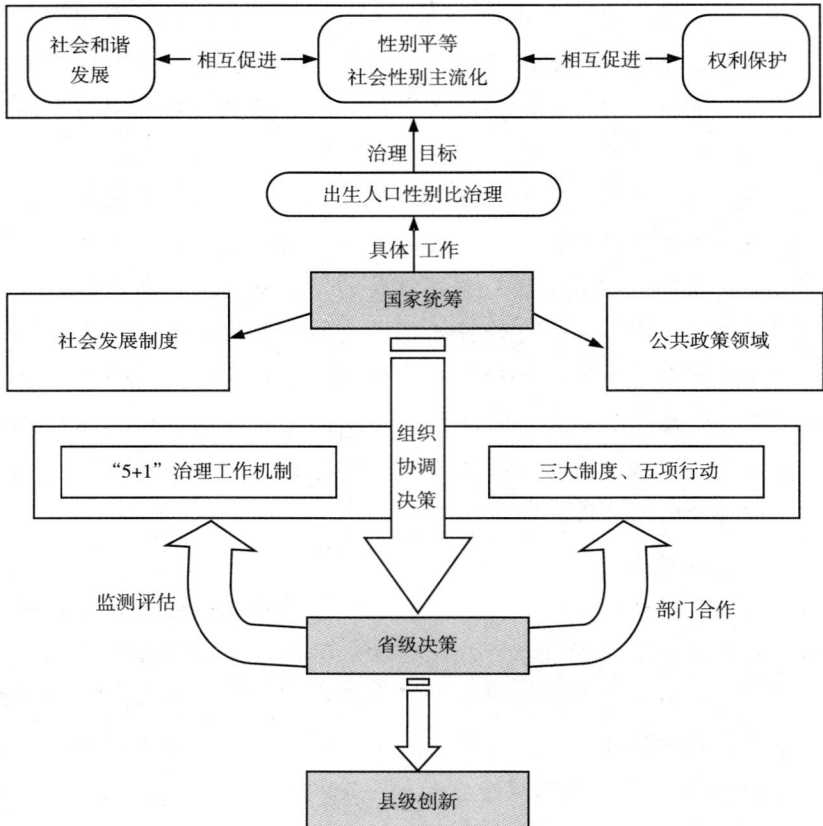

图 10－3　国家统筹治理模式

第三节　问题与困境

一　中国公共治理实践面临的障碍

从治理理论进入中国以来，就一直存在关于治理理论在中国的适用性的争论。治理理论最初是由西方学者根据西方的社会政治现实提出的，正如公共行政大师罗伯特·达尔在《行政学的三个问题》中所言："从某一个国家的行政环境归纳出来的概念，不能够立即予以普遍化或被运用到另一个不同环境的行政管理上去。一个理论是否适用于另一个不同的场合，必须先把那个特殊场合加以研究之后才可以判定。"应该认识到，像中国这样的发展中国家在运用这一理论时，必须从国情出发，防止盲目地照抄照搬。目前中国公共治理实践面临的障碍有以下几方面。

1. 民主政治基础相对薄弱

中国传统的政府治理理念是建立在马克思主义国家学说和计划经济的理论基础之上的，在管理实践中也一直遵循政治行政一元论和古典的官僚制度，存在权力过分集中和角色错位的问题，官本位思想比较严重，将政府视为社会管理的唯一中心，习惯于自上而下的集权方式，较少采取合作、互动的方式。根深蒂固的集权思维很难在短期内适应公共治理所倡导的合作、分权理念，必然会羁绊公共治理在中国的实践。

2. 政治体制改革不彻底

尽管随着市场化的推进，政治体制改革已经拉开帷幕，但是改革的不彻底性依然是制约公共治理的重要因素。从转型期的社会结构来看，中国公共性依然不高，国家权力对公众领域、经济领域依然保持着较强的控制力和干涉能力，自主、平等的网络化治理难以在短期内实现。政府通过行政吸纳仍在实际中控制较多的社会群体。

（1）几乎所有纯粹的民间组织、群体以及市场组织，都能在国家领域找到相对应的管理组织或挂靠机构。国家近年来不断加强对民间组织的法制建设，2007 年成立了"国家民间组织管理局"，新生的民办社团组织正在不断向公众领域与国家领域的重叠区移动或建立挂靠联系。无论是在国家权力建制范围内的功能组织，还是纯粹的社会组织，都是被动接受政府领导，而不是自主开展活动或参与政策制定。以人口计生部门工作相关的公民组织为例，与其工作相关度较大的妇联实际上隶属于各级党政机关，没有实质的决策权；在人口计生部门挂靠下成立的计生协会通常也有计生干部兼任协会会长，实际上仍是人口计生部门的隶属机构。

（2）上级政府对地方政府和基层公民组织控制力度依然较强。一方面，居委会本属于自治性组织，但是政府为了管理方便，直接用政府派出机构、街道办事处去领导和控制居委会。这就使得居委会作为基层组织很难自主治理性别失衡问题。另一方面，乡政村治的基层政治体制依然制约着农村自主治理性别失衡的步伐，针对目前村民自治所依托的乡政村治的社会环境，乡镇政府的工作必须通过村民自治来实施。因此村民委员会在实际工作中既扮演着政府任务的代理人，同时又扮演着管理本村事务的当家人，行使着延伸国家行政权力和村民自治权利的双重职责。村委会依然受到乡镇机构的领导和控制，实质意义上的村民自治根本无法实现。

2. 公民社会发展尚不成熟

首先，中国的公民社会组织是改革开放以来为适应新的社会体制而出现的年轻的社会组织，目前中国大多数的公民社会由政府创建和领导，对政府的依赖性较强，政治参与性和能力较弱。一些新成立的非政府组织在缺乏完善的组织、制度的同时，还缺乏相应的评估机制以及监督主体。

其次，在行政吸纳型社会背景下，公民社会组织也存在着行政化、官僚化和权力滥用的可能性。

3. 文化阻滞

（1）依附性的政治文化。中国传统的社会政治文化是依附性的政治文化，民众受其影响，官本位思想较重。对应的是公民社会组织大多具有行政化的特征，民主意识淡薄，既易于滥用权力，又可能依附于挂靠的政府机构，失去作为公民组织的意义和作用。

（2）差序结构的文化生成。封建社会的成熟形态就是在儒教文化环境中孕育发展起来的。以伦理本位为核心的儒教是中国人价值生成和原则建构的文化基础。儒教文化的内在差序化理念具有极大的渗透性，它拓展了社会关系的差序化和社会结构的差序化，虽然中国的社会制度发生了重大变迁，但是传统的文化差序属性仍存在。关系社会扭曲了治理应有的社会心理，中国社会心理认同的是关系而非法律制度。关系社会可能会异化公共治理的主体功能，可能会强化委托者寻找关系、靠拢官员和依附权力的工具理性。

4. 富裕趋势对公共治理形成挑战

社会的进步提升了广大民众生活水平的同时，也使得以往行之有效的治理手段失去效用。利益引导作为消除男尊女卑观念的有利工具曾经发挥了良好的作用，但是随着人们逐渐富裕，计生部门的利益导向不再具有吸引力，一定程度上导致男孩偏好在经济富裕的地区又有抬头之势。

二　性别失衡治理面临的问题和困境

性别失衡的公共治理引起了我国政府和社会的高度关注，从 1986 年开始，我国出台了一系列相关的法律法规对胎儿性别鉴定和性别选择性人工终止妊娠等行为进行约束。到 2000 年，我国政府更加认识到性别失衡原因的复杂性和多层次性，以及性别失衡治理对于构建和谐社会和实现社会可持续发展的重要性，提出要"综合治理"出生性别比，试图从根本上解决性别失衡问题。从 2003 年开始，国家人口和计划生育委员会牵头，各相关部门共同参与，开展全国性的"关爱女孩行动"综合治理出生人口性别比偏高的问题。

经过一段时间的努力，我国的性别失衡治理初步取得成效，但出生人口性别比水平仍处于高位，性别失衡形势依旧不容乐观，这对我国政府进一步深化出生人口性别比治理工作提出了严峻的挑战。

1. 传统生育文化的刚性是"关爱女孩行动"目标实现的根本障碍

尽管"关爱女孩行动"注重刚性和柔性手段相结合，在强调行为约束的同时更注重文化重塑与观念更新等引导性手段的应用，但是我国传统文化中养儿防老、男尊女卑等传统生育观念仍在延续，并且这种深层的文化理念还在一定时间内通过作用于人们的性别价值观和生育观念来影响出生人口性别比。传统文化的刚性仍将在未来较长时期内发挥作用，从而阻碍"关爱女孩行动"目标的实现。

2. 法律法规存在缺位，威慑力不强

从相关法律、法规来看，"关爱女孩行动"综合治理出生人口性别比问题的法律法规仍然存在一定的缺位现象。一是刑事责任规定存在缺位。《人口和计划生育法》中虽然作出了对违法行为可视严重程度给予从责令整改

到依法追究责任的规定，但这些规定失之于宽，失之于软，尤其是其中追究刑事责任的条款则因为《刑法》中无相应条款而变得缺乏可操作性。二是对犯罪主体的规定存在缺位。悉数"两非"行为的犯罪主体，大多为执业医师，但是《刑法》规定非法行医的犯罪主体只有未取得执业医师资格的人，这便使行为恶劣、造成严重后果的执业医师得以规避法律责任，免于刑事处罚，对其只能按照《母婴保健法》《人口与计划生育法》等实行行政处罚，由于处罚过轻，根本无法起到震慑作用，因此为"两非"市场的滋生和蔓延留有空间，导致性别选择和选择性终止妊娠行为的泛滥，将严重影响出生人口性别比的下降。

3. 社会变革与政策改革对"关爱女孩行动"的治理措施提出挑战

首先，流动人口的大量增加加剧了"关爱女孩行动"综合治理出生人口性别比的难度。我国的流动人口数量巨大，2010 全国流动人口已经突破 2 亿，而且流动人口主要以农村居民为主，而这部分人群正是传统生育观念较重的人群，是"关爱女孩行动"关注的重点人群。其次，改革和完善后的社会政策与人口计生部门的政策不协调现象突出。2010 年以来推行的新农村合作医疗和农村保障制度以及先前推行的九年义务教育等普惠政策让每一位群众都得到了实惠，同时也使得人口计生部门给予人口计生家庭的优惠政策显得微不足道，大大抵消了人口计划生育优惠政策的效用，这也使"关爱女孩行动"战略中以利益导向机制为主导的引导性政策面临失效，如何适应新形式作出政策调整与改革是目前面临的巨大挑战。

4. "关爱女孩行动"走向公共治理尚需时日

尽管综合治理出生人口性别比工作已经初步推动了现有的性别失衡问题由综合治理向公共治理的迈进，但是从现有的民主进程、文化制度以及公民社会的发育来审视，"关爱女孩行动"难以在短期内实现公共治理，这意味着实现全社会的资源整合，统筹社会力量解决性别失衡问题还存在困难和阻碍。

第十一章 从"综合治理"走向"公共治理"

第一节 公共治理基本理论

一 公共治理理论的产生

20 世纪后期，以国家为基本依托的统治体系开始动摇，福利国家的危机、全球化带来种种不可治理性，证明政府、市场和社会的重新组合势在必行。公共治理理论顺应时代要求而形成与发展，于 20 世纪 80 年代末 90 年代初兴起于西方发达国家。就推动公共治理理论发展和传播的动力而言，最初该理论主要源于世界银行和联合国及以欧盟为主要代表的国际组织和区域组织，它们对该理论的实践应用促进了其发展。1989 年世界银行首次在其报告中使用治理危机一词，1992 年世界银行年度报告的标题为《治理与发展》；联合国还专门成立了治理委员会，1995 年联合国成立 50 周年之际，全球治理委员会发表了《天涯若比邻》的专题报告；经济合作与发展组织（OECD）在 1996 年发布了《促进参与式发展和善治的项目评估》；2000 年的联合国千年大会秘书长报告阐述了全球治理问题（俞可平，2000；魏涛，2006）。

治理理论的思想和行动渊源。蓝志勇、陈国权（2007）认为历史上的统治活动都可以被认为是治理，但是直至 20 世纪 90 年代公共治理理论才被国际社会实践界和理论界所重视，人们也逐渐对治理赋予更丰富的内涵。伴随着世界范围内政府变革和公共行政学科的发展，公共治理理论作为一种崭新的理论得以兴起和发展，它为人们认识公共部门提供了一个新的视角，在治理概念的基础上经过发展和改造，形成了具有丰富内涵的公共治理理论。在各国政府变革、全球治理的兴起以及公民社会组织的推动下，公共治理理论在 20 世纪 90 年代基本形成，越来越多地被应用于公共管理领域，而且人们赋予其丰富的内涵。

治理理论迅速得到全球的关注主要有两个方面的原因，一是由于西方福利国家出现管理危机。政府机构臃肿，效率低下。治理理论作为一种既重视发挥政府功能又重视社会组织群体势力相互合作、共同管理的方式和理念登上了历史舞台。二是与市场和等级制的调节机制发生危机有关。滕世华（2003）认为在各国政府改革运动、全球公共治理和全球公民结社运动三股潮流的推动下，形成了崭新的公共治理理论。

公共治理理论对过往的"统治"型政府管理理论产生了冲击，甚至可以说治理理论是对传统公共行政学危机的有力应对。如图 11-1 所示，传统的公共行政学，将政府凌驾于企业、公共组织和民众之上，将社会事务的治理完全划定在政府的权限范围之内，进而导致了政治-行政二分、价值-效率冲突等深刻的矛盾；公共治理与传统的管理和治理在逻辑上存在显著的差异，公共治理理论强调市场、企业、NGO 和各类民间组织在治理过程中的作用，是为补充政府管理和市场不足而生的一种社会管理方式，该理论是对全球化和社会转型带来的各种不可治理性的回应。公共治理理论于 20 世纪末引入中国，而中国公共治理实践则产生于 21 世纪。

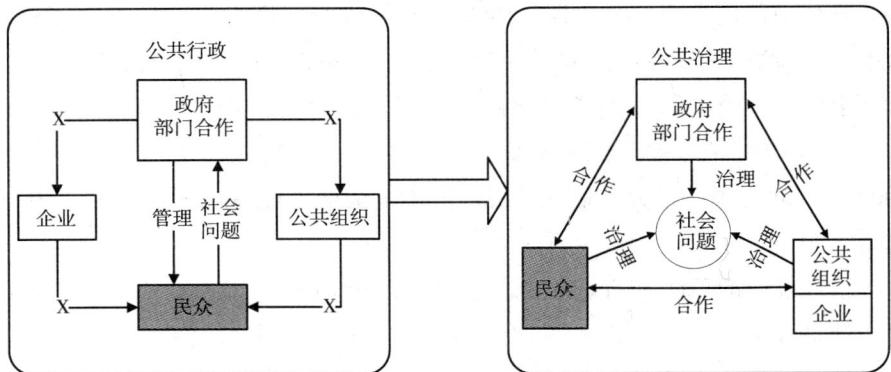

图 11-1 传统治理与公共治理的逻辑

注：X 意为"管理和治理"。

二　公共治理的界定

公共治理主要关注如何在日益多样化的政府组织形式下保护公共利益，如何在有限的财政资源下以灵活的手段回应社会的公共需求（陈振明、薛澜，2007）。在公共治理的概念界定上尚未达成一致的结论，一般而言公共治理中的治理是指权力的运用，其中权力是指责任和控制体系。

英语中的"治理"一词（governance）源于拉丁文和古希腊语，原意是控制、引导和操纵。长期以来它与统治（government）一词交叉使用，并且主要用于与国家的公共事务相关的管理活动和政治活动中。但是，自从 20 世纪 90 年代以来，西方政治学和经济学家赋予 governance 以新的含义，不仅其涵盖的范围远远超出了传统的经典意义，而且其涵义也与 government 相去甚远。治理理论的主要创始人之一罗西瑙（J. N. Rosenau）在其代表作《没有政府统治的治理》和《21 世纪的治理》等文章中将治理定义为一系列活动领域里的管理机制，它们虽未得到正式授权，却能有效发挥作用。与统治不同，治理指的是一种由共同的目标支持的活动，这些管理活动的主体未必是政府，也无须依靠国家的强制力量来实现。Mueller（1981）把治理定义为"关注制度的内在本质和目标，推动社会整合和认同，强调组织的适用性、延续性及服务性职能"。治理包括掌控战略方向、协调社会经济和文化环境、有效利用资源、防止外部性、以服务顾客为宗旨等内容。学术界目前较多采用的是全球治理委员会的定义，即治理是各种公共的或私人的个人和机构管理其共同的事务的诸多方法的总和。它是使相互冲突的或者不同的利益得以调和并且采取联合行动的持续的过程。

因此，公共治理（public governance）就是多元治理主体对社会公共事务协作管理以增进公共利益最大化的过程，是政府与公民社会对公共生活的一种合作管理。通过对治理理论进行梳理和总结，可以发现公共治理理论有如下特点：①公共治理主体的多元化。治理的主体包括政府，但又不限于政府，只要各种公共部门和私营部门行使的权力得到公众的认可，这些部门就可以成为不同层面上的权力中心。②治理意味着在社会和经济问题寻求解决方案的过程中存在着界限和责任方面的模糊性，国家正在把原先由它独自承担的责任转移给公民社会，后者正在承担原先由国家承担的责任，国家与社会之间、公共部门与私人部门之间的界限和责任变得日益模糊。③主体间权力的相互依赖性：参与公共活动的各个组织，不论其是公营还是私营，都不具有充足的资源和能力来独自解决一切问题。由于存在权力依赖关系，治理过程成为一个互动的过程，政府和其他社会组织在这个过程中建立了各种各样的合作伙伴关系。④治理意味着参与者最终将形成一个自主的网络，它与政府在特定的领域中合作，分担政府的行政管理责任。⑤公共治理理论认为治理手段不局限于政府的权力和行政命令，在公共事务的管理中，还存在着其他管理方法和技术，政府有责任使用这些新的技术和方法来更好地对公共事务进行控制和引导。简而言之，公共治理体现治理主体的多元化、治理责任的模糊性、治理主体的权力依赖性、自主治理的网络性以及治理手段的多样性。

在国内的研究中，公共治理的概念界定也是首要研究问题。治理是指官方的或民间的公共管理组织在一个既定的范围内运用公共权威维持秩序，满足公众的需要（俞可平，2000）。顾建光（2007）将公共治理定义为相关各方为影响公共政策的结果而开展互动的方式，他认为必须从具体的社会背景条件下来理解人们关于公共治理的定义，即对于不同国家以及不同的相关群体来说"公共治理"是有着不同的背景含义的。也有学者认为治理的概念有三个层面的内涵，即过程层面（通过一定程序来选择、课责、监督和替代政府）、能力层面（政府对资源的有效管理，以及制定、执行和实施健全的政策和管制）和制度层面（张昕，2007）。

三　公共治理的研究进展

政府改革与治理、公共治理研究范式、对公共治理进行评估等研究逐渐引起人们的关注。

首先，基于公共治理理论对政府治理和行政改革的分析是国内外学者研究的一个方向。美国学者盖·彼得斯（2001）在研究公共治理模式的基础上，结合各国政府改革实践，创造性地提出四种未来政府治理模式：市场式政府、参与式政府、弹性化政府、解制型政府。国内还有学者将治理理论与政府改革的动因结合起来进行分析，并总结了改革的主要内容与举措。

虽然公共治理并没有成为公共管理领域的新研究范式，却为公共部门处理公共事务提供了一种新的分析框架，成为指导该领域研究的新的研究视角。国内外已经开始利用该分析框架分析传统公共管理领域中被关注却无法解释的问题。俞可平将治理和善治的理论运用到乡村治理中，对乡村治理的权威结构、治理主体、治理过程、治理内容和治理方式等进行了分析和研究。公共治理作为一种新的政治分析框架，为其相关研究提供了新的分析方法。

在公共治理理论发展和应用的基础上，逐渐形成了以治理理念和目标、治理结构、治理机制、治理工具、治理绩效五要素为基础的公共治理分析框架。除本书关注的性别失衡问题的治理之外，国内学术界已有很多研究利用公共治理的分析框架分析流域治理、环境保护和公民社会参与社会保障等公共问题，对传统公共管理的研究是有益的补充。

另外，对治理评估的理论研究和实际应用随着治理理论的兴起也逐渐受到普遍关注。建立一套治理评估标准，对于公共治理理论的应用和社会治理状况的合理评价有着重要意义。自治理理论兴起以来，治理评估标准都在不断完善和发展当中，据世界银行有关部门统计，目前使用的治理评估指标体系大约有 140 多种，包括世界银行的"世界治理指标"和联合国人类发展中心的"人文治理指标"等。我国在急剧的社会转型和经济发展中，也急需一套科学合理的治理评估指标，俞可平结合中国政府近 20 年来的重大发展战略构建了以"建设服务政府"为目标的中国治理评估框架和指标体系。其内容包括公民参与、人权与公民权、党内民主、法治和合法性、社会公正、社会稳定、廉洁、公共服务等，为中国未来治理评价研究提供了借鉴和指导。

第二节　性别失衡问题的公共治理

一　性别失衡综合治理的困境

中国政府面临综合改革和政府职能转变的外在压力和内在要求，政府改革正朝着关注民生、服务导向和民主化的方向进行。中共"十七大"明确提出要加强经济建设、政治建设、文化建设和社会建设"四位一体"建设，特别强调要加快推进以改善民生为重点的社会建设。十七大五中全会指出，逐步保障和改善民生，必须逐步建立和完善符合国情、比较完整、覆盖城乡、可持续的基本公共服务体系，提高政府保障能力，推进基本公共服务均等化。基本公共服务体系的建立目标预示着国家将在现有基础上在教育、养老、就业等社会活动领域继续加大投入，这一方面会对现有的人口和计生部门的利益倾斜政策造成抵消，另一方面也对治理方式提出新的要求，强调在尊重人的基本权利的基础上的积极的保障、激励措施。同时，将性别失衡治理纳入社会建设中加以解决，人口计生部门单个的力量是不足以胜任的，必须有相关部门、非政府组织和公民社会组织的共同治理才能保证治理目标的实现。尤其是社区积极分子的积极参与，才能使得性别失衡治理得到民众的拥护。

出生人口性别比综合治理遭遇瓶颈，不适应管理变革的转型。社会转型和民生为本的背景下，现有针对性别失衡的综合治理的效果开始弱化，治理瓶颈凸显。首先，随着人口流动和医学技术的发达，性别失衡问题的治理更加复杂化，治理结构的不科学性开始暴露，即人口计生部门为主导，各相关部门给予配合的所谓综合治理已经无法有效解决性别失衡问题。虽然强调部门合作，但是部门合作的碎片化和短期性导致部门间资源共享并未实现，资源整合不力导致的部门间政策摩擦使得人口计生部门政策效用抵消的现象时有发生。其次，以人为本的时代主张以积极的保障和激励为主的治理方式，这就导致传统的以约束为主导的治理手段和工具的合法性受到挑战，进一步加大了治理的难度。最后，法律的不完善也是挑战综合治理的一个关键因素。一方面，目前，针对性别失衡治理的法律规章虽然已经得到不断完善和修正，但是对出生人口性别比治理起到根本推动作用的针对"两非"的立法尚未出台；另一方面，现有相关法律规定过于模糊，缺乏操作性；适应以人为本理念的软法机制尚未形成。

社会转型、政府职能转变以及现有综合治理的瓶颈引发对现有治理模式的重新审视，公共治理作为一种世界管理变革的产物，对克服目前的治理困境有一定的作用。

二 实践公共治理理论的基础

公共治理是对新管理主义下诸多不可治理性的回应，是对政府、市场和社会重新组合的全新的管理模式。公共治理主体和权力的多中心化、治理方式多样化和治理的网络化特征，对针对性别失衡的公共治理得以实施的宏观环境提出更高要求，发达的民主社会、活跃的公民社会以及平等合作的治理理念等是公共治理得以生根和成长的土壤，而中国目前宏观环境的变迁提供了公共治理实践所需的客观条件。

首先，社会全面转型带来政府职能转型。随着市场机制的成熟和社会转型进程的加快，政府职能由"管理行政"向"服务行政"转变，政府的主要角色转变为市场与社会的规则和秩序提供者。服务型政府的提出和实践引发政府权力、责任的重新定位，政府权力一元化的传统体制受到质疑，社会组织逐渐开始分担管理公共事务的责任，公共治理所呼吁的权力和主体多元化初现端倪。

其次，公民社会得到初步发展。公共治理本质上是权力向社会的回归，公共治理离不开政府，更离不开公民社会。公共治理有赖于公民社会的自愿合作和对权威的自觉认同。目前我国公民社会发展迅速，根据民政部公民社会组织管理局的统计，截至2004年底，我国各类民间组织已经达到28.9万个，并以每年10%～15%的速度增长。而2010年民政事业统计季报显示，2010年第四季度统计的民间社团已经达到43.8万个。人口和计生工作领域的公民社会也得到一定发展，例如"关爱女孩行动"中的幸福工程、春蕾行动等都由社会组织发起和实施，对改善女孩及女孩户家庭的经济环境起到了积极的推动作用，已经成为人口和计生部门治理工作中的重要社会力量。公民社会的良性发展现状为公共治理的实践提供了组织保证。

最后，理念和手段的革新顺应了公共治理的需求。以人为本的理念淡化了行政的一元化色彩，个人的需求得到尊重和回应。同时，电子政府的应用顺应了公共治理手段多元化的需求。人口计生领域的基层信息共享机制的建立以及部门间电子信息的共享为治理工作提供了便利，是公共治理手段多元化的极好体现。

政府职能的积极转变、公民社会的长成以及理念与手段的革新和现代化都为性别失衡公共治理提供了积极的支持和保障。

三　公共治理理论的本土化应用

在对公共治理理论进行梳理和总结的基础上，通过总结省县区级出生人口性别比治理的成功经验，实现了公共治理理论在中国的本土化探索，在前两部分的基础上尝试形成既结合公共治理理论又涵盖中国性别失衡治理本土成功实践的出生人口性别比公共治理模式。性别失衡的公共治理模式将普遍意义上的公共治理理论的特征和要素加以总结提炼，同时为了避免不切实际地将公共治理这一"舶来品"嵌套于中国性别失衡治理的实践中，忽略对中国文化和制度背景下探索出的成功治理经验和模式的吸收，该模式对中国省县区级治理出生人口性别比失衡问题的成功经验进行提炼，作为中国背景下性别失衡公共治理模式的要素部分（模式如图 11-2 所示）。

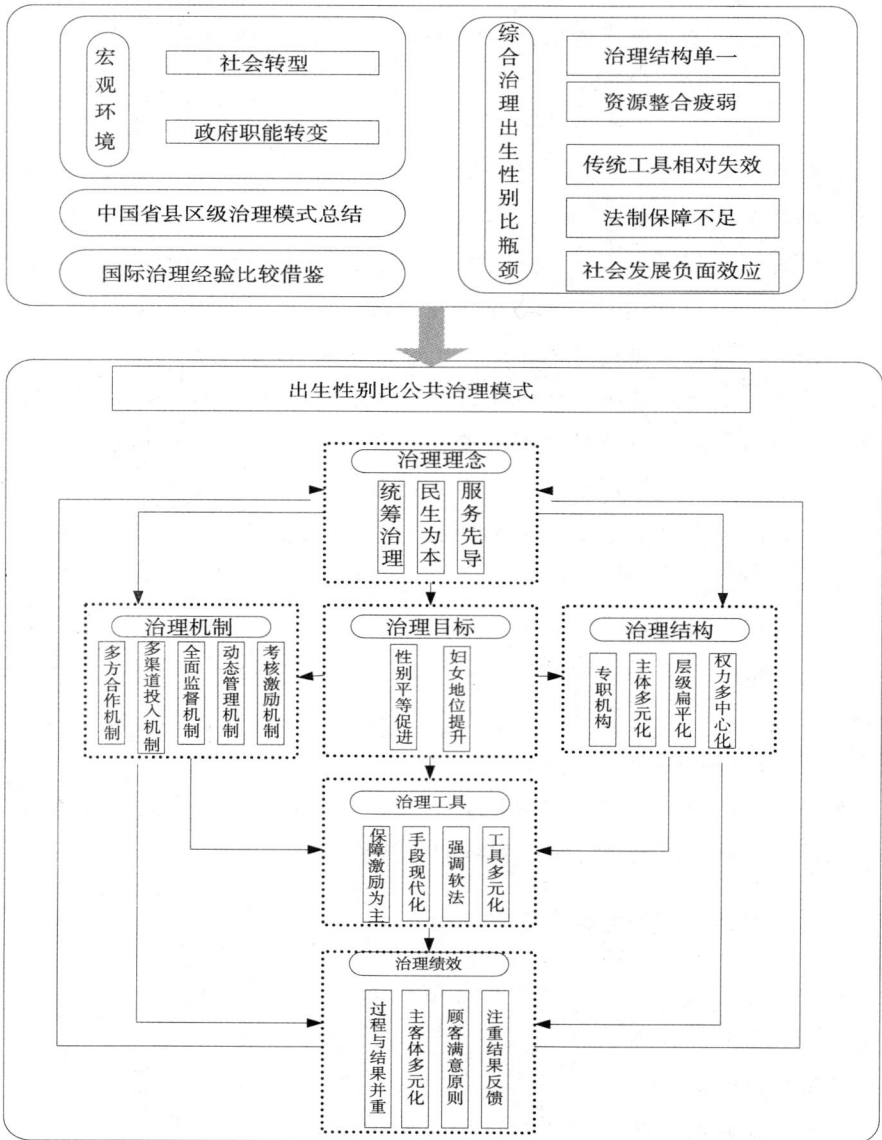

图 11-2　公共治理模式的本土化应用

1. 治理理念

在治理理念上，公共治理强调参与合作、多元化、合法性和有效性。首先，要形成参与合作的意识：公共治理的本质是公共权力向社会的回归，最大程度地实现公民社会对社会公共事务的参与和合作治理，因此，政府部门必须改变传统的一元化行政决策的固有思维，在政府职能转变中首先树立平等合作意识以及积极培育公民社会参与能力的意识和胸怀。具体到性别失衡治理，即人口计生部门必须积极鼓励相关行政部门尤其是公民社会成为参与治理的重要力量，树立协作意识。其次，多元化理念要求树立治理主体多元化、权力中心多元化和治理手段丰富化的意识，摒除政府为唯一治理主体和权力主体的理念，并在治理手段上突破以行政约束为主导的治理思维，具有创新思维。再次，树立合法性意识。一方面，要承认公民社会参与性别失衡治理的合法性权利，充分保障其参与权利；另一方面，不论是行政部门还是公民社会都要保证参与治理行为的合法性，避免公共权力对私人领域的侵入和破坏。最后，要以实现治理的有效性为宗旨。公共治理的产生是对公共事务不可治理性的回应，因此，必须追求治理的有效性，在合法前提下最大程度地追求出生人口性别比水平的下降。

2. 治理目标

出生人口性别比治理的短期目标是实现出生人口性别比数字的下降，改变传统重男轻女的生育观念。但是其终极追求是提升妇女地位，根本上实现性别平等。

3. 治理机制

治理机制上形成多方平等合作机制、多元投入机制和重点动态管理机制。第一，多方平等合作机制是参与合作理念的体现，为保证性别失衡治理中多元主体的平等合作机制必须从三个方面进行完善。首先，要充分识别和定位政府部门和公民社会各自的治理优势，合理分工，互相配合；其次，强化公民社会组织的自律和社会监督机制，促使公民社会组织内部形成自我约束、自我管理的良性机制；再次，要赋权于民，使公民社会组织能够真正发挥治理优势。第二，要建立和形成多元资金投入机制。专项资金短缺长期困扰着人口计生部门的治理工作，由于资金短缺，基层计生工作人员繁重的工作任务与回报相差悬殊，导致基层计生工作积极性不高，同时，资金的缺乏也导致人口计生部门的优惠政策力度不够，效果微不足道。鉴于此，应借助公民社会的力量，通过向公民社团筹资积累出生人口性别比治理专项资金。第三，立足于中国性别失衡治理的实践形成重点动态管理机制。治理实践表明，性别失衡治理存在重点地区、重点人群，因此，必须整合和集中资源，对重点地区和重点人群重磅出击，对出生人口性别比水平严重失衡的地区进行重点治理。

4. 治理结构

治理结构指的是治理的权力结构和组织结构的状态和性质。中国语境下性别失衡公共治理的治理结构主要有以下几点：①多元化的治理主体。中国现阶段的国家与社会结构模式正由"强国家－弱社会"向"强国家－强社会"转变，决定了公共治理也要由"治理主体一体化"的模式向"治理主体多元化"的模式转变。在性别失衡的公共治理中，人口计生部门只是一个主体，公民社会组织、私人部门、国际组织以及公民个人都可以成为性别失衡治理的主体。它们之间也由之前的控制与被控制、支配与被支配的关系，变为相互补充协作和相互监督约束的关系。然而尽管强调公民社会组织、私人部门等是治理的主体，但并不能否认政府在多元主体中占据主导地位，政府的元治理作用，即为治理制定制度、规范、法律和推动形成约束其他主体的监督机制的作用将被凸显。②权力的多中心化。治理主体的多元化，势必形成治理的多中心化格局。从社会权力结构上看，这意味着治理的横向分权，即治理权威在人口计生部门、第三部门、公民社会等多元参与主体之间分化和扩散。公共部门的责任在于与市场和第三部门之间建立和维持横向的、平行的权威关系，它们要努力寻求合作治理性别失衡的力量而不是寻求控制公民社会的力量。③纵向层级扁平化。要求公共部门内部纵向的权力分化，即将上层的治理权力下移，突出高层人口计生部门元治理的角色，将治理的主动权更多地让渡于基层，推动其因地制宜地进行创新性治理。④自主化网络治理。自组织网络应该成为公共治理成功的基础，没有自组织治理，公共治理就不成为公共治理。⑤成立专职机构。权力和主体的多中心化是公共治理的精髓，然而鉴于公共治理理论与实践在中国尚不成熟，政府传统行政色彩依然浓重，公民社会尚未充分成长起来，让渡政府权力而将性别失衡治理的重任推给公民社会是不切目前中国实际的。因此，当下必须成立以政府为主导的专职机构，专项治理性别失衡问题。

性别失衡治理的客体是偏高的出生人口性别比，关注的是人口相关问题。因此，本文从人口治理的角度来界定性别失衡治理结构的概念。有学者认为，人口发展治理是指在既定人口发展目标的指导下，由政府、市场和公民社会所构成的治理主体间的互动关系，它强调治理主体的参与和服务以及相互之间的协调和合作。在现有性别失衡治理领域的研究中，学者基本上都是从参与主体的角度来定义治理结构，认为治理结构即指治理主体的构成及其关系，包括各级政府、公民社会及其相应的关系等。本文仍然沿用上述学者对治理结构含义的规定，但在政府治理结构和人口发展治理结构相关理论的基础上对其具体含义和内容进行重新理解和界定。考虑到我国人口发展治理主体中，政府仍然是最主要的主体，所以在参与治理主体上，本文将政府作为研究对象，即研究参与治理的政府组织结构。治理结构即指参与治理的各级政府及其组成部门间的相互关系。目前关于性别失衡治理的研究多为宏观层面的研究，因此，本文从微观的视角来系统地研究县区层面的性别失衡治理。

综上所述，本文研究的治理结构是指参与治理的政府各部门以及保证治理工作顺利开展的运行机制。具体来说，是指在县区级层面参与性别失衡治理的各级政府、人口计划生育部门、卫生部门、统计部门、公安部门、财政部门、民政部、劳动保障部和妇女联合会等相关的政府部门及各部门之间的分工、互动和合作关系。

5. 治理工具和手段

公共治理要求治理工具和手段的多元化，从这一意义上说，激励、约束、硬法与软法都是不可或缺的治理工具和手段。结合中国以人为本的治理理念和法律环境，从两方面保障治理手段和工具的多元化：一方面，强调以激励、引导、保障为主，以约束为辅的治理方式，着重通过利益导向政策和治理改变群众的生育观念，引导人们接受新的婚育思想，从而实现治理目的；另一方面，强调硬法为主，辅之以软法的法律手段的应用。硬法的优势在于统一稳定，极具刚性，威慑作用大，但是软法作为一种强调自律和他律相结合的法律机制，其在公共治理中的应用也极为关键。公民社会的治理虽然也需要凭借硬法，但维系公民社会基本秩序的是软法。如各种社会组织的自治章程、自律规则、市民守则、村规民约等。因此，应该硬软法相互协调、相互促进、相互补充，在充分发挥硬法作用的同时也不断完善和发挥软法的作用。

　　一般而言，绩效是指正在进行或已经完成的工作或活动所取得的效果和成绩。性别失衡治理属于公共治理领域的重要问题，而且其依托于政府部门。因此，应该从公共治理的角度出发，以政府绩效作为理解治理绩效的基础。政府绩效是在实现组织目标过程中政府组织的相对表现水平，这个相对水平是政府在特定情境下的表现，既可以以成果数量、成本等绝对量来描述，也可以以成果质量、效果等相对量来描述。

　　在性别失衡治理领域的已有研究中，学者对性别失衡治理绩效还没有形成统一的特定的定义，而是根据公共治理理论将其等同于治理绩效，即治理效果。如有学者在研究性别失衡治理问题时将治理绩效界定为治理模式所产生的治理效果，治理模式是在特定地区针对特定问题所形成的，包括治理主体、治理结构、治理机制和治理工具等几部分。

　　根据政府绩效概念的阐释，并结合性别失衡治理的独特性，本文对性别失衡治理绩效的概念界定为：性别失衡治理绩效是指参与性别失衡治理的各级政府及其相关部门的工作成绩或效果，具体表现为性别失衡治理过程中各项治理工作的成效以及最终的治理目标的实现程度。本文从组织层面和微观层面上来衡量相关政府部门在性别失衡治理问题上的工作效率和效果。

第十二章　中国性别失衡治理的未来工作计划

第一节　背景

2005 年，国务院办公厅发布了《贯彻落实国务院办公厅转发人口计生委等部门关于广泛开展关爱女孩行动　综合治理人口出生性别比偏高问题行动计划的通知》（国办发〔2005〕59 号，以下简称 59 号文件），将出生人口性别比偏高问题治理提上了重要议事日程。

为了贯彻 59 号文件精神，国家"关爱女孩行动"领导小组办公室专家组于 2006 年制定了"三个阶段 + 三个层次 + 三个模块 + 三个机制"的 15 年战略规划，作为统揽全局的战略思路。2009 年我国出生人口性别比为 119.45，较前一年下降 1.11 个百分点，这是"十一五"以来首次出现的下降。2010 年是 15 年战略规划中第一个阶段的最后一年。对于这一阶段的工作和出生人口性别比整体发展态势，基本形成了以下 7 个判断：

判断 1，出生人口性别比持续升高势头已初步得到遏制。

判断 2，第一阶段的治理工作已取得预期成效。

判断 3，从第一阶段治理迈入第二阶段治理不仅是 15 年战略规划的具体规定，也符合现实形势变化和发展的需要。

判断 4，在第一阶段治理工作中，形成了"组织领导、宣传倡导、全程服务、打击'两非'、利益导向、统计监测"六大工作机制，是确保出生人口性别比治理绩效的基础工作，应在第二阶段治理中继续保持；同时在第一阶段治理工作中，各地也形成了一些好的做法和经验，是强化出生人口性别比治理绩效的关键手段，应在第二阶段治理中加以总结、上升和推广。

判断 5，中国的社会发展制度不断完善，将会给出生人口性别比治理创造良好的宏观环境。目前，中国政府正大刀阔斧地构建和完善社会发展领域的各项制度。可以预见的是，2011～2015 年的 5 年间，城乡一体化的新型养老保险制度正在建立之中，新农保的覆盖率达到 60% 以上；新农合参保率接近或达到 100%，人均补助标准进一步提高；高速城市化进程结束，中小城镇城市化速度加快，城市化率接近或超过中等发达国家水平；流动人口"全国一盘棋"的管理和服务体系已经基本实现，并渐趋成熟。

判断 6，综合治理向公共治理转型的必然性。公共治理是应诸多管理模式的不可治理性而生，性别失衡治理领域中引入公共治理模式也是对综合治理所存在的困境的一种回应和尝试性解决，公共治理作为一种流行的管理模式其应用和普及具有必然性。

判断 7，综合治理向公共治理转型的渐进性。尽管公共治理的普及势不可挡，但是囿于中国的政治体制现状和传统文化的羁绊和组织，中国性别失衡治理由综合治理走向公共治理必然是渐进性推进，有待于政治文化的养成和政治体制的深化改革以及一个健全、发达的公民社会的培育。

在这一背景下，特制订本工作计划，旨在总结第一阶段治理工作成效的基础上，依托不断完善的各项社会发展制度，抓住有利时机，为进一步开展第二阶段治理提供方向性的思路和指导。

第二节　指导思想和工作目标

以人的全面发展为中心，关注弱势群体，促进性别平等，全面落实科学发展观，建设和谐社会；以人为本，保护妇女和女童生存、发展、受保护和参与的基本权利，改善女孩生活环境；统筹解决人口问题，实现人口数量、素质、结构、分布的协调和均衡；贯彻 59 号文件精神。

总体目标。在 2011～2015 年的 5 年时间里，全国出生人口性别比平均水平出现明显下降，从目前的 119 左右逐步稳定下降到 115 左右，每年力争下降 1～2 个百分点。

将全国所有地区按照出生人口性别比水平划分为五类。第一类为正常水平地区，出生人口性别比为 103～107；第二类为接近正常水平地区，出

生人口性别比为 108 ~ 110；第三类为偏高水平地区，出生人口性别比为
111 ~ 115；第四类为较高水平地区，出生人口性别比为 116 ~ 119；第五类
为高水平地区，出生人口性别比为 120 以上。基于上述分类标准，未来 5 年
的具体目标包括以下几个。

（1）全国 31 个省、自治区和直辖市的出生人口性别比均稳定控制在
120 以下，杜绝第五类地区的出现。

（2）确保第四类地区向第三类地区、第三类地区向第二类地区、第二
类地区向第一类地区的逐步转化。

（3）力争实现第四类地区向第二类和第一类地区、第三类地区向第一
类地区的跨越式发展。

第三节　原则和实施策略

为了实现上述工作目标，本工作计划应遵循以下原则。

1. 统筹规划，分类指导

出生人口性别比治理应与人口计生领域的其他工作相联系，与人口、
经济、社会宏观环境的变化相联系，体现统筹解决人口问题的重要思想；
同时充分体现不同地区在出生人口性别比的态势、分布、原因及社会宏观
环境方面的差异，因地制宜地做好出生人口性别比治理工作。

2. 部门合作，资源整合

出生人口性别比的治理应实现不同部门、不同领域间的合作，实现资
源整合；同时注重区域协作，贯彻落实出生人口性别比治理的"全国一盘
棋"的思想。

3. 政府推进，综合治理

出生人口性别比的治理应突破现有的以人口计生部门为主的治理格局，
以各级政府为主导，形成强有力的治理结构；同时采取综合治理手段，充
分发挥不同治理主体的作用。

4. 政策协调，过程监测

出生人口性别比的治理应强调政策和制度建设，通过制度化的政策文
件规范治理过程；同时以人口计生部门为主构建过程监测机制，确保实现
预期的治理目标。

对应于 15 年战略规划中的第二阶段，基于上述原则，2011～2015 年间，本工作计划拟采取"五年三步走"的实施策略。

第一步，2011～2012 年，全国二分之一以上的省、自治区和直辖市成为第三类及以下地区（出生人口性别比降到 115 以下）；

第二步，2013～2014 年，全国三分之二以上的省、自治区和直辖市成为第三类及以下地区（出生人口性别比降到 115 以下）；

第三步，2014～2015 年，全国所有省、自治区和直辖市成为第三类及以下地区（出生人口性别比降到 115 以下）。

第四节　工作任务

为了贯彻上述"五年三步走"的工作策略，应开展以下五项工作任务。

1. 对基础性工作的总结和推广

第一阶段治理工作中已形成"组织领导、宣传倡导、全程服务、打击'两非'、利益导向、统计监测"六大工作机制，以及一些成熟有效的做法与经验，应通过召开现场会、撰写研究报告、省际交流、立项研究等形式，加以总结提炼，在原有基础上完善、巩固、加强，并向省内和省外进行推广。包括浙江省的重点县管理、安徽省和湖北省的打击"两非"、海南省的出生实名登记制、河南省和福建省的利益导向政策体系、贵州省的"五步工作法"等。

2. 以省级为主体，对重点地区、重点人群和重点问题展开治理

对第一阶段中影响到全国和各省市治理绩效的关键工作，应在这一阶段给予重视和加强，主要包括以下几方面。

（1）重点地区

对全国出生人口性别比水平偏高累计贡献率超过 85% 的 14 个省是治理的重点地区。全国性别比综合治理办公室应每年抽调相关部门人员对这 14 个省的出生人口性别比问题进行督察和指导，具体负责和指导其治理工作，并力争取得预期成效。

（2）重点人群

计划外怀孕或多孩怀孕人群是"两非"行为的重点监控人群，应通过提供全程优质服务的手段，对这类人群的孕情进行密切监控，杜绝性别选择性人工终止妊娠行为的发生；计生女孩户是利益导向政策制定和落实的重点人群，应在各项利益导向政策制定和落实的全过程体现性别公平理念，以体现"平等优先"的利益分配原则。

（3）重点问题

应以建立流动人口"全国一盘棋"的管理和服务体系为契机，首先，重点解决对于流动人口的孕情监测及孕产期管理和服务问题，杜绝流动人口胎儿性别鉴定、性别选择性人工终止妊娠等行为的发生；其次，开展地区间协作，重点解决流动人口"两非"行为难以监控的问题，实现省际流动人口信息共享，获取流动人口出生方面的准确数字，以随时监测出生人口性别比的变动情况。

3. 在国家相关政策和机制建设方面进行突破

在第一阶段国家层面尚未解决的难点问题，应在此一阶段力争有所突破。主要包括以下几点。

（1）"两非"行为立法问题

应以第十二届人民代表大会召开为契机，收集和整理各地"两非"典型案例，重点突破"两非"行为的立法，为出生人口性别比治理提供法律保障。

（2）B超管理问题

由卫生部、食品药品监督管理局牵头，人口计生部门参与，制定B超的全程登记管理制度，严格控制B超机的生产、销售和使用。

（3）经费保障问题

在人口计生总经费中应确保出生人口性别比治理工作的专门经费占一定比例，并充分保障，专款专用。

（4）统一协调问题

建立国务院直属的"关爱女孩行动"领导小组办公室，各相关部委作为成员单位，负责全国出生人口性别比偏高问题治理的组织和协调工作；人口计生部门应会同其他相关部门制定出生人口性别比治理的工作协调和问责机制，明确各部门在其中的角色和任务。

4. 开展不同层次的制度创新

与国家和地方的重大社会制度变革相结合，鼓励各地积极开展制度创新，为进入第三阶段的治理奠定坚实的基础，具体包括以下几点。

（1）城市化进程中的集体利益分配制度创新

在城市化进程中，应积极开展前瞻性探索，建立性别公平的集体利益分配制度，使得集体利益分配向女性、向计划生育家庭倾斜。

（2）社会全面转型时期的民俗文化创新

在社会全面转型期，应抓住时机重塑性别公平的民俗文化，引导人们改变传统的生育观念和生育性别偏好。

（3）性别公平的村规民约制定和落实

以性别公平理念审视现有的村规民约，并对其进行修订，使其在文化和经济利益分配中凸显性别公平视角，引导人们性别偏好观念和行为的转变。

5. 引进智力资源，进行课题研究

对于出生人口性别比治理当中遇到的各种重点、难点以及亟待解决的问题，应以课题立项的形式鼓励人口和性别方面的专家开展研究，为出生人口性别比治理提供理论指导和决策依据。

参考文献

陈庆云：《公共政策分析》，中国经济出版社，1996。

陈胜利、顾法明、蔡菲：《2005 年 1% 人口抽样调查对综合治理出生人口性别比工作的启示》，《人口研究》2008 年第 1 期。

陈友华：《中国和欧盟婚姻市场透视》，南京大学出版社，2004。

陈振明、薛澜：《中国公共管理理论研究的重点领域和主题》，《中国社会科学》2007 年第 3 期。

程真、赵红：《公共治理视野下公共图书馆的经费问题》，《图书馆学研究》2006 年第 11 期。

邓国胜：《中国生育率下降的代价：婚姻拥挤》，《社会科学》2000 年第 7 期。

第二期中国妇女社会地位调查课题组：《第二期中国妇女社会地位抽样调查》，《妇女研究论丛》2001 年第 5 期。

盖·彼得斯：《政府未来的治理模式》，中国人民大学出版社，2001。

龚虹波：《执行结构转换下的权力互动》，《公共管理学报》2007 年第 4 卷第 4 期。

顾宝昌、许毅：《中国婴儿出生性别比综论》，《中国人口科学》1994 年第 3 期。

顾建光：《从公共服务到公共治理》，《上海交通大学学报》（哲学社会科学版）2007 年第 3 期。

郭志刚、邓国胜：《婚姻市场理论研究》，《中国人口科学》1995 年第 3 期。

胡峻岭、叶文振：《台湾人口性别结构的形成及发展变化》，《南京人口管理干部学院学报》2004年第20卷第3期。

姜裕镇：《比较延边与韩国老年人的生活状况》，《延边大学学报》（社会科学版）2001年第34卷第4期。

经济合作与发展组织：《分散化的公共治理》，中信出版社，2004。

蓝志勇、陈国权：《当代西方公共管理前沿理论述评》，《公共管理学报》2007年第7期。

李树茁、姜全保、刘慧君：《性别歧视的人口后果：基于公共政策视角的模拟分析》，《公共管理学报》2006a年第2期。

李树茁、姜全保、伊莎贝尔·阿塔尼、费尔德曼：《中国的男孩偏好和婚姻挤压：初婚与再婚市场的综合分析》，《人口与经济》2006b年第4期。

李树茁、韦艳、任锋：《国际视野下的性别失衡与治理》，社会科学文献出版社，2010。

潘嘉：《韩国女性的崛起》，http：//www.xingbie1.org/newsdetail.asp?id=715，原载美国《新闻周刊》，2007。

钱再见、金太军：《公共政策执行主体与公共政策执行中"梗阻"现象》，《中国行政管理》2002年第2期。

乔晓春：《性别偏好、性别选择与出生性别比》，《中国人口科学》2004年第1期。

全国"关爱女孩行动"领导小组办公室专家组：《中国的关爱女孩行动》，中国人口出版社，2008。

任峰：《巴基斯坦女孩生存问题及其治理》，手稿，2008。

沈鹏、杨浩：《复合系统理论在交通运输系统协调性研究中的运用》，《铁道运输与经济》2007年第7期。

施春景：《对韩国出生人口性别比变化的原因分析及其思考》，《人口与计划生育》2004年第5期。

石正义、罗大明等：《行政决策体制及其参与主体的研究探析》，《软科学》2007年第21卷第1期。

宋健：《协调社会政策：治理出生性别比偏高的根本途径》，《中国党政干部论坛》2007年第5期。

宋璐、姜全保：《印度女性生存状况：现状、原因及治理》，《南亚研究季刊》2008年第1期。

台湾行政院妇女权益促进委员会：《妇女政策纲领》，1993.01.09.
http：//www. womenweb. org. tw/MainWeb/Discuss_ Show. asp？Discuss_
ID = 27。

滕世华：《公共治理理论及其引发的变革》，《国家行政学院学报》2003
年第 1 期。

王金玲：《华东五省云南/广西籍未成年被拐卖/骗妇女/儿童流入地个
案研究》，《浙江学刊》2005 年第 4 期。

韦艳、梁义成：《韩国出生性别比失衡的公共治理及对中国的启示》，
《人口学刊》2008 年第 6 期。

魏星河、高莉娟：《"关爱女孩行动"的政策分析及建议——兼社会性
别视角》，《思想战线》2007 年第 3 期。

魏涛：《公共治理理论研究练述》，《资料通讯》2006 年第 7 卷第 8 期。

西安交通大学人口与发展研究所：《中国出生性别比偏高问题的治理模
式与配套政策研究》，研究报告，2009。

杨大光：《宏观经济政策失效的心理学》，《东北师大学报》（哲学社会
科学版）2001 年第 1 期。

杨东峰、殷成志：《国家层面规划与政策的监测评估》，《管理科学》
2007 年第 21 卷第 1 期。

杨雪燕、李树茁、唐屏华：《中国台湾的女孩生存问题及其公共政策治
理》，《公共管理学报》2008 年第 2 期。

杨雪燕、尚子娟：《关爱女孩行动治理模式识别——24 个试点县区的分
析》，《西安交通大学学报》（社会科学版）2010 年第 30 卷第 3 期。

杨雪燕、李树茁等：《公共政策系统协调性分析框架：设计与应用》，
手稿，2007。

尹豪：《韩国人口老龄化与老年人社会保障》，《人口学刊》2000 年第
5 期。

俞可平：《治理与善治》，社会科学文献出版社，2000。

俞可平：《增量政治改革与社会主义文明建设》，《公共管理学报》2004
年第 2 期。

俞可平：《中国公民社会：概念、分类与制度环境》，《中国社会科学》
2006 年第 1 期。

曾金胜：《柔性管理凸显政府理念变革》，《人民论坛》2007 年第 17 期。

张昕：《转型中国的治理与发展》，中国人民大学出版社，2007。

张许颖：《产业政策失效原因的博弈分析》，《经济经纬》2004 年第 1 期。

钟宜钧：《农业政策失效博弈分析》，《农业经济》2002 年第 8 期。

朱楚珠、李树茁、邱长溶、胡平、金安融：《计划生育对中国妇女的双面影响》，西安交通大学出版社，1997。

祝平燕、韩国的女性学与妇女运动、《华中师范大学学报》（人文社会科学版）2003 年第 42 卷第 3 期。

Banister, J. , "Son preference in Asia - report of a symposium", Paper presented at the Annual Meeting of the Population Association of America, San Francisco, California, 1995 (4).

Basu, S. R. , "Does Governance Matter? Some Evidence from Indian States", VIIth Spring Meeting of Young Economists, Paris, April 18 - 20, 2002.

Cai, Y. and W. Lavely, 2003, "China's missing girls: Numerical estimates and effects on population growth", The China Review 3 (2).

Capuno, J. J. , "Good Governance Index: Advocating Good Governance for Local Development", 2008, http: //unpan1. un. org/intradoc/groups/public/documents/APCITY/UNPAN013120. pdf.

Chai, B. P. & Nam - Hoon, C. , "Consequences of Son Preference in a Low - Fertility Society: Imbalance of the Sex Ratio at Birth in Korea", *Population and Development Review*, Vol. 21, No. 1. (Mar. , 1995).

Das Gupta, M. and S. Li, 1999, "Gender bias in China, South Korea and India 1920 - 1990: The effects of war, famine, and fertility decline", Development and Change 30 (3).

Das Gupta, M. , Z. H. Jiang, Z. M. Xie, et al. 1997, "Gender bias in China, South Korea and India: Causes and Policy Implications", Report Submitted to the United Nations Population Fund.

Hudson, V. and A. M. den Boer, 2004, *Bare Branches：The Security Implications of Asia's Surplus Male Population*, Cambridge, Mass. : The MIT Press.

Klasen, S. and C. Wink, 2002, "A turning point in gender bias in mortality? An update on the number of missing women", Population and Development Review 28 (2).

Korson, H. & Maskiell, M. "Islamization and Social Policy in Pakistan: The Constitutional Crisis and the Status of Women", Asian Survey, Vol. 25, No. 6. (Jun. , 1985).

Li, N. , M. Feldman and S. Tuljapurkar, 1997, "Sex ratio at birth and son preference", Working Paper series, No. 72. Morrison Institute for Population and Resource Studies, Stanford University.

Li, S. , C. Zhu and M. W. Feldman, 2004, "Gender differences in child survival in contemporary rural China: A county study", *Journal of Biosocial Science* 36.

Mueller R. K. , "Changes in the wind in Corpora te Governance", *Journal of Business Strategy*, 1981, Spring.

Perianayagam A. , "Sex Ratio at Birth and Excess Female Child Mortality in India: Trends, Differentials and Regional Patterns", International Conference on Female Deficit in Asia: Trends and Perspectives, Singapore, December 5 - 7, 2005.

Shahnaz A. A. , "Women and Microcredit: Can a mantra deliver empowerment?" *The Times of India*, Aug. 14, 1997.

Tuljapurkar, S. , N. Li and M. W. Feldman, 1995, "High sex ratios in China's future", *Science* 267.

World Health Organization, "The World Health Report 2000", Gennva, 2000.

Zeng, Y. , P. Tu, B. Gu, Y. Xu, B. Li and Y. Li, 1993, "An analysis of the cause and implications of recent increase in the sex ratio at birth in China", *Population and Development Review* 19 (2).

后　记

惊回首，不知不觉中我已在这个世界上生活了 80 个春秋。西安交大人口与发展研究所团队涉足人口领域研究也已有 30 多个年头。繁忙人生，有很多事都已忘却，唯对中国女性人口、女性人口死亡特征，特别是中国的出生人口性别比异常和偏高的 0~4 岁女孩死亡水平的牵挂，一直萦绕在心头。研究这一问题，是中华大地的呼唤，是一个人口研究者的责任，也是为背后所潜伏着的女孩们的命运给我们带来的切肤之痛所驱使。

我们的路是这样一步一步走过来的。

20 世纪 80 年代初，人口普查数据的公布，清楚地揭示出中国女性 0~4 岁女孩死亡水平偏高，但当时很少有人讨论这一问题，更无人质疑产生这一现象的原因。此后我在 1991 年出版的《中国女性人口》一书中，对我国 0~4 岁女孩死亡水平偏高的事实作了专项分析，并立志要探索其产生的原因。

中国的计划生育，改变了 20 世纪 80 年代以后育龄妇女的生命周期，计划生育给中国妇女带来有利于发展的积极的影响，也有负面影响。我们直面负面影响，是为了创造条件消除或减弱这些负面影响。经数年的努力，尤其是克服出版方面的重重障碍，1997 年我出版了《计划生育对中国妇女的双面影响》一书。该书对计划生育给妇女带来的负面影响的分析是"重男轻女的传统生育文化与生育选择机会的狭路相遇，助成了偏高的出生性别比和偏高的 0~4 岁女孩死亡率。在重男轻女的文化背景下，一部分女孩得不到与男孩同等的生存和成长条件"。我并在该书第四章中对中国出生性别比和女婴生存状况作了专论，使我们自 20 世纪 80 年代以来的关于女孩死亡的研究得到了延续和扩展。

但是，我们依然不能有理有据地阐明偏高的女孩死亡率发生的原因。

我们在千方百计地寻找资助，奢望在一个县进行一次有关儿童死亡的专项调查。终于在 1997 年，我们得到福特基金会的资助，得以在陕西泾阳县对 1994～1996 年儿童死亡进行了一项艰苦的回顾性调查。调查数据显示，在关中平原的泾阳县，存在着严重偏高的出生性别比和女孩死亡水平。死因调查及综合分析显示，产生严重偏高的出生性别比和女孩死亡水平的根源性原因是传统的重男轻女的生育文化，条件性的原因是低生育率，直接的原因是容易得到产前 B 超。至此，我们的数据和见解形成的判断和推理，集中体现在 2001 年出版的《中国儿童生存性别差异的研究和实践》一书中。这是一本第一次系统地分析、论述中国儿童生存性别差异的力著，是我们前十几年研究、实践的总结，也是引导我们行动的理论和精神力量。

既然根源性原因是传统的重男轻女的生育文化，那我们是否可以通过塑造男女平等的新型生育文化，来逐步改变偏高的出生性别比和偏高的女孩死亡水平呢？如果能在一片土地上，在一定人口数量范围内建立一个实验区，应用和检验我们团队的研究成果，那才堪称完美。

四处奔波，穿过重重障碍，几经周折，终于得到多方协助。我们在 2000 年 3 月建立了安徽巢湖为期三年的改善女孩生活环境实验区。以巢湖人为主体的三年的实验，成果显著。实验区的经验体现在《巢湖改善女孩生活环境实验区项目手册》一书中。在巢湖实验的基础上，国家逐步推出了全国的"关爱女孩行动"。今天的全国关爱女孩行动，对巢湖实验来说是一种极大的质的超越。

眼前的这本书，则是 2006～2010 年，西安交大人口与发展研究所团队中年青一代在其间新做的创新性的有效的工作。我们团队期待着山花烂漫时！

感谢全世界所有的为中国女孩的生存和发展作出贡献的人！

朱楚珠

2012 年 8 月 8 日于西安

图书在版编目（CIP）数据

中国性别失衡治理：战略和模式/朱楚珠编著．
—北京：社会科学文献出版社，2012.9
（西安交通大学人口与发展研究所·学术文库）
ISBN 978 - 7 - 5097 - 3780 - 4

Ⅰ.①中…　Ⅱ.①朱…　Ⅲ.①人口性别构成 - 研究 - 中国
Ⅳ.①C924.24

中国版本图书馆 CIP 数据核字（2012）第 219256 号

西安交通大学人口与发展研究所·学术文库

中国性别失衡治理：战略和模式

编　著　者／朱楚珠

出　版　人／谢寿光
出　版　者／社会科学文献出版社
地　　　址／北京市西城区北三环中路甲 29 号院 3 号楼华龙大厦
邮政编码／100029

责任部门／财经与管理图书事业部（010）59367226　　责任编辑／蔡莎莎
电子信箱／caijingbu@ ssap. cn　　　　　　　　　　　责任校对／郭艳萍
项目统筹／恽　薇　王玉山　　　　　　　　　　　　　责任印制／岳　阳
经　　　销／社会科学文献出版社市场营销中心（010）59367081　59367089
读者服务／读者服务中心（010）59367028

印　　　装／三河市尚艺印装有限公司
开　　　本／787mm×1092mm　1/16　　　　　　　印　　张／16.25
版　　　次／2012 年 9 月第 1 版　　　　　　　　　字　　数／265 千字
印　　　次／2012 年 9 月第 1 次印刷
书　　　号／ISBN 978 - 7 - 5097 - 3780 - 4
定　　　价／49.00 元